日本語教育叢書 つくる

聴解教材を作る

関正昭・平高史也　編

宮城幸枝　著

© 2014 by MIYAGI Sachie

All rights reserved. No part of this publication may be reproduced, stored in a retrieval system or transmitted in any form or by any means, electronic, mechanical, photocopying, recording, or otherwise, without the prior written permission of the Publisher.

Published by 3A Corporation.
Trusty Kojimachi Bldg., 2F, 4, Kojimachi 3-Chome, Chiyoda-ku, Tokyo 102-0083, Japan

ISBN978-4-88319-682-1 C0081

First published 2014
Printed in Japan

編者あいさつ

　キリスト教の宣教師たちが日本へやってきて、自らの日本語学習のための教材（辞書、文法書）を作ったのは、今から400年以上前のことです。以来、今日まで数えきれないほどのさまざまな教科書や教材が作られてきました。その中には日本国内外の数多くの学習者に使われ、歴史に残る教科書になったものもあれば、一時的に話題を呼んだものの、瞬く間に忘れ去られた教材もあります。

　日本から遠く離れた外国で現地の学習者を対象に作られ、そこの学校や図書館などに埋もれたままになっているものもあることでしょう。

　これまでに作られた教科書・教材の多くは印刷物として（近代以降はレコード、音声テープ、ビデオテープ、CD、DVDなどで）残されてきていますが、それらの教科書・教材が「いつ、誰によって、どこで、どのように」作られたかを調べることは容易ではありません。また、教科書・教材制作のプロセスを克明に記録したものが公刊された例を、編者は寡聞にして知りません。しかし、もしそのような例があれば、私たちは教科書の編著者の意図をより精確にくみ取って授業に生かすことができるはずです。そればかりではなく、教科書・教材の作成プロセスを知ることは、新たな教材開発のプロジェクトにも役に立つに違いありません。

　このシリーズは、自分たちの手で教科書や教材を作ろうと考えている方々に、教科書・教材作りのプロセスとノウハウ、留意すべきことなどを紹介し、役立てていただこうと考え、編まれたものです。各巻の編著者はいずれも何らかの形で教科書・教材の開発にかかわった経験のある人ばかりです。具体的な作成のプロセスばかりでなく、言語教育を支えるさまざまな科学の研究成果のうちどのような知見が盛り込まれ、現場での経験や苦労がどのように教材作りに反映しているかなども知ることができます。また、完成後に実際に使ってみた成果（失敗談も含めて）なども含まれていますから、読者のニーズにおこたえするという点では、単なるメーキング本以上に興味深く読んでいただけるのではないかと思います。

　そして、それが「教科書・教材制作のプロセスの記録」を後世に残すことにもなるでしょう。「後世に残す」ということは、単に歴史的な意味がある

だけではなく、現代や未来にもつながっていきます。教科書制作のプロセスが明らかになっていれば、それについて各現場の実情に応じてさまざまな角度から議論することもできます。そこからまた新たな教材論が展開されたり、新しい教科書のアイデアやコンセプトが生まれてくることでしょう。

　この叢書（シリーズ）のタイトルは「つくる」、書名は「〜を作る」となっています。「つくる」にはこの語のもつさまざまな意味を、「作る」には具体的な「教材制作・作成」の意味を込めています。すべての巻に以上のような趣旨が込められていますので、日本語教育の現場だけでなく、将来日本語教育への道を志している人たちにも、テキストや参考書として広くご活用いただけるものと思います。

編者　関正昭

平高史也

まえがき

　1992 年に『中級日本語聴解練習　毎日の聞きとり 50 日　上・下』を出版して以来、1998 年に『初級日本語聴解練習　毎日の聞きとり 50 日　上・下』、2003 年に『中上級日本語音声教材　毎日の聞きとり plus40　上・下』、2007〜2008 年に『中級日本語音声教材　新・毎日の聞きとり 50 日　上・下』を出版しました。この間 4 年から 5 年に一作ずつ教材を作ってきたことになります。

　筆者が日本語教師になった 1976 年当時、勤務する大学では既に日本語教育専用の LL 教室が設置され、1981 年には隣に専用の録音室が設けられました。オープンリールテープだけでなく、カセットテーププレーヤーも教卓に備え付けられた当時最新の LL 教室でした。しかし、そこで使える音声教材の種類は非常に限られたものでした。中級以上の教材は、『わが美わしの友』をはじめとする国際交流基金制作のビデオ教材や、名古屋大学の "A Course in Modern Japanese" やアメリカ・カナダ大学連合日本研究センターの "BASIC JAPANESE – A REVIEW TEXT" の付属テープがあり、その他にも教師自身がテレビやラジオの番組を録音・録画して作成した教材などを使って指導していましたが、初級用の教材は少なく、『日本語の基礎Ⅰ・Ⅱ』や "Japanese for Beginners"、"Japanese for Today"、"An Introduction to Modern Japanese" などに付属されているテープや国立国語研究所制作の日本語教育映画（ビデオ教材）以外には、ほとんどなかったと記憶しています。日本人の日常生活に即した自然な会話が学べる初めての初級レベルのビデオ教材として、『ヤンさんと日本の人々』（国際交流基金）が発行されたのは 1983 年のことです。当時は、指導法を考える以前に、教材が少ないことと、どうしたら LL 教室の設備を有効に活用できるかということに頭を悩ませていました。

　そんな状況の中でも、テストは 4 技能に分けて行われていました。聞きとりを学ぶ時間は 1 週間に 1 時間か 2 時間だけなのに、テストだけは読解や文法と同等に行われていたので、聞きとりに苦手意識や恐怖感のようなものさえ感じる学習者も少なくありませんでした。また、聞きとりが苦手な学習者のために聴解クラスを開講しても、受講してほしい学習者に限って拒絶反応

を示して履修しないということもよくありました。

　聞くことに慣れていないために苦手意識を持たせてしまった責任は、教材を作成してこなかった教師、指導しなかった教師にあります。何とか、聞く機会を増やし、この苦手意識を取り除きたいと考えました。そのためには、1週間に1～2回の聞きとりの授業では不十分です。聞くことは難しいという先入観を持つ前に、初級学習開始の日から、毎日継続して日本語を聞く習慣をつけさせたいと考えました。文字、文法・文型の導入・練習など指導項目が多い初級の授業時間を割いて毎日聞いてもらうためには、短時間ででき、しかも、既習の文型・文法、語彙の範囲内で作成された問題でなければなりません。また、日本語を聞くことに慣れるだけではなく、聞く力を高めるための指導や、習った文法・文型の定着に役立つ問題を盛り込みたいと考えました。このような欲張りな期待をこめて、まず、毎朝20分程度で継続的に取り組める簡単な聞きとり教材を作成しました。それが、『初級日本語聴解練習　毎日の聞きとり50日　上・下』のもととなる『毎日の聞きとり練習』（1989年から90年にかけて作られた試用版）です。同じ頃、やはり毎日聞くための中級用の教材作成に着手しました。これらの教材を中心になって作ったのは1988年に当時5つあったクラスの聞きとり授業をたまたま担当した5名（『毎日の聞きとり』シリーズの著者、太田淑子、柴田正子、牧野恵子、三井昭子、宮城幸枝）でした。この5人を叱咤激励し、出版へと導いてくださったのがシリーズ1作目の監修者、河原崎幹夫先生です。このように、初級の聞きとり練習が完成してから中級教材作成に取りかかったのですが、出版は中級が先行し、初級は中級教材刊行の6年後になりました。

　聴解教材の不足を補い、聞く習慣をつけ、聞く練習の量を増やすことが第一目的だったのですが、いざ指導してみると、継続的な練習に加えて、聴解の情報処理のプロセスに即した指導が必要であることを痛感しました。

　L2（第二言語）の聴解は、認知処理が自動化されているL1（第一言語）の聴解とは全く異なるトレーニングが必要です。L2の聴解力向上のためには、文字言語のインプットとともに、音声インプットを豊富に聞くことによってその基礎となる言語能力を高めなければなりません。また、音声テキスト[1]

注）
---
[1] 読解では文字で書かれた文章や会話などの談話をテキストと言いますが、この本ではモノローグや会話などの談話音声（生の音声と録音音声を含む）を「音声テキスト」と呼びます。聴解のCDに録音された教材や、教材として使われる録画・録音された音声も音声テキストと呼びます。

を活用して音声言語能力を高めることは他の技能運用の基礎となります。聴解教材を聴解の練習に使うだけでなく、これを音声教材として多角的に活用してもらいたいという願いを込めて、シリーズの３作目の『中上級日本語音声教材　毎日の聞きとりplus40　上・下』から、副題の「聴解教材」を「音声教材」に変えることにしました。

　最近は、日本語能力試験や日本留学試験に対応した聴解教材が多く出版されています。大学入学や就職に欠かせない試験の対策本は需要が高く、日本語教育機関の多くで使われているようです。これらの試験は日本語学習の目標を設定し、学習を促進する側面がある一方、教育の内容までも変えてしまいます。多くの日本語教育機関では試験対策の授業で、高得点をとることを目標に指導が行われています。その指導が、手っ取り早く高得点をとるためのテクニックやストラテジーに偏ってしまうと、真の実力が身につかなくなるおそれがあります。真の運用能力を高めるためには、多様な教材を多角的に使い、言語能力を高めることを目標に指導するという姿勢が大切なのではないでしょうか。

　日本語の聴解教材はまだまだ十分とは言えず、聴解のメカニズムや指導法についての研究も多くはありません。言語習得において「音声言語を聞く」ことがどのような意味を持つのか、どのように指導したら「聞く」力が身につくのかなど、解明しなければならないこともたくさんあります。そのような未解明なことが多いなかで、試行錯誤を繰り返しながら教材を作り、指導してきた経験をもとに、この本をまとめました。この本が音声教育や聴解指導に対する理解を深めるのに役立ち、音声言語教育の発展の一助になれば幸いです。

目次

編者あいさつ　iii
まえがき　v

第1章　作る前に

はじめに　2
第1節　聞くということ　4
1. 音声言語の特質と言語教育　4
   - ▶1　進化の過程で得た言語　4
   - ▶2　音声伝達のしくみ　4
   - ▶3　音声言語・文字言語と教育　4
   - ▶4　伝達情報量の多い音声言語　5
2. 言語習得と「聞く」　7
   - ▶1　目的のある能動的な行動　7
   - ▶2　コミュニケーション能力と言語能力　7
   - ▶3　言語の4技能という考え方　9
   - ▶4　L1とL2で異なる技能指導の意味　10
   - ▶5　各技能を統合的に機能させるための基礎となる言語能力　12
   - ▶6　音声言語と文字言語のインプット、アウトプットの統合　12
3. 言語情報処理における音声の役割　14
   - ▶1　ワーキングメモリ　14
   - ▶2　言語運用における音声の役割　18

第2節　教材化に向けて　24
1. 聴解行動はどのように行われるか　24
2. 聴解に関わる要素と難しさ　27
   - ▶1　音声情報の認識に関わる要素　27
   - ▶2　視覚情報の読みとり　37
   - ▶3　言語知識・背景知識　37
   - ▶4　情報処理の方法・ストラテジー　44
   - ▶5　記憶力　47

第2章　作る

第1節　教材作成の基本計画　52
1. 対象となる学習者　52
2. 目的、特徴など　55

第2節　初級教材作成の手順　61
1. シラバス、課の構成を考える　61
2. 問題の音声テキスト・タスクを作成する　62
3. 作成した音声テキストやタスクを検討する　62
4. 表記、翻訳、ページの割り振りを考える　63
5. イラストを作成する　63
6. 音声CDを作成する　64
   - ▶1　録音者の選定　65
   - ▶2　録音の準備　66
   - ▶3　録音前の指示　66
   - ▶4　録音　67
   - ▶5　録音の修正　68
7. 巻末の語彙リストなどを作成する　68

第3節　初級教材の作成－具体例－　69
1. 初級の指導で重点を置く要素　69
2. 『初級日本語聴解練習　毎日の聞きとり50日』
   －各課の構成と目的－　71
3. 問題作成の留意点　73
   - ▶1　音声テキストの内容の検討－適切な使用状況の提示－　74
   - ▶2　音声テキストの内容の検討－スキーマ構築に役立つトピック－　80
   - ▶3　問題形式や指示など　82
4. 指導ポイントを明確にしたタスクの作成－タスクの種類と狙い－　88
   - ▶1　正確な聞きとりの促進に焦点を合わせたタスク　88
   - ▶2　動詞や形容詞の活用定着に焦点を合わせたタスク　93
   - ▶3　イラストを活用して話し手の心的態度や状況を理解するタスク　96
   - ▶4　イメージングに焦点を合わせたタスク
     （イメージすることによって学習項目の理解を深める）　101
   - ▶5　後続部分を推測するストラテジーに焦点を合わせたタスク　106
   - ▶6　行動の予測に焦点を合わせたタスク　113

- ▶7 文構造の理解に焦点を合わせたタスク　117
- ▶8 スタイルの違いに焦点を合わせたタスク　120
- ▶9 その他　122

第4節　中級教材作成の前に　124

1. 中級の聴解教材の目的と音声テキスト作成の留意点　124
2. 音声テキストの作成にあたって考えておくこと　126
   - ▶1 音声テキストの談話のジャンル　126
   - ▶2 音声テキストの質　128
   - ▶3 音声テキストの内容　129
   - ▶4 音声テキストのレベル　129
   - ▶5 音声テキストの長さ、文の長さ　130
3. 音声テキストの文章をどのように作るか　132
   - ▶1 テキストをどのように理解するかを知る　132
   - ▶2 音声テキスト作成上の注意点　135

第5節　中級教材の作成－具体例－　141

1. 『毎日の聞きとり』シリーズの作成の手順　141
   - ▶1 対象者を定める　141
   - ▶2 教材の目的と特色を考える　141
   - ▶3 構成を決める　143
   - ▶4 トピックを選定する　147
   - ▶5 集めた素材を検討する　151
2. 音声テキスト作成の具体例　152
3. タスクを作成する　166
   - ▶1 イラスト　168
   - ▶2 はじめに／聞くまえに　171
   - ▶3 ことば　175
   - ▶4 聞きましょうⅠ　175
   - ▶5 聞きましょうⅡ　180
   - ▶6 聞いたあとで・一口メモ　183
   - ▶7 ことばの練習　184
   - ▶8 聞きとりのヒント　185

第3章　作った後で

第1節　聴解の指導で配慮すべき点　190
1. 教師の役割　190
2. 言語習得を促進する指導　190
    - ▶1　有意味受容学習　191
    - ▶2　リハーサル・体制化・精緻化　191
    - ▶3　気づきの必要性　192
    - ▶4　学習者のレベルと学習方略　194
    - ▶5　習慣づけ　194
    - ▶6　音声を通して学ぶことの意味　195
    - ▶7　オーディオ機器の円滑な操作　198
3. 聴解の授業を行う前に－学習者に話すこと－　199

第2節　具体的な指導法と指導の意味、期待される効果　201
1. 教材（教科書）をどのように使うか　201
2. どのように指導するか－聴解力を高める指導－　201
    - ▶1　ボトムアップ処理の自動化のためのトレーニング　202
    - ▶2　全体処理能力アップのための指導　215
3. さまざまな指導法の意味すること　218
    - ▶1　シャドーイング（shadowing）　218
    - ▶2　リピーティング（repeating）　220
    - ▶3　音読（oral reading）　222
    - ▶4　リード・アンド・ルックアップ（read and look up）　223
    - ▶5　バックワード・ビルドアップ（backward build-up）　224
    - ▶6　ストーリー・リテリング（story retelling）　225
    - ▶7　ディクテーション（dictation）　225
    - ▶8　ディクトグロス（dictogloss）　225

第3節　ITを利用した教材開発など　229
1. CALL教室用マルチメディア教材の制作　229
2. 著作権の問題など　232
3. IT化の中での教材　233

あとがき　235
参考文献　238

参考教材　243
参考資料　245
索引　248

第 1 章
作る前に

はじめに

　言語には音声言語と文字言語の両面があり、言語活動は音声と文字のインプット・アウトプットによって行われます。言語情報処理の面から音声の役割を考えると、音声情報はすべての言語活動の中心的機能を果たしていることがわかります。また、音声こそが言語の源であることも周知の事実です。言語の習得には音声言語のインプットが欠かせません。

　しかし、現在の日本語教育では、文字言語で書かれた教材を中心に行われる文法や読解の指導に比べて、音声言語に着目した指導、すなわち、音声を聞いて理解し上手に使いこなすための指導が、まだまだ十分に行われていないように思われます。これに対して、教師が日本語母語話者の場合は文型や文法、読解を指導するときに母語話者の音声をたくさん聞く機会があるし[1]、聴解の時間も設けられているではないかという意見もあるでしょう。しかし、音声を聞くといっても、知覚することと認識することは異なります。聴覚に問題がない限り、学習者が音声を知覚している（聞こえている）のは確かですが、全員が音声言語を認識している（音声言語の特徴を理解し、意味や使い方を理解している）かどうかはわかりません。教室内外のさまざまな場面や状況に応じて適切に聞いたり話したりするためには、音声言語の特徴を正確に聞きとり、認識する能力が必要です。

　それでは、日本語学習の初期の段階での音声言語指導はどのように行ったらよいのでしょうか[2]。多様な話を理解し、自然な発音で上手にコミュニケーションするという高い技能を身につけるためには、その前段階として、音声を聞いて正確に理解すること、音声言語の語彙[3]を増やすこと、そして音声

注〉

[1] 学習者に向けた教師の発話はティーチャー・トーク（teacher talk）と言われ、目標言語の音声を聞く機会だけではなく、学習者が真の伝達活動を行う機会を与えるという意味で、重要な役割を果たしていることも確かです。

[2] 学習者はたとえばアニメを見たり、日本人と交流したりするようにさまざまな日本語使用環境において、音声言語能力を身につけていくと考えられますが、本書では、教師が教室でどのように音声言語指導を行ったらよいかという、教室環境での音声言語指導について考えます。

[3] ここでは、聞いて理解できる語彙を指しています。

言語教材をインプット教材として活用し、そこから学ぶことが必要です。

　本書では、聴解教材を音声言語指導のリソースと捉え、音声と文字のバランスのよい情報処理能力を身につければ、結果的に聴解力も高まり、総合的な言語運用能力も高まるという立場から、聴解教材の作成と指導法について考えたいと思います。今まで「聞く」ことを中心とするコミュニケーション技能を表すことばとして、聴解、聞きとり、リスニング、ヒアリングなどの用語が使われてきました。英語教育では、リスニングが一般的ですが、日本語教育では、聞きとりや聴解が使われます[4]。筆者が作成に関わった教材は「聞きとり」を使っています。しかし、日本語能力試験で「聴解」ということばを使うようになってからでしょうか、現在では読解にそろえて、聴解という呼び方が一般的に使われているように思われます。そこで、「聞くことを中心にした行動」を「聴解」と呼ぶことにし[5]、本書のタイトルを、「聴解教材を作る」としました。

　本章では、聴解教材を作成する前に、「音声を聞く」とはどういうことか（言語運用や言語習得における音声の機能）、「聴解教材」または「音声教材」を通して何を指導するのか、その目標は何か、外国語を聞いて理解することとはどのようなことなのかについて、認知心理学や第二言語習得研究の成果を踏まえながら考えたいと思います。第1節では、音声教育と言語教育の面から「聞く」ことについて概観し、言語教育における音声の役割について考えます。そして、第2節では、教材化に向けて、聴解行動のプロセスと聴解行動に関わる要素について考えます。

注〉

[4] 本書では、原典に従い、リスニングや聞きとりということばが使われることもありますが、これらの用語による使い分けはしていません。

[5] 筆者は実は、聞いて理解することを示す「聴解」ということばを使うことこそが、指導において、誤解を生じる原因になっているのではないかと考えています。話を聞いて理解するという目標だけがクローズアップされていて、「聞く」力を養うための指導やプロセスの面が見落とされているような気がするからです。

第1節　聞くということ

「聞く」という行動は音声を媒介とする言語行動です。私たちは音声を使って伝達する能力をどのように獲得したのでしょうか。また、音声は言語習得においてどのような役割を担っているのでしょうか。

1. 音声言語の特質と言語教育

▶1　進化の過程で得た言語

　私たち人間は進化の過程で直立歩行をするようになりました。体を起こすことにより喉がまっすぐ伸び、それによって喉頭（声帯）が下に下がりました。喉頭が下がると調音器官の自由度が増し、顔面筋の発達によって音声言語を操れるようになりました。音声言語を話せるようになると、それによって大脳がさらに拡大し、ことばによるコミュニケーションの手段を得ることができたのです。人間だけがことばを獲得することができたのは、このような進化のおかげであると言われています。

▶2　音声伝達のしくみ

　私たちは主に肺からの呼気を使って声帯を振動させ、音声器官を巧みに操り、多様な音声を作り出し、意味のあることばを紡ぎだしています。口から出た音声は空気を振動させ、疎密波として空気中を伝わり、聞き手の耳に入ります。そして、物理的な音は聞き手の鼓膜を振動させ、聴覚器官によって神経信号に変換されます。神経信号として伝わってきた音を脳が認識し、複雑な情報処理が行われて、意味のある音として認識されます。

▶3　音声言語・文字言語と教育

　このように言語の起源は音声であり、文字は音声言語を記録するためのも

のとして発明されました。人間は石や洞窟の壁、パピルスや羊皮紙、竹など、さまざまな素材に一つ一つの文字を刻み、記録してきました。

　15世紀半ばのグーテンベルクの活版印刷術の発明以後、各言語の正書法が整うに伴い、書かれたものは読みやすくなり、多くの人々が文字の便利さの恩恵を受けるようになりました。文字による記録によって多くの知識・情報が半永久的に残され、私たちは読みたいときにそれを読むことができます。文字なくして学問・研究は発達し得なかったでしょう。

　しかし、母語としてことばを習得する際に、音声言語は母親をはじめとする周りの環境から自然に習得されるのに対して、文字や文章の書き方は学習しなければ習得できません。文字言語の習得には体系的な教育が必要であるため、教育の場では、音声言語の指導よりも文字言語の指導が優先されるようになりました。文字で書かれた書物を読み、知識を得ることが学問の基本とされてきました。

　一方、音声は今でこそ、ICレコーダーやビデオカメラなどで記録できるようになりましたが、最近まで、教室でテープレコーダーを使って音声を流すことさえ日常的なことではありませんでした。半世紀ぐらい前まで、教室で音声教材を使って授業をすることは、特別なことでした。そのため、言語学習の主流は読解や作文など文字を媒体とする活動を中心に行われてきました。

▶4　伝達情報量の多い音声言語

　日本語母語話者は子供のときから日本語の文を読むことに慣れ、語彙も豊富で、文法や音声表現方法も習得しているので、日本語の文字で書かれたものを見てすぐに音声化することができます。また、日本語には「ひらがな」という表音文字があるために、母語話者はひらがな＝音声記号のような意識を持っています。漢語にふりがなをつけて読み方を示すのはその例です。そのため、母語話者の日本語教師は、漢字にふりがなをつけておけば、学習者は比較的楽に読むことができ、内容を理解できると考えてしまいがちです。母語話者は文字で書かれたものを簡単に音声化できるので、普段は音声と文字情報の伝達の違いを意識していませんが、初級の学習者が、ひらがなを読

むときのことを考えれば、ひらがなの文字を一つずつ追って音声化するだけでは書かれた文を正確に表現できないことが想像できます。正しい音声表現を頭の中で再現できて初めて、正確に理解することができるのです。次の例で考えてみましょう。

例1　いいですね。
①A：「こんど、いっしょに釣りに行きませんか？」
　B：「いいですね。ぜひ、連れていってください。」
②A：「使い方はマニュアルに書いてあるし、説明しませんけど。いいですね。」
　B：「ええ、大丈夫です。」

例2　弟がきのう新宿で買ったDVDをくれた。
①弟が/きのう新宿で買ったDVDをくれた。（/はポーズ）
②弟がきのう/新宿で買ったDVDをくれた。

　例1は、文字ではどちらも「いいですね」という同じ表記ですが、イントネーションが異なります。表現意図の伝達にはイントネーションが大きな役割を果たしています。例2ではポーズとイントネーションが、文構造の違いを表します。ポーズによって「きのう」ということばが修飾する語を示すことができ、聞き手はイントネーションとポーズを手がかりにして、弟がDVDを「きのう買った」（①）のか、「きのうくれた」（②）のかを理解します。

　音声は、話者の気分や感情、心的態度や、年齢・性別をはじめ性格などの個人的特徴も表します。一方、文字を表現手段とする携帯メールは、音声通話（電話）で伝えられるすべてを伝えることはできません。ですから、文字伝達の不足を補うために顔文字や絵文字、イントネーション記号などを使うのです。

　このように、音声表現とその情報は、言語コミュニケーションで大切な役割を担っていることがわかります。

2. 言語習得と「聞く」

▶1　目的のある能動的な行動

　言語音声を理解することは生理的・受動的な「聞こえる」と異なり、能動的な「聞く」という認知活動です。たとえば、パーティーなどの喧噪の中でも自分に関連することや、興味のあることがらについては聞きとることができます[6]。聞こえてくる音や音声の中から必要な情報に注意を向けて、選択的に情報を処理しているのです。
　私たちは生活のさまざまな場面で「聞く」行動を行っています。車の中でラジオのニュースを聞く、教室で先生の話を聞く、友達の悩みを聞く、郵便局の窓口で局員の説明を聞く、電車内のアナウンスを聞くなどの行動は、新しい出来事を知るため、知識を深めるため、相手を慰めるため、自分の意見を表明するため、より安く早く荷物を送るため、乗り換えの駅を知るためなど、すべて何かの目的を持って行っている行為です。このように、「聞く」行動には必ず目的があり、私たちはその目的を達成するために既有知識や言語知識を使って能動的に取捨選択しながら聞き、必要な情報を取り入れています。そして「聞く」ことによって新たな思考や感情が既有知識に加わり、既有知識の再編集が行われます。

▶2　コミュニケーション能力と言語能力

　目的を達成するために、能動的に言語を使って行動できる能力、すなわち、コミュニケーション能力の獲得は、第二言語習得の到達目標とされます。
　Chomsky（1965）は人間の脳には生来、言語獲得装置（LAD：Language Acquisition Device）があり、成長し言語経験を積むことによって言語知識が蓄えられていくとし、それを「言語能力（linguistic competence）」と呼び、具体的な状況において言語を使う力を「言語運用能力（linguistic

注）
[6] 音声言語認識のこのような現象をカクテル・パーティー現象（cocktail party phenomenon）と言います。

performance)」と呼んで区別しました。

　これに対して、Hymes（1972）は社会言語学の立場から実際のコミュニケーションのための言語使用（language use）では状況的・言語的文脈での適切さ（appropriateness）、社会文化的な適切さが必要であるとして、コミュニケーション能力（communicative competence）という新しい概念を提唱し、コミュニケーション能力は言語知識（knowledge）と言語使用のための能力（ability for use）から構成されると考えました。

　この Hymes の理論をもとに Canale and Swain（1980）、Canale（1983）は、コミュニカティブ・アプローチについて述べ、第二言語教育の理論的枠組みとなることを目指して、コミュニケーション能力を、文法能力（grammatical competence：語彙や形態、統語、意味、音韻・音声についての知識）、社会言語的能力（sociolinguisitic competence：発話の社会的文脈を理解する能力）、談話能力（discourse competence：コンテクストの中で談話をうまく構成していく能力）、方略的能力（strategic competence：コミュニケーションを促進する能力）に分類しました。

　ウィドウソン（1991）も、言語学習の究極の目標は、コミュニケーション能力（communicative competence）の習得であると述べ、この能力を言語使用（language use）と、言語用法（language usage）という視点から説明しています。言語用法は、コンテクストやコミュニケーションの目的と関係なく、言語組織の提示として単語や文を列挙したもので、言語使用とは言語組織が通常のコミュニケーションのために具体化されること（ウィドウソン 1991：v, 16-23）です。

　数多くの文型や単語の知識（言語用法）があってもそれをコンテクストの中のコミュニケーションとしてどのように使うか（言語使用）を知らなければ、コミュニケーション能力を習得したとは言えません。聞く・話す・読む・書くなどのコミュニケーション能力を養うには、言語知識を身につけることと、さまざまな方略的能力や、コミュニケーションとしてどのように使うかという言語使用能力を高めることが必要であることがわかります。

▶3 言語の4技能という考え方

　コミュニケーション能力は4技能を運用する能力であり、言語教育の目的は4技能をバランス良く習得することであると言われています。そのため、私たちはこの言語の4技能の意味について、あまり深く考えることなく、当然のように4つの技能を分けて指導したり、試験したりしてきたのではないでしょうか。

　4技能をバランス良く習得することが目標のように考えられている一方で、各技能の指導時間数や内容には大きな差があります。日本語教育機関では今まで、文型・文法導入の教科書（初級）や読解用テキストが中心の教科書（中級以上）を使って指導するいわゆるコアの授業に大部分の時間が費やされてきました。一方、聴解・文章表現・口頭表現などの技能別の授業は、1週間に数回行われる程度でした。最近は、読むテキストを中心に、聞く・書く・話すタスクが含まれている教科書もありますが、あくまで主教材は文法や読解テキストであり、他の技能は付属的・補足的なものとして扱われています。このようなカリキュラムでは、文字言語を読む指導に大半の時間が使われ、音声言語を中心にした指導や活動の時間は限られています。文字言語のインプットに偏った教育がなされ、本来の言語である音声言語に焦点を合わせた指導が不足しているのが実態であると言えるでしょう。音声言語こそが本来の言語であり、後で述べるように音声情報処理が言語活動の要になっていることを考えると、現在のカリキュラムや指導法にはまだまだ改善の余地がありそうです。

　ウィドウソン（1991：71-72, 84-86）は、4つの技能によって外国語を教える目標を定めることの妥当性に疑問を呈しています。4技能を表す図（【図1】）にしばしば用いられる「聴覚的・視覚的および産出的・受容的という言葉は、言語がコミュニケーションとしてどのように実際に使用されているかというよりは、言語がどのような媒体で表出されているかを言っている」のであり、「言語使用（language use）について考えるときには、このような考え方はあまり役に立たず、実際かなりの誤解を招く」（ウィドウソン（1991：72）と述べています。たとえ言語技能（linguistic skills）が習得されたとしても、コミュニケーションのための言語能力（communicative abilities)の習得までは保証されないとし、技能をそれだけで完結させてしまうのではなく、コミュニケーションのための言語能力の側面としていかに教えるか、つまり、どのようにすれば技能が能力に関連づけられ、言語用法が言語使用に関連づけられるかが問題であると述べています。コミュニケーション能力は4つの技能を習得することによって身につくものではなく、言語指導目標として4技能を考えると誤解を生じるというのです。

	産出的・能動的 (productive/active)	受容的・受動的 (receptive/passive)
聴覚媒体 (aural medium)	話すこと (speaking)	聞くこと (listening)
視覚媒体 (visual medium)	書くこと (writing)	読むこと (reading)

【図1】4技能(ウィンドウソン1991：71より引用)

　一方、言語習得を情報処理の認知プロセスの面から考えると、【図1】は、指導目標としての4技能を表すのではなく、「音声」と「文字」を媒体にして、インプット・アウトプットするというコミュニケーション活動の総体を表していると理解できます。特に言語学習の初期では、4種類の技能を分けて指導・学習するという考え方ではなく、音声と文字という媒体を使ってインプット・アウトプットすることによって言語使用能力を習得するという視点が大切であると思います。そのためには、音声言語のインプット・アウトプットの指導を文字言語の指導と同程度かそれ以上に行う必要があるのです。

▶4　L1とL2で異なる技能指導の意味

　L1すなわち第一言語の話者(母語話者)に対する4技能の運用能力[7]の指導と、L2すなわち第二言語の学習者、特に、文法や語彙などの言語知識が十分でない初級や中級レベルの学習者に対する指導とは大きく異なります。L1話者の場合は、生まれたときから、母語環境で豊富な音声インプットを

注〉
[7]　言語をコミュニケーションのために適切に使う能力という意味で使います。

与えられ、音声言語の基本的な能力を身につけています。その基盤の上に小学校、中学校、高等学校などの学校教育を通して書く・読むといった文字言語の運用能力を身につけていきます。そして読む・聞くといったインプットと書く・話すといったアウトプットを繰り返して行うことによって、言語知識を増やし、重層的・体系的に言語能力[8]を高めていきます。L1の技能指導は、すでに統合的に機能する言語能力を基盤にして、より高度なコミュニケーションを目指して行われます。

　一方、L2学習者の場合、日本の日本語教育機関での学習を例に考えると、学習者はまず、ひらがな（とカタカナ）の正書法、発音を学びます。この段階では、文字と音声、正書法を完全に習得したとは言えない状況です。そして、初級段階では基礎的な文型・文法知識の習得と、限られた授業時間での教師のモデル発話に従った発話練習、タスクなどによって、文法・文型の使用法や音韻体系に関する知識などを身につけていきます。中・上級では読解教材を中心に語句や表現の習得が進められる傾向にあるので、音声言語だけを手がかりに情報処理をする時間は多くありません。教室外環境の日本語使用の機会の質と量には個人差がありますが、いずれにしても、学習の段階に合わせて、豊富な音声言語によるコミュニケーションをしながら身につけたL1話者の言語能力とは格段の違いがあります。

　このように十分な言語知識を持たないL2学習者は、まず第一に、運用能力の基盤となる正確な言語知識（文法・語彙・音韻などの知識）を蓄積し、言語知識をコミュニケーションとしてどのように使うかなどを身につけることが優先されます。また、L2学習者は学習言語の情報を保持したり処理したりする力も十分ではありません。人間の体にたとえると、血液中の栄養が十分でない上、その流れも停滞している状態と言ってもよいでしょう。体の機能を活発にするには栄養を十分に摂ると同時に、体のさまざまな部分を動かし、血液が滞りなく流れるようにすることが大切です。言語知識を基盤にして、音声と文字を使ってインプット・アウトプットすることによって処理能力を高め、結果的に4技能の運用能力が身につくというのが理想的である

注〉─────────────────────────────
[8] 本書では、言語能力はコミュニケーション能力の基盤となる正確な言語知識と、さまざまな場面や状況で適切に言語知識を使う能力を含めたものと考えます。

と思います。

▶5　各技能を統合的に機能させるための基礎となる言語能力

　L2学習の初期の段階で、読むこと(文字インプットの理解)に偏った指導が行われるとどのようなことになるでしょうか。
　日本人英語学習者の多くが、リーディングよりもリスニングが苦手だという悩みを抱えています。大石(1999)は、リスニングとリーディングの情報処理方法は共通していて、両方の能力には相関性があるはずだと推測して、日本人大学生を対象に英語と日本語(彼らにとっての母語)のリスニング能力とリーディング能力の相関性を調査しました。その結果、リスニング能力とリーディング能力の相関は日本語では高く、英語では低かったということです。リスニングが不得意な学生は、情報処理過程の入口の部分、音声を認識する部分で問題が起き、リーディングと共通の情報処理過程に到達することができなかったと推測できます。この調査結果から、大石(2006:69)は、「言語運用能力に関しては、第一言語では、細分化された能力、聞く、話す、読む、書くことが互いに統合的に機能し、関わりあいをもっているが、第二言語になると、言語運用をする段階で各技能がそれぞれの処理過程をたどり、統合的に機能することができないと考えることができる」と述べています。
　このことからも、4技能の運用能力の基盤には、共通の言語能力があり、この言語能力が十分に身についていない段階のL2学習者に対して技能別に指導することを慎重に考えたほうがよさそうです。このように述べると、聴解という技能の教材の話なのに、矛盾していると思われるかもしれませんが、初級から中級といった学習初期の段階では、聴解教材を単に聴解技能を高めるために使うのではなく、音声言語インプットのリソースと考えて使うことが大切だと思うのです。

▶6　音声言語と文字言語のインプット、アウトプットの統合

　日本語教育では中級以上になると、一般的に、読解テキストを「読む」ことに多くの時間が費やされています。学習者は文字で書かれた文章の内容を

理解し、表現や文法・構文、文章構成法などについて学び、宿題も、テストもプリントを読む（黙読する）ことによって行っています。この間、多くの学習者は教員やCDのモデルリーディングを数回聞く以外は、黙読しながら考える作業を行います。彼らの頭の中ではどのようなことが起こっているのでしょうか。

　日本語を母語とする教師は、学習者が自分たちと同じように日本語を読んで理解していると考えがちですが、そうではありません。母語で共通の漢語を使っている中国語母語話者は、漢字の部分を拾い読みして中国語音で読んで、中国語の意味を頭に浮かべている可能性も十分にあります。実際に大学３年生の中国人学生に、専門の教科書をどのように読んでいるか尋ねたところ、まず、最初は漢字の部分を読んでだいたいの内容を把握し、その後で、ひらがなの部分を読み、２～３回戻って読んで理解する、漢字を読むときには日本語の音ではなく中国語の音で読んでいることが多いということでした。

　また、漢字圏の学習者は、漢字を示せば即座にわかる語でも聞いて理解できないことがあります。反対に私たちが漢字圏学習者の作文を読んでいるとき、連なる漢語の意味から何とか内容を推量することができるけれども、助詞や助動詞などが正しく使われていないため、正確には理解できないことがあります。漢字圏の学習者に限らず、母語の干渉を受けた語順や表現を使って書いているために、正確に理解できない作文もあります。一方、文章は比較的正しく書けるのに、話すと発音が不明瞭で何を言っているのかわからないという学習者もいます。これらは、すべて、音声言語教育の不足が原因です。

　言語運用能力やその基盤となる言語能力が身につかない理由は、現在の教育が文字を媒体としたインプット・アウトプット（読む・書く）に偏っていて、音声を媒体としたインプット・アウトプットが少なすぎることにあります。

　次節で述べますが、文字言語の処理においても、音声情報は重要な役割を果たしています。音声は言語情報処理の基盤となっているのです。

3. 言語情報処理における音声の役割

　言語の情報処理において、音声情報が重要な役割を果たすことが認知心理学の研究成果からも明らかになっています。

▶1　ワーキングメモリ

　Atkinson and Shiffrin（1971）は貯蔵庫という概念を用いて、記憶のしくみを説明しました。記憶の貯蔵庫は感覚登録器、短期貯蔵庫、長期貯蔵庫から成るというものです。

　感覚登録器には、外からの情報が、何らかの意味に変換されずに、入ってきた状態のまま（視覚刺激は視覚刺激のまま、聴覚刺激は聴覚刺激のまま）、数百ミリ秒（視覚）から数秒（聴覚）貯蔵されます。その中で、注意が向けられた情報だけが短期貯蔵庫に送られます。短期貯蔵庫に入った記憶を短期記憶（short term memory）といいます。この短期貯蔵庫には決まった容量があり、短期記憶はリハーサル（rehearsal）[9]を行わなければ15秒〜30秒程度で消失してしまいます（森他 1995：14-21）。リハーサルを行い情報を保持している間に、この情報を長期貯蔵庫に保存されている過去の知識や経験と照らし合わせて、必要か不要かの判断や関連づけなどの処理を行います。そして、ここで必要だと判断された情報は長期貯蔵庫に送られ、半永久的に保存されます。

　短期記憶のうち、理解や学習、推論などの認知的課題遂行のために情報を処理する機能に着目した概念がワーキングメモリ（working memory）です。このワーキングメモリは会話、読書、計算など、人間の高次の認知活動における情報処理機能において重要な働きをしています。読解や聴解のような高次な認知作業を行う際に、必要な情報を一時的に保持し、同時に情報を処理するシステムです。

　Baddeley（2002）のワーキングメモリのモデル（【図2】）には、言語的情

注〉

[9] 記銘（記憶）すべき情報を繰り返して復唱することです。声に出して行う場合も、黙って心の中で復唱する場合もあります。記憶を保持するために行います。

報を処理する音韻ループ（phonological loop）と、視覚的・空間的情報を処理する視空間スケッチパッド（visuospatial sketchpad）、そして、これら2つのシステムの情報を長期記憶の中にある自らの経験の記憶と照合して処理するエピソードバッファ（episode buffer）という3つの従属的システムが想定されています。これらの従属システムで行われる情報処理プロセスを管理・制御するのが、中央実行系（central executive：中枢制御部）です。中央実行系は限りある認知資源（cognitive resource）[10] を配分しながら、論理的推論や論理的検証など、高次の認知活動を統合的に行っているとされています。

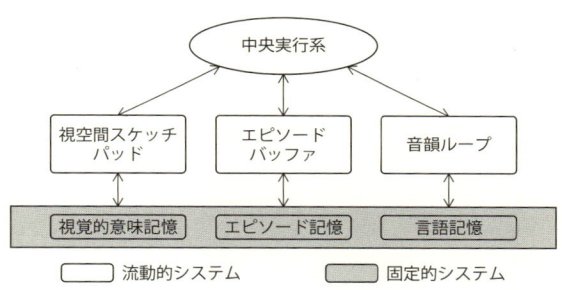

【図2】Baddeley のワーキングメモリ・モデル 改訂版[11]（門田 2007 より引用）

ワーキングメモリの3つのサブシステムのうち、言語情報の処理を行っているのが、音韻ループ（【図3】）[12] です。ここで注目したいのは、音声だけでなく文字を媒介にして入力された情報も、この音韻ループで保持され、処理が行われるということです。

音韻ループは、音声情報を音韻として処理し、時間とともに消失する音韻情報を保持する音韻性短期ストア（phonological short-term store）[13] と、音声化された情報を心の中で繰り返すこと（リハーサル）によって記憶を保持するサブボーカル・リハーサル（subvocal rehearsal）[14] という2つのシステ

注〉
[10] ワーキングメモリの容量のことです。ワーキングメモリには、コンピュータのメモリと同じように、一度に処理・保持できる量に制限があるとされます。（第1章第2節2 ▶ 4参照）
[11] 門田（2007）が Baddeley（2002）をもとに作成したものです。
[12] この図は、門田（2007）が Gathercole and Baddeley（1993）より作成したものです。
[13] 音韻化された言語情報を一時的に保持する機構です。

ムから成るとされます。音韻ループでは、聴覚的に入力された音声情報（speech input）は、直接、音韻性短期ストアに入り、保持されますが、印刷されたことばや写真・絵など、音声を伴わない視覚的な情報（non-speech input）は、サブボーカル・リハーサルに入り、音声表象に変換されて、音韻性短期ストアに入り、サブボーカル・リハーサルを経て保持されます。

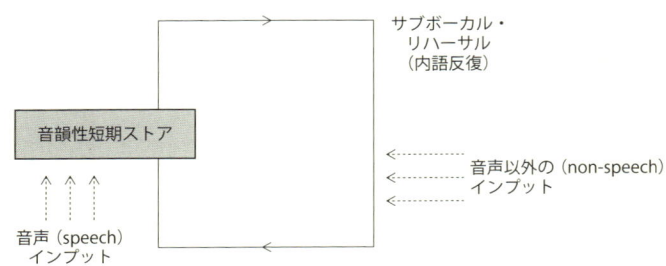

【図3】音韻ループの構成（門田2007より引用）

　Gathercole and Baddeleyの音韻ループのモデル（【図3】）は、音声入力の情報だけでなく、文字入力の情報の処理にも音声情報と音韻符号化（phonological coding）[15]が重要な役割を担っていることを表しています。
　門田（1997）は第二言語学習者（日本人英語学習者）に対して構音抑制[16]を課す実験を行い、英文を聴覚的に提示した場合は構音抑制を課さないときと比べて英文の記憶・再生成績があまり低下しなかったが、視覚的に提示したときははっきりと成績が落ちるという結果を得ました。そして門田

注）
[14] 内語反復、構音リハーサルとも言います。外部から入ってきた情報を保持したり、処理したりするために、心の中で音声化して繰り返すことです。電話帳で調べた電話番号を電話機のところへ行くまで何回も声を出さずに心の中で復唱したり、友達の話を聞きながら、自分が次に話すことばを思い浮かべているときに心の中で聞こえる内なる声のこともサブボーカル・リハーサルと考えることができます。
[15] 入力情報を音韻情報に変換して脳内で保持・処理ができるようにすることです。符号化（coding）とは、入力された刺激が、内的処理が可能な形式に変換され、記憶表象として貯蔵されるまでの一連の情報処理過程のこと（森他1995：34）です。
[16] 記憶実験において、関係ない音声を聞かせたり、教示されたとおりに音をつぶやくことなど記憶に干渉する課題を与えることです。

(2007：156)は、この結果から、「耳から受け取った音声情報は、構音抑制による内語反復の妨害と無関係に、直接、音韻性短期ストアに入るが、視覚的に取り込んだ言語情報は、いったん音韻符号化されて、内語反復機能に取り込まれ、その後、音韻性短期ストアに保持されることを示している」と述べています。これは、音韻ループのモデルを裏づけるものです。

　一方、視覚提示された日本語の文や漢字表記語の意味処理に音韻符号化が関与していることを示唆する研究もあります。

　門田（1987）は日本人短大生を対象に、同一の日本語の文章を刺激として使用し、漢字・仮名交じり文で表記したもの、仮名のみで表記したものについて、それぞれ黙読する課題と、1から5までの数字を繰り返しながら黙読する構音抑制を課したものの理解度を比較しました。実験の結果、漢字仮名交じり、仮名のみの両方とも、構音抑制により、音声化が抑えられると理解度が落ちるという結果を得ました。この結果は、表音文字である仮名だけでなく、表意文字である漢字を黙読するときにも、音韻符号化が行われていることを示唆しています。

　1980年代前半までの研究では、表意文字である漢字は、音韻符号化を経ずに形態表象[17]から意味表象への直接アクセスが先行し、音韻符号化は必ずしも必須ではないとする説もありましたが、この結果から、門田（2003：113）は、「音韻表象は単に仮名の意味アクセスだけに必要なのではなく、漢字も含めた日本文の意味理解の前提になることを示唆している」と考察しています。

　Baddeleyのモデルや、門田の実験は、私たちは音声情報だけでなく視覚入力の文字情報も心の中の調音活動によって音韻符号化を行い、リハーサルを行って言語情報を保持・処理していることを示しています。

注）
[17]　形態表象とは、字形などの形を心の中で表現したものです。表象（representation）とは、人間にとって内的に保持される情報（記憶）の内容を、心の中で表現したものと、その表現形式のこと（森他1995：100）です。

▶2　言語運用における音声の役割

　音声情報が言語運用にどのように関わっているか具体的に考えてみましょう。

①「読む」と音声情報
　宮城（2005a）は以下の例を挙げて、読解における音声情報の大切さを述べています。

【例1】
（前略）
「しかもさあ、わかった？」本当におかしくてたまらなそうに彼は続けた。
「あの人、男なんだよ。」
　今度は、そうはいかなかった。私は目を見開いたまま無言で彼を見つめてしまった。まだまだ、冗談だって、という言葉をずっと待てると思った。あの細い指、しぐさ、身のこなしが？　あの美しい面影を思い出して私は息をのんで待ったが、彼は嬉(うれ)しそうにしているだけだった。
「だって。」私は口を開いた。「母親って、母親って言ってたじゃない！」
「だって、実際に君ならあれを父さんって呼べる？」
　彼は落ちついてそう言った。それは、本当にそう思えた。すごく納得のいく答えだ。
「えり子って、名前は？」
「うそ。本当は雄司っていうみたい。」
　私は、本当に目の前が真っ白く見えるようだった。そして、話を聞く態勢にやっと入れたので、たずねた。
「じゃあ、あなたを産んだのは誰？」
（後略）

　　　　　　　　　　　　　　　吉本ばなな『キッチン』角川文庫（角川書店）より

　この小説を読むとき私たちは、男性の父親（女装をしている）について驚いて問いただす女性の息づかい、声のトーン、達観した男性の態度などを、

映像を見ているようにイメージしながら読んでいます。登場人物の気持ちを想像し、表情までも思い浮かべています。このイメージングに大きく関わっているのが音声情報です。たとえば、この文脈での「冗談だって」は、「冗談だそうです」という伝聞の意味で発話する場合とプロソディー[18]（prosody）の表現が異なります。もし、これを伝聞のイントネーションで読んでいたとしたら情景を正しく理解したとは言えないでしょう。また、「母親って、母親って言ってたじゃない！」の「〜じゃない」を「これは私のではありません」という意味を表す「これはわたしのじゃない」のイントネーションで読む母語話者はいないと思いますが、学習歴の短い学習者の場合は、このイントネーションの違いに気がつかないかもしれません。学習者が的確なプロソディーによって表現意図や感情を表現したり、文章から母語話者と同じような音声イメージを思い浮かべたりするのはとても難しいことです。この例からも、母語話者は小説などの文章を読む場合でも自然に音声情報を活用していることがわかります。

　会話が含まれている文章だけではありません。イントネーションは文中の意味のまとまりを示し、その情報は文構造の理解に欠かせません。母語話者は、自然にイントネーションの山（音声的なフレーズ）を感じ取り、意味の理解に役立てています。

　次のニュースを黙読してみてください。

【例2】

　EPA＝経済連携協定に基づいて来日した外国人は、看護師の国家試験で合格率が低迷していることから、厚生労働省が試験の在り方について一般から意見を募集したところ、母国語や英語での試験も行うべきだという意見が6割を超えました。

　EPAに基づいて日本の看護師資格の取得を目指して来日したインドネシア人とフィリピン人はこれまでに572人に上っていますが、試験の合格率の平均は2.6％にとどまっています。

注〉

[18] アクセント、イントネーションなどの声の高さや強さ、発話リズムやポーズなどの要素のことです。韻律とも言います。

> 　試験では、日本語の読み書きが大きな壁になっていると指摘されていることから、厚生労働省は試験の在り方について国民から幅広く意見を募るパブリックコメントを行いました。―以下省略―
> 　　「"母国語か英語で試験を"6割超」2012年2月16日 6時23分 NHK NEWS WEB より

　【例2】のテキストはNHKのニュースのスクリプトです。これを黙読しているときにも、私たちは無意識的にイントネーションを感じながら理解していることがわかります。たとえば、2段落目を、【例3】のように区切って読んだ場合、意味を理解するのが難しくなってしまいます。

【例3】：誤まった区切り方
　EPAに／基づいて日本の看護師／資格の取得を目指して／来日したインドネシア人とフィリピン人はこれまでに／527人に上っていますが、試験の合格率の／平均は2.6％にとどまっています。

　アナウンサーはイントネーションによるフレージング[19]で意味のまとまりを示し、文の構造をわかりやすく伝える努力をしているのです。
　このように、私たちは文章を読むときにも音声情報を活用しています。「読む」という言語行動においても、音声言語の認識と処理の能力が重要な役割を果たしていることがわかります。
　Suzuki（1999）は日本人高校生に対し、英語母語話者がフレーズごとにポーズを入れて読んだ音声テープを聞かせながら英語のテキストを黙読させるという速読指導や、ポーズを入れてリスニングを行う指導を行いました。そして、この指導が聴解力と読解力、読解速度の向上にも効果的であったことを報告しています。その理由として、聴解と読解のプロセスには共通する部分があり、中でも黙読時に行われている内的音声化が聴解から読解へのプラスの転移に重要な役割を果たしていることを指摘しています。リスニング

注）
[19] 文法や意味のまとまりを句（フレーズ）といいます。文の意味と構造を理解してフレーズごとに句切ることをフレージングといいます。フレージングについては中川・中村（2010）に詳しく書かれています。

によって、リズムやイントネーションからフレーズのまとまりや文の統語構造を理解する力を養うことができ、それがリーディング能力の向上にもつながると言えるでしょう。

②「話す」と音声情報

　会話などのインタラクション場面では聞いて理解することが前提になっていますし、音声を媒介とすることからも、「話す」という行為が音声情報なくしては成り立たないことは自明のことです。考えや概念を発信する際に、話し手はメンタルレキシコン（mental lexicon）[20]の中から意味に適した語を抽出し、音声器官を動かして発話します。メンタルレキシコンの語に音声情報がないか、あっても不正確な場合、音声器官に正しい構音[21]情報を送ることができず、発話が困難になります。たとえば、日本語と共通の漢語を持つ中国語母語話者が発話したい漢語の文字を思い浮かべても、正しい発音がわからずにことばにつまることがあるのはその例です。「談話レベルで話し手と聞き手が理解し合えるのは、相手の発話を聞いた時に、自分の頭の中に相手と同じ心的表象を再生しているから」（小柳 2004b：27）です。不自然な発音では聞き手にはっきりと理解されず、コミュニケーションに支障をきたします。

　正確な音声情報を伴った語のデータベースは、円滑なコミュニケーションに不可欠です。このようなデータベースは音声言語の豊富なインプットを聞き、正確な発音をするトレーニングを重ねることによって養うことができます。

③「書く」と音声情報

　日本人学生のレポートを採点していると、漢字の誤りを発見することがよくありますが、その多くが同音異義の漢字を書いてしまう誤りです。Horodeck（1987）は、日本人の大学生の手書きの作文の漢字の書き誤りを

注〉
[20]　心内辞書。長期記憶中の、綴り・発音・意味情報・統語的情報が蓄えられている部分をメンタルレキシコンと言います。（門田 2002：59）
[21]　音声器官によって言語音を作り出すことです。「構音」は音声学の「調音」と同じですが、医学的な用語です。

分析した結果、同音の漢字を書く誤り[22]が圧倒的に多かったと述べています。このことは、日本語母語話者は文章を書くときに音韻表象を思い浮かべてそれに従って書いていることの表れです。

　私たち母語話者が心に浮かんだことを書き表すとき、文を書き始めたときにはすでに文の統語構造の計画ができあがっている場合が多く、助詞を間違えることはほとんどありません。文を書く前にすでに音韻表象が頭に浮かび、その計画に従って文を書いているからだと考えられます。学習者の作文には助詞の誤りをはじめ日本語らしくない語の用法や表現が見られますが、音声言語データベースに正しい統語構造の文や表現があれば、その音韻表象に従って正しく書くことができるようになるのではないでしょうか。

④音声情報を基盤にした言語活動

　ここまで述べてきたことにもとづいて、言語活動の情報処理プロセスを【図4】のようにまとめました。言語活動（言語によるコミュニケーション）は言語知識（音韻・文法・語彙など言語に関する知識）と既有知識（社会文化的知識、社会言語学的知識、経験的知識など）とストラテジーなどを駆使して行う活動です。

　言語知識は、音声と文字の統合情報によって成り立っており、その知識は音声言語体系と文字言語体系の両方で使われ、話す、聞く、書く、読むという行動として現れます。その行動を指令する音声言語・文字言語システムの両方の情報処理に音韻処理[23]が関わっています。音韻処理は、音韻符号化や復号化（decoding）[24]という認知プロセスを通して行われます。音声情報処理は、文字言語の情報処理の基盤にもなっているのです。

　この言語活動のメカニズムを考えると、言語能力を高めるには音声インプットを増やし、音声情報処理能力を高める指導を重視しなければならないことがわかります。

注〉

[22]　「手段」を「手断」、「当初」を「頭初」、「記憶」を「気憶」と書くような誤り。
[23]　書きことばや話しことばを処理するために、音韻情報を使用すること（小池他 2003：555）です。
[24]　記憶表象を逆変換して符号化する前の形式に復元する過程のこと（森他 1995：34）です。

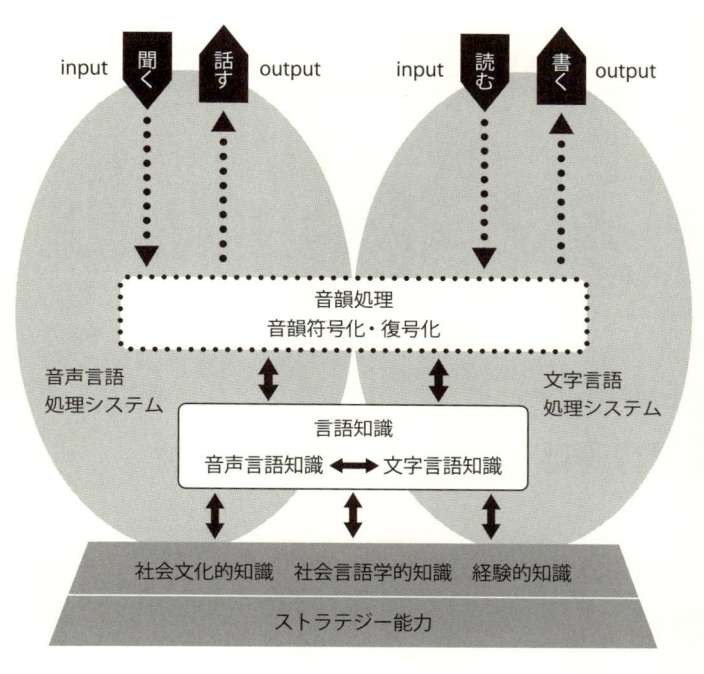

(筆者作成)

【図4】言語活動の情報処理プロセス

第2節　教材化に向けて

　第1節では音声言語の特質と、言語教育における音声教育の大切さについて述べました。この節では、教材を作成するにあたって、外国語を聞くことがなぜ難しいのか、外国語を聞いて理解することに関わる要素にはどのようなものがあるか、聴解行動はどのような知識やストラテジーを使って行われるかについて考えます。そして、これらを踏まえて、聴解指導の項目・目標を考えたいと思います。

1. 聴解行動はどのように行われるか

　外国語の話を聞くときには、どのような認知活動が行われているのでしょうか。複雑な認知活動のすべてを列挙することは不可能ですが、おおよそ次のような活動をしているのではないかと考えられます[25]。特に日本語を聞く場合の特色としては、⑨も行っていると考えられます。

① 場面や状況、聞く目的などから話の内容を推測する。
② 音節のまとまりを知覚し、音韻やアクセントの情報によって語や文を認識する。
③ メンタルレキシコン（心内辞書）にある知識と照合して、語句の意味を解析する。
④ イントネーション、ポーズなどの情報を利用して、フレーズを知覚し、文の構造理解に役立てる。
⑤ 文法・語彙などの言語知識を使って文や文章の構造を理解する。
⑥ 自らの持つコンテント・スキーマ（経験や背景知識）、フォーマル・スキーマ（テキストの形式・修辞的構造についての知識）と照合しながら話の内容を解析する。

注〉
[25] 時系列に従って並べたものではありません。聴解はこれらが相互に作用しつつ行われると考えます。

⑦　イントネーション、声の強弱、リズムなどのプロソディー情報から、話し手の表現意図や心的態度などを理解する。
⑧　表情や、身振り、手振りなどのボディーランゲージから話し手の表現意図、心的態度を理解する。
⑨　漢字熟語や外来語の語形[26]や音声的特徴から、形態表象を想起し、そこから意味を推測する。
⑩　聞きとれなかった部分を、文脈情報や余剰情報から推測したり、背景情報から補ったりして聞く。
⑪　聞く目的に合わせて、不必要な情報は聞き流す。
⑫　話の展開を予測・推測する。
⑬　予測したことが正しいかどうか検証する。
⑭　内容に対する意見を持って聞く。
⑮　目的に合わせた、他の活動（読む・書くなど）と並行して行う。

　これらを行動と知識という面から整理すると、【表1】のようになります。左側は聴解行動のプロセス、右側はその行動に寄与する知識を表しています。そして知識と行動を結びつけ、統合的に機能させるのが、ストラテジーと運用能力だと言えるでしょう。
　この表を見るとL2の聴解指導で何に重点を置くべきかが見えてきます。網掛けの部分がL1と比較して、L2において不足している部分で、それ以外の部分は母語の聴解と共通している部分です。したがって、L2の聴解において重点的に指導しなければならない項目は、音声を介して理解できる言語知識と、それまでの経験を通して得られた背景知識などの既有知識の修正・追加だと言えるでしょう。そして、それらを上手に使い、効率的に処理する力を高めることが必要です。

注〉

[26] 音韻の連続体として捉えた語の形。

【表1】聴解行動はどのように行われるか

	聴解プロセス		長期記憶の知識	
			言語知識	背景知識
聞く前	**予測・計画** ・場面や状況を把握する。 ・話を予測したり、聞く目的を定めたり、計画を立てたりして、聞く態勢を整える。	← ストラテジー・運用能力		スキーマ（社会文化的知識、社会言語学的知識、経験的知識）
聞く	**音声インプットの解析** ・音声入力を知覚する。 ・音素を識別する。 ・音声の流れから、語、句、文などのまとまりを認識し、意味を理解する。 ・統語解析をする。 ・文章の論理構造を理解する。		音韻やプロソディーの知識 文法知識 語彙知識	
聞きながら・聞いた後で	**インプットへの内的・外的リアクション** ・予測、理解の検証をする。 ・既有知識への取り込み・修正を行う。 ・意見・感想（反論・同意・共感など）を持つ。 ・目的に合った行動をとる（意見を言う、ノートをとる、感想を言う、書く、話のとおりに行動するなど）。	→ 新情報を蓄える		

次に、教材作成や聴解指導を考える前提として、日本語の聴解に関わる要素と学習者にとっての困難点について考えます。

2. 聴解に関わる要素と難しさ

▶1　音声情報の認識に関わる要素

　音声情報の伝達に関わる要素には、語音とプロソディー（prosody）があります。語音は母音や子音といった単音のことで、語や文は単音のつながりでできています。しかし、音声情報を正確に理解するには、単音の音声連鎖を理解するだけでは不十分です。私たちは声の強弱や高低、長短の変化によって語の意味を区別したり、喜怒哀楽の気持ちや表現意図を表したりしています。このように情感や意味を伝える声の高低（イントネーションやアクセント）や強弱、リズム、ポーズなどのことをプロソディーといいます。音声情報を理解するためには、語音を認識してその言語の音素を識別する力と、プロソディーの情報を正確に知覚・認識し、込められた意図や感情を理解する力の両方が必要です。

①語音の聞きとり
＜音素の認識＞
　大学でフランス語を学んでいたときの経験です。フランス人の先生に、"Je vous en prie."（どういたしまして／どうぞ）の "je"（私は）の発音を指導され、自分では一生懸命先生の発音を聞いてそのとおりに繰り返したつもりでしたが、何回発音しても先生は不機嫌そうに首を横に振るばかりでした。その屈辱感、戸惑いは忘れられません。その理由に気がついたのは、音声学を勉強してからでした。"je" の子音は日本語の語頭ではあまり使われることがない [ʒ] という摩擦音で、私はそれを日本語の語頭の「じ」の子音、破擦音の [dʒ]（[dz]）[27] で発音していたのです。フランス人の先生にとっては、それは全

注）
[27]　フランス語の je の子音の音声記号は [ʒ] で、それに対応する破擦音の音声記号は [dʒ] ですが、日本語の語頭の「じ」「じゅ」の子音には [dz] という音声記号が使われます。

く異なった音声だったのですが、日本語では通常、語頭で摩擦音［ʒ］を使わないため、私は摩擦音と破擦音が聞き分けられず、発音もできなかったのです。この経験から、モデルを何回も聞くだけでは、だれもが必ずしも正しく聞き分けたり発音し分けたりできるようにはならないことを身をもって知りました。

　この場合、舌を上の歯茎につけて呼気を開放する「ッッ」という破裂音が聞こえる日本語の「じ」の子音の特徴と、舌と後部歯茎を接近させた非常に狭い通路を呼気が通るとき乱気流が起きて強い摩擦音が聞こえるフランス語の［ʒ］に意識が向けられない限り、聞き分けることも発音することもできないのです。新しい言語の音声を習得するためには、何回も聞くだけではなく、どこに注意を向けて聞くかに気づくことが大切です。

　同様のことが日本語学習者にも起こります。日本語の破裂音には有声と無声の対立があり、別の音素になります。声（声帯振動）の有無が日本語の破裂音の弁別特徴（distinctive feature）[28]になっています。たとえば、「いと（糸）」と「いど（井戸）」は /t/ と /d/ の違いが意味の区別に役立っていて、/t/ と /d/ は別の音素です。このように、日本語の破裂音は声帯振動の有無による有声・無声の２項が音素として対立しています。一方、韓国語では、調音時の呼気の強さと、音声器官の緊張の度合いによって、平音、激音、濃音の３項が対立しています（【表2】参照）。韓国語の平音には有声音と無声音が異音として存在していて、語頭の平音は無声音、語中の平音は有声音で発音されます。ですから、韓国語を母語とする学習者は、日本語の語頭の有声破裂音（濁音）を無声破裂音（清音）のように発音したり（「ビール」を「ピール」のように発音する）、語中の無声破裂音を有声音化して発音してしまう（「たたみ」を「ただみ」のように発音する）傾向があるのです。

注）

[28] 弁別的特徴とも言います。ある言語で一つの音素と別の音素を区別する音声の特徴のことです。たとえば、日本語の「きん」の /k/ と「ぎん」の /g/ を区別する弁別特徴は声（有声か無声か）です。

【表2】日本語と韓国語の破裂音の対立

日本語	有声	無声	
	/b,d,g/	/p,t,k/	
韓国語	平音（無気）	激音（有気）	濃音（無気・喉頭緊張）
	/p,t,k/	/p^h,t^h,k^h/	/p',t',k'/

　一方、日本語母語話者は無声破裂音 /p//t//k/ を有気音のように発音したり無気音のように発音したりすることがあります。驚いて感情を強く表すとき「たいへん！」の「た」は [t^ha] のように気音を伴って発せられる場合もあります。また、「いと（糸）」のように、アクセントが低い語中の /t/ や「もっと」のように促音の後の /t/ は、無気音 [t'][29] のように発音する場合があります。このような日本語母語話者の気ままな発音[30] は、有気音と無気音を音素として区別する母語を持つ学習者を混乱させてしまいます。特に、破裂音が有気音・無気音の２項対立であり、有声・無声が弁別特徴ではない中国語（北京方言）を母語とする学習者は、無気音のように聞こえる音を聞いて、濁点がある音（有声音）のように感じて、「もっど」「いど」のように発音したり、書きとったりしてしまいます。

　このように、言語音の認識のしかた、注意の向け方は言語によって異なっています。私たちの脳は、それぞれの言語の音素カテゴリーに従って音素を識別し、認識しようとします。母語の音素カテゴリーで区別が必要な違いに対しては敏感に反応しますが、同じカテゴリー内の音の違いに対しては鈍感なのです。これをカテゴリー知覚 (categorical perception) といいます。子どものときから母語を聞き、このカテゴリー知覚を身につけ、母語の音素認識体系（母語を聞く耳）を作り上げた母語話者は、母語の認識に必要でないもの以外の音声の弁別特徴には気づきにくくなっているのです。

　このように「外国語を聞く」ことを考える上では、物理的音声の知覚と意識上の音声認識を区別して考える必要があります。生の音声には非常に多く

注）
[29]　無気音を示す記号として ['] を使います。
[30]　日本語母語話者は、同じ音素と認識しているのですが、その音の置かれる環境（この場合、促音の後や語末）によって、無意識的に異なる音声になります。このような同一音素の異なる音声を異音と言います。

の情報が含まれていますが、外国語の音声を聞くときは、その言語の音素の弁別特徴に意識的に注意を向けることが大切です。

　一方、私たちは上記のように語音を聞きとり、その組み合わせによって語を特定するだけでなく、アクセントの情報も活用しています。また、純粋に音声の音響的情報を認識するというボトムアップ的な聞き方だけでなく、そのことばが使われる文脈や語用論的情報、意味的情報などを利用してトップダウン的にことばを理解し、そこから、逆に聞こえなかった音を特定するという方法も行っています。外国語の音声を認識するためには、ボトムアップ、トップダウンの両方を使い、耳で聞く（知覚）と頭で聞く（認識）という両面からの聞き方が必要です。

<音声の変化>

　自然な発話では母語話者は一つ一つの語音を明瞭に発音しようという意識よりも、内容を伝えることに注意を向けて話します。なめらかに話すために話し手は無意識的に音をつなげたり、弱めたり、省略したりして、効率よく話しています。ニュースのように限られた時間内で多くの情報を伝えるときには、話すスピードを速めたりします。母語話者は形態、音韻、意味、統語などの情報が体系的に結びついている語彙の情報を豊富に持っているので、話を瞬時に理解することができます。しかし、もし学習者のメンタルレキシコン内に蓄積された語にアクセントやリズムを含む正確な音韻情報が欠けていたら、音声変化した語を聞いて正確な語を特定するのは難しくなります。

　上級クラスで台風のニュースの聞きとりを行っていたときのことです。NHKのアナウンサーが天気図を前にして述べた「台風は北北東に進んでいます」という文をリピートするように指示したところ、ほとんどの学習者が何と言ったか理解できず、リピートできませんでした。日本人の耳には全く問題なく聞き取れるアナウンサーの音声は、[taiɸɯːa hok̥ɯhok̥ɯtoːɲi sɯ̥sɯndeimasɯ̥][31] のように、「は」が「あ」のように聞こえ、「北北東」は

注〉

[31] 「台風は」はゆっくり丁寧に発音すると [taiɸɯːwa] のように発音されますが、ここでは速く話したときに変化した音声を表しています。母音の下の小さい。は、この母音が無声化していることを表します。

母音が無声化され「ほ・ほ・とう」のように、そして「進んでいます」は、最初の「す」は無声化した軽い摩擦音で、次の「す」は摩擦が強く、「ₛすんで」[ssnde]のように発音されていました。日本語母語話者は、無声化された母音を含む無声子音の音節を聞くことに慣れていますし、台風の話という文脈情報とアクセントからトップダウン的に意味を推測し、正しく語を同定することができます。しかし、学習者にこれをディクテーションさせると、多くが「進んでいます」を「住んでいます」と書いていました。

また、一つ一つの語のアクセントを記憶していたとしても、下の例のように複合語になると、アクセントが変化したり、連濁によって音声が変化したりすることがあるので、母語話者が思っている以上に聞きとりは難しくなります。

```
例：すいみん＋ふそく＝すいみんぶそく
    こども＋へや＝こどもべや
    よむ＋はじめる＝よみはじめる
    にほんご＋きょういく＝にほんごきょういく
```

音声変化に対応して聞く力を養うためには、このような変化に注意を向けさせる指導も必要です。

②プロソディー情報などの聞きとり

音声言語は文の意味（言語情報）だけでなく、話し手の態度や感情、表現意図などの多彩な情報を伝えます。これらは、言語情報に対して、パラ言語情報（para-linguistic information）と呼ばれます。このパラ言語情報の伝達に役立っているのが、プロソディーです。イントネーションやアクセント、声の大きさ、リズム、ポーズなどのプロソディーは個々の語音にかぶさって、話し手の表現意図や心情を伝えます。

＜イントネーション＞＜ポーズ＞

文は意味のまとまりである句（フレーズ）が組み合わさって構成されます。音声言語では、フレーズはイントネーションとポーズによって表されます。

日本語では、句頭の語のアクセント核でもっとも高くなり、徐々に下降する「へ」の字型のイントネーションがフレーズを示し、それは同時に意味のまとまりを示します。私たちは、このフレーズごとに情報の保持・処理をし、オンラインで（語順に従って）文、文章へと理解を進めていきます。

　たとえば、「トラックがセンターラインを越えて走ってきた乗用車と衝突しました。」[32] という文は、ポーズの置き方とイントネーションによって異なる意味を表すことになります（【図5】参照）。**A**「トラックが//センターラインを越えて走ってきた乗用車と衝突しました。」とすると、乗用車がセンターラインを越えたことを示し、**B**「トラックが//センターラインを越えて//走ってきた乗用車と衝突しました。」と読むと、トラックがセンターラインを越えたことになります。

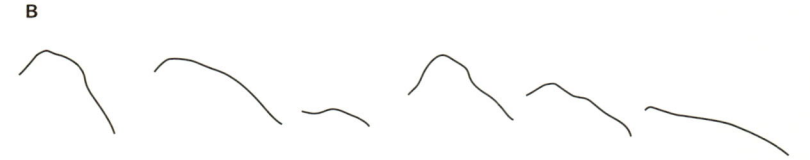

A

トラックが　//　センターラインを　こえて　はしってきた　じょうようしゃとしょうとつしました。

B

トラックが　//　センターラインを　こえて　//　はしって　きたじょうようしゃとしょうとつしました。

【図5】

　『初級日本語聴解練習　毎日の聞きとり50日　下』26課の基本練習3は、初級の早い時期からイントネーションによるフレージングを知覚させ、イントネーションが意味のまとまりや文構造を示すことに気づいてもらうために作成した問題です。【図6】はこの問題の文のピッチ曲線です。これを見ると、

注）

[32] 塩澤（2007）を参照。もとの文は「トラックがセンターラインをはみ出して反対側から走ってきた軽乗用車と衝突しました。」です。

ピッチ曲線が「友達」や「りんご」という被修飾語に向かって下がっていき、それらを修飾していることを示しています。このようにイントネーションは文全体の構造を伝える重要な役割を担っています。

① 沖縄に住んでいる友達に、わたしのうちで作ったりんごを送りました。
（宮城幸枝・三井昭子・牧野恵子・柴田正子・太田淑子 著『初級日本語聴解練習　毎日の聞きとり50日　上　新装版（CD付）』(26課「基本練習」)凡人社)

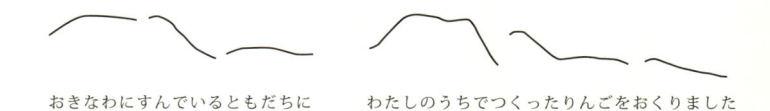

おきなわにすんでいるともだちに　　わたしのうちでつくったりんごをおくりました

【図6】

一方、音声は、話し手の表現意図や感情も伝えます。下の例のように初級の文法項目である「〜でしょう」や、「〜じゃない」も、それぞれ異なる文法的意味、感情、表現意図を表しますが、これは、イントネーションや強弱、速度などによって伝えられています。

例1：
A：「Cさん、車の運転、できるかしら？」B：「もちろん、できるでしょう。」
A：「Bさん、明日までにこれ、できるでしょう？」B：「ええ、できると思います。」
A：「この問題、できません。」B：「きのう教えたんだから、できるでしょう。」

例2：
A：「これ、買ったんだけどどう？」B：「いいんじゃない。」
A：「捨てちゃうの？　もったいない。」B：「いいじゃない。私の勝手でしょ。」
A：「これ、君の？」B：「ううん、わたしのじゃない。」
A：「そこの学生、うるさい。しゃべるんじゃない。」B：「はい、すみません。」

このように、音声情報の中でも特にイントネーションの担う情報量は大き

く、音声言語の正確な理解と使用にイントネーションの認識は欠かせません。

＜プロミネンス＞

文の表現意図はプロミネンス[33]によっても示されます。初級の文法指導項目に「何か」と「何が」の使い分けがあります。「箱の中に何かありますか。」と「箱の中に何がありますか。」では、求める答えが異なりますが、この下線の「か」が聞き分けられずに、どちらの質問をされているのか混乱してしまう学習者がいます。「何か」（HLL[34]）の「か」はアクセントが低く、子音部の無声破裂音 /k/ は無気音のように発音されることがあるため、「何が」（HLL）の「が」の子音部、有声破裂音 /g/ との違いを聞き分けるのが難しくなるからです。そのようなとき、教師は「何**が**ありますか？」「何**か**ありますか？」のアンダーラインの部分を強調して発音して、濁点の有無を示そうとしがちですが、無気破裂音と有声破裂音の区別で戸惑っている学習者にはあまり的確な指導であるとは言えません。

この場合は、むしろ、プロミネンスに着目して、話し手が何を求めているかを聞き取るように指導するといいと思います。この２つの疑問文は「**何が**ありますか。」「何か**ありますか**。」のようにプロミネンスの置かれるところが異なります。これを聞きとることによって「存在するもの」について聞いているのか、「存在するか否か」について聞いているのかがわかるからです。

＜アクセント＞

アクセント情報も語の認識に重要な役割を担っています。母語話者は、単語を認識するとき、音韻情報と同じかそれ以上にアクセントやリズムの情報を手がかりにしています。たとえば、外国人が「もういちどいってください」の「いってください」を HLLLLLL というアクセントで言ったら、「言ってください」と言っているのか「行ってください」なのか「煎ってください」なのか戸惑ってしまうことでしょう。

アクセントには、柿（LH）と牡蠣（HL）のように意味を区別する弁別機能

注〉

[33] 発話される文のある部分を強調するために強めたり高く言ったりして強調すること。
[34] H はアクセントの高い音節、L は低い音節を示します。以下同様。

だけでなく、ポーズとともに語の境界を表し、文の構造を示す統語機能があります。日本語の東京アクセントには、1つの単語または文節の中にアクセント核は1つしかないという原則があることから、アクセントによって文節の境界がわかります。たとえば、よく出される例ですが、「ニワニハニワウラニワニモニワニワトリガイル」という文は、アクセントによって文節が示されることによって、「庭には二羽、裏庭にも二羽、鶏がいる」という意味を伝えることができます。

　アクセントは、上記のように①個々の語を正確に習得するためにも、②話しことばの文節・意味の単位を捉え、文の統語構造を理解するためにも重要な役割を果たしています。

例：読んでください―呼んでください
　　買ってください―飼ってください
　　来てください―着てください
　　掃いてください―履いてください

　上の例の動詞は、読むときは漢字によって、そして聞くときはアクセントによって語の意味を区別します。母語話者のメンタルレキシコンにある個々の単語には意味や統語の情報、音韻や形態の情報に加え、アクセントの情報が収められています。使用語彙の習得にはアクセントを含めた音声情報の習得が欠かせません。しかし、現在の日本語教育では、文法・文型導入と音声教育を別々に切り離して考えているように思われます。文法や文型の学習時に、教師はどのくらいアクセントやイントネーションなどの音声特徴に着目した指導を行っているでしょうか。

　たとえば動詞の「ない形」は動詞の種類によってアクセントが異なります。起伏型動詞「起きる」（LHL）と平板型動詞「働く」（LHHH）では、「～なければなりません」の「～なければ」の部分のアクセントが「起きなければ」（LHLLLL）と「働かなければ」（LHHHHLLL）で異なりますが、この違いを意識して指導していないため、平板型動詞に続く「～なければ」のアクセント型（HLLL）をすべての動詞に適用してしまう学習者が少なからずいます。そうすると、「食べなければなりません」、「読まなければなりません」のよ

うな不自然な発音になってしまうのです。このようにして不正確な中間言語を身につけてしまうと、発音が不自然になるばかりでなく、本来のアクセントで発話された語の聞きとり・認識がスムーズに行われなくなってしまいます。

＜リズム・拍感覚＞

　促音・撥音・長音などの特殊拍は日本語のリズムに大きく関わる要素です。特殊拍が関わるリズムの聞き分けができないと正確に語を識別することができません。たとえば、動詞て形の「切ってください／来てください／着てください」、「言ってください／行ってください／居てください」は、促音のリズムやアクセントによって聞き分けています。「失格／資格」、「夫／音」、「物資／武士」などの語も促音のリズムの知覚によって区別されます。

　学習者の母語の中には音の長さが弁別特徴にならない言語もあり、リズム感覚は言語によって異なるので、多くの学習者にとって正しいリズムで話すのは容易ではありません。

　母語話者は、語を特定するために、語音やアクセント、リズムなどの音声情報を聞きとり、文脈情報などと合わせて総合的に判断して、語を特定しています。そのようなことを考えると、やはり多様な話者の話をたくさん聞いてその感覚を養っていくことが、もっとも効果的なのではないかと思います。

　話者が相手に伝えたいと思って発話した音声と、聞き手が知覚し、頭の中で再現したものとが一致するとはかぎりません。特に外国語の場合、聞こえていても認識できない音声があるからです。学習者は知覚した音声を、母語や言語学習の経験から得た知識をもとに認識し、音韻表象を作り、長期記憶に蓄えていきます。このように蓄えられた、学習者のメンタルレキシコンのデータベースは、母語背景や知覚・認識力によって異なったものになることが推測されます。

　中間言語データベースが、日本語母語話者のものと近ければ近いほど、入力された音声の音響特性が自動的に捉えられ、分析的処理が効率的に行われ、意味の理解が迅速に行われます。ですから、学習者の母語の音声認識の影響を受けた中間言語が確立してしまう前に、日本語学習の開始時からできるだ

け多くの音声インプットを与え、音声識別のポイント（どこに注意を向けて聞いたらよいか）や、アクセント、イントネーション、リズムの機能と、その聞き分け方について指導することが大切です。

▶2　視覚情報の読みとり

　私たちは、話を聞くときにイントネーションをはじめとする韻律表現を聞き分け、話し手の顔の表情やボディーランゲージ[35]などの身体表現を通して、話し手の意図や、自信の有無、快・不快の感情などの心理状態を読みとっています。しかし、これらは文化の違いによって異なることがあり、誤解を招くことがあります。

　また、話が行われる場所・場面にある建物や車、家具、持ち物などさまざまなものが余剰情報[36]となり、話の理解を助けています。特にドラマなどでは、これらが効果的に使われている場合が多いので、ことばの背景にある状況にも目を向けさせ、視覚と聴覚の統合的な理解を促すことが必要です。内容を聞くだけでなく、体の使い方や表情に学習者の注意を向けて、母語での表現のしかたとの違いなどについて話し合うのもよいでしょう。

　また、唇の動きを見ることは、音声を理解するのに役立ちます。騒音の中でなど、唇の動きで意思疎通ができることからもわかるように、唇の動きは聞きとりを補佐してくれます。

▶3　言語知識・背景知識

①語彙

　語彙知識は、読む・書く・聞く・話すという言語活動すべてにおいて、もっとも重要な要素です。言語運用に役立つ語彙知識というのは、語彙の筆記試験でよい成績がとれる知識ではなく、その語の意味・使われる場面や状況、

注〉
[35]　態度、姿勢、身振り、手振り、顔つき、外見、視線などを指します。
[36]　話の意味を理解するのに必要な最小限の情報以上の情報のことです。ある部分が聞きとれなくても、余剰性（redundancy）によって予測や推測を行うことができます。

使い方、漢字で書かれるかカタカナで書かれるかなどの表記形態、発音などその語に付帯するさまざまな知識を備えたものです。

　個々の語には、音韻、意味、形態、文法的機能などを含む多様な情報があり、メンタルレキシコンにはそのことばを使った状況や感情なども一緒に貯蔵されています。中でも、音声・音韻情報は「聞く」情報処理だけでなく、「読む」「書く」という情報処理にも関与しているのですから、できるだけ正確な音声・音韻情報を伴う語彙知識を蓄積することが、言語習得の鍵を握っていると言っても過言ではないでしょう。深い語彙知識は、その語が使われる状況や心的状況をよく表している文脈で、記憶に残るような意味のある内容を「聞く」ことによって効果的に習得できます。

②文法知識

　私たちは流れる音声を、発話された語の順番に従って聞き、語の組み合わせである句、文、文章を統語規則に則って理解していきます。意味を構築し、記憶にとどめ、長期記憶にある知識との照合を行います。この認知処理は各文節あるいは、フレーズ（句）ごとに置かれる短いポーズや、文と文の間のポーズの時間に行われます。この1秒前後の短い時間に語の意味、文法的機能、文の構造などの解析ができなければ、たとえ一つ一つの語や文法知識があったとしても、全体の理解につなげることができません。音声を聞きながら語の意味、それらを結びつける機能語や文法構造を正確に理解することがいかに難しいか、ディクテーションの誤りを見てみましょう。

　宮城（2002）は、中級日本語を終了し大学に入学した1年生を対象に、テレビ番組を使った聴解指導を行い、内容を理解させた後、自宅での課題として録音テープを渡し、部分ディクテーションをさせ、結果を分析しました。語彙リストは事前に配布し、説明済みであり、学習者は自宅で語彙リストを見ながら何回でも繰り返して聞くことができるという状況の中で書かせたものですが、多くの誤りがありました。その中でも多かったのが、語句の文法的、統語的な使い方や助詞の機能を十分に理解していないために起こったものです。宮城（2002）は音声の聞きとりや語彙不足が原因である誤りについても例を示していますが、ここでは、特に文法的な誤りについて紹介します。

ｉ．助詞の誤り…文の構造を理解していないために起こる誤り

㊣自分が食べたいものだけを優先して食べてました

　誤自分が食べたいものが優先して食べてました／

　誤自分に食べたいもの○優先して食べてました

　　（○は助詞の脱落を示す。以下同様）

㊣食べる機会が少ないと亜鉛不足になる

　誤食べる機会が少ない○亜鉛不足○なる

㊣味を感じる細胞

　誤味が感じる細胞／誤味の感じる細胞

㊣高齢者に加えて

　誤高齢者を加えて

ⅱ．動詞・形容詞の不正確さ

㊣食べ物の味がわからなくなります

　誤食べ物の味がわからくなります／誤食べ物の味がわかくなります

㊣（味を感じる細胞が）極端に少なくなっています

　誤極端すくなくなったいます／誤極端に少なっています

㊣（甘いはずのシェイクが）なぜか酸っぱいと感じたのです

　誤なぜか酸っぱいと感じなのです

ⅲ．文や文節を結びつける機能語の理解が定着していないと思われるもの。「～ような」、「～ように」、「～どころか」、「～にもかかわらず」、「なくてはならない」など、一度は学習したと思われる語法が定着していない。

㊣同じようなアナウンスが繰り返し流れる

　誤同じなアナウンスがくりかえしながれる

誤 同じよんながくりかえしながれる

　正 なくてはならないサービス
　　誤 なくではならないサービス／**誤** なくちゃはならないサービス／
　　誤 なくきゃはならないサビース

　ディクテーションの誤りの原因は多様ですが、この例からも、実際のコミュニケーションで使われている語や語句の表現は多彩で、語句が複合することによって新しい語や表現が生まれ、さらに、助詞や助動詞などによって表現者の主観的な態度や判断が表されていることがわかります。
　語の辞書的な意味だけでなく、助詞や助動詞との組み合わせによって示される話し手の意図や、心的態度などを正確に理解しなければ、正しい理解は得られません。そして、その理解力は、自分がわかった語だけを頼りに聞いたり、テーマから推測したりするというトップダウン的な聞き方を繰り返しているだけでは身につきません。
　音声言語の処理能力を高めるには、聴解の授業だけでは十分ではありません。通常の文法導入の授業でも、語順に従って次の語を予測し、検証する練習などを日常的に行うことが大切です。
　たとえば、「学校へ〜」「学校で〜」「学校に〜」「学校を〜」のように、助詞まで聞かせて、後に続く動詞を言わせる練習は助詞の機能に気づかせることができます。
　同様に、「どんなに勉強しても〜」「今日は忙しいので〜」「暑くて暑くて〜」などのように、前件を口頭で示して後件を言わせることも、予測しながら聞く力を高める練習になります。
　上述のディクテーションの「味の感じる、味が感じる」や、「高齢者を加えて」という誤りは、「〜を感じる」「〜に加えて」という助詞と動詞の結びつきを意識して覚えておけば、迷うことなく正確に聞きとれていたでしょう。語のコロケーションに関する知識を多く持つことは、意味処理の自動化を促進します。
　教師は、えてして日本語能力試験のN1レベルに出されるような難しい表現、たとえば「わかっていながら〜してしまった」「もう二度と〜するまい」

などという表現には注意を向け、取り上げて指導しますが、易しい語の組み合わせで日常的によく使う言い回し、たとえば、「予想もしない」「〜のではないかと心配する」「こんなに〜はほかにはない」「〜は〜とちがって〜」「〜する気持ちになれない」などの見かけ上簡単な表現の指導を見落としがちです。学習者が自然な日本語を身につけるためには、このように、使用頻度が高く母語話者ならだれでも使う基本的な表現こそ必要とされるものなのです。

③**文字形態（漢字・カタカナ）**

　文字形態の知識も語彙知識の一部です。漢字は形に意味を携えているので形を思い浮かべると、そこから、その語に付帯するさまざまな情報が思い浮かぶことがしばしばあります。日本語には同音語が多いので、特に漢字の形態情報はことばの特定に大切な役割を果たします。私たちは、ニュースを聞いたときに漢字の形を探り、意味をたぐり寄せることがよくあります。たとえば、「三人の宇宙飛行士を乗せたソユーズ宇宙船がキカンしました」というようなやや難しい使用頻度の低い語が聞こえてきて、すぐに意味が思い浮かばないとき、まず、「キカン」という語形から漢語であると判断し、アクセントがLHHだから、「器官」、「機関」、「期間」ではなく、文脈情報と合わせて、「帰還」という語に到達して納得するということがあるのではないでしょうか。このような方略を使うのは、漢字の音読みの音の種類が限られていて、同音語が多いという日本語の特質があるからです。

【表３】漢字の音読みの種類

①	一音節		紙、過、徒、意　など
②	二音節	ーイ	会、製、推　など
③		ーク	育、特、格　など
④		ーツ	発、決、説、必　など
⑤		ーキ	石、適、力　など
⑥		ーチ	七、一、吉、日　など
⑦		ーン	管、先、粉、親、権、酸　など多数
⑧		長音	集、省、柱、粒、妙、量　など多数

【表3】は漢字の音読みの種類です。漢字の音読みは①1音節のもの、②〜⑥イ、ク、ツ、キ、チ、⑦撥音、⑧長音で終わる2音節のものの8種類しかありません。この中で数が多いのは撥音と長音を含む2音節（⑦、⑧）の漢字です。さらに、③〜⑥には熟語の前部で促音化するものが多い[37]ので、日本語には撥音、長音、促音を組み合わせた漢語がたくさんあります。シンコウ、センシン、ケッコン、キューシュー、シュッチョーなどの音が聞こえたら、漢語であると認識できます。漢語の語形にはこのような特徴があります。

　このような特徴を頼りに漢字を探り、漢語の意味を推測するというストラテジーを使う学習者もいます。小林・李（2001：101）は、韓国語母語話者の、「日本語の漢字のことばを聞いて意味がわからない時は、似ている韓国語の音から漢字を思い浮かべたり、日本語で同音の漢字を思い浮かべてみる」という内省報告から、聴解の過程で漢字の形態イメージを意味理解に役立てるというストラテジーがあるのではないかと述べています。漢字圏や韓国の出身者は語源の共通する語彙を持ち、発音が似ている漢語も多いので、この方法はよく使われるようです。また、非漢字圏の多くの学習者が、上級になると漢字の音の知識と文脈情報から漢語を推測するストラテジーを使うようになると述べています。

　漢語の形態イメージを頼りに意味理解するストラテジーは、すべての漢語に対して行われるのではなく、一部分の聞き慣れない語とか、同音語が複数ある場合によく使われます。「病院」、「方法」、「辞書」、「会社」、「天気」などのように、使用頻度が高く身近なことばは自動的に意味処理が行われると考えられます。このように本来は音声→意味へ瞬時に自動的にアクセスできることが理想的で、このストラテジーは部分的、過渡的なものだと言えるでしょう。

　同様に、カタカナ語の語形にも特徴があります。和語や漢語には、ア段、イ段の長音はほとんどありません[38]が、カタカナ語はすべての段の長音が

注〉
[37] ⑤の「ーキ」はもともと数が少なく、「石鹸」、「匹敵」などのように促音化するものは限られています。
[38] 和語では「おかあさん」「おにいさん」など、ごく限られた語に見られます。

あることや、和語や漢語では語頭に来ない半濁音（パピプペポ）[39]が語頭に来るなどの特徴があります。語形の特徴を知ることも聞く力を高めるストラテジーの一つです。

④社会文化的知識、スキーマ

　読解、聴解とも言語的知識だけでなく社会文化的知識やスキーマを活用して、インプット情報を処理し、再構築していく作業であると言えます。

　学習言語の背景にある社会文化的知識は、その言語が使われる環境で学ぶ場合は、生活や社会経験を通して時間をかけて習得することができます。しかし、海外で日本語を学ぶ学習者は生きた日本語を使用する環境に浸ることはできません。そのような環境では、教材は日本の文化・社会に関する知識、日本人の考え方を伝える貴重なリソースになります。教材作成に際してはこのような教材の使命に配慮することも大切です。

　同僚の先生が、サウジアラビア人の学習者に『中級日本語聴解練習　毎日の聞きとり50日　上』の11課「帰ってきたネコ」を指導していたときに、「加藤さんの娘の美智子さんだけが、100キロ離れた町に引っ越すことになりました。」という部分をなかなか納得してくれなかったそうです。サウジアラビアでは結婚前の娘が家族と離れて一人で暮らすことはないので、この文を素直に受け入れることができなかったのでしょう。サウジアラビアの女子学生が留学するときには、必ず夫か男性親族と同伴でなければならないという事情を知っていた私たちも、こんな反応が来るとは思ってもいませんでした。背景知識やスキーマが異なるとはこういうことなのかと思い知らされた出来事でした。

⑤談話スタイルについての知識

　メイナード（2005：ii）は「日本語を談話現象として見ることは、ただ単位の拡大だけでなく、日本語が何かを伝えるという生きたコミュニケーションの出来事として見ることでもある」と述べて、日本語を談話現象として捉え、指導することの重要性を指摘しています。読解や聴解で内容のあるテキ

注〉
[39] 擬音語・擬態語の場合は語頭でも半濁音が現れます。例：ぴいぴい、ぱたぱたなど。

ストの談話を学ぶことにはこの意味があります。文法と語彙の知識だけではわからない含意表現などは、談話を通してしか学ぶことができません。

話しことばの談話のジャンルには　(1)挨拶・演説・スピーチ、(2)授業・講義、(3)報道・ニュース、(4)会議・発言、(5)発表・報告、(6)面接・インタビュー、(7)電話、(8)日常会話などがあげられます（メイナード2005：80-81）。

これらは、話しことば的であるか、書きことばに近いか、相手との直接インタラクションが可能か、すなわち対面で行われるか否かということで区別されます。話しことば的性質を持つ日常会話のような談話には、縮約形やフィラー、多彩なプロソディー表現など話しことば特有の表現が含まれています。一方、書きことば的性格が強いニュースの文章は、余剰性が少ない、論理的に構成された文が多い、漢語や連体修飾が多く一文が比較的長い、などの特徴があります。

全体的な内容理解には、談話の構造についての知識（フォーマル・スキーマ）が情報処理の認知負担を軽減し、理解を促進します。ニュースでは最初にリード文によって要点が示され、その後、ニュースの背景情報、詳細説明、今後の展望・付加という談話構成になっている（金庭2011）ということを知っていれば、どこに注意を払って聞けばいいかという計画が立てられます。このように、談話それぞれのジャンルの構造に特有な表現・語彙の知識やフォーマル・スキーマについての知識は聴解の負担を軽減します。

▶4　情報処理の方法・ストラテジー

①ボトムアップ処理・トップダウン処理

多様なバリエーションを持つ音声表現や、話し手一人一人異なる声質や話し方に対応して聞くためには、できるだけ多くの音声を聞いて、そのバリエーションに慣れ、音声表象のプロトタイプを蓄積していかなければなりません。これが聴解のボトムアップ処理の基盤になります。

しかし、学習者の意識がタスクで正解を出すことや、テストで良い点を得ることに向けられると、音声を正確に聞いて語や文法を聞きとるよりもむしろ、聞きとれた語と様々な余剰情報を頼りに、トップダウン的に話の内容を

推測しようとします。試験対策のストラテジーとしてはこれでよいのですが、言語能力を高める音声インプットとして聞くという視点から考えると、知っている単語だけを聞きとり、聞きとれた単語やスキーマから推測して問題に答えるというやり方は、効果的ではありません。特に、十分な言語知識がない初級や中級の段階では、助詞と動詞の関係や、文構造、語の正確な使い方などに注意を向けて聞きとるボトムアップ処理を重視し、ボトムアップ処理の自動化をはかることが優先されるべきだと思います。

　山本（1994：44）は、コミュニカティブ・アプローチで技能や運用能力が重視されていることに言及し、「タスク中心のリスニングが新しい教授法として紹介されて以来、ともすると、言語事項の指導が軽視される風潮が生まれたように思われる」と述べ、ボトムアップ指導が上級へ進むために大切であることを指摘しています。

　一方、生活の中での「聞く活動」では、私たちは経験知識や背景情報に関する知識（スキーマ）によってトップダウン処理を行っています。また、プロソディー表現から得られるパラ言語情報や非言語情報を活用すると同時に、場所や状況、相手の顔の表情、テレビニュースの文字情報などの視覚情報や、嗅覚・聴覚を通して入ってくるさまざまな情報を使っています。しかし、CDに録音された聴解用の音声教材には、このような背景状況の情報が非常に限られています。そのため、聞く前に、話に関連する情報を与えたり、イラストによって話の状況を想像させたり、効果音を使って臨場感を出すなどの工夫が必要なのです。

②ストラテジー

　同じように学習していても、到達度や成果に個人差が出てきます。これは、学習経験や性格などによって、学習に対する取り組み方が異なるからです。学習者が効果的な学習のために行う、さまざまな工夫や取り組みを学習ストラテジー（learnig strategy）といいます。

　O'Malley & Chamot（1990）は、学習ストラテジーを、①自己の学習や言語活動プロセスについて考え、学習の計画・学習方法の検証と評価を行うメタ認知ストラテジー（metacognitive strategies）、②学習に際してタスクや課題の達成のために使う認知ストラテジー（cognitive strategies）、③言語活

動や学習を円滑に行う社会・情意的ストラテジー（social/affective strategies）に分類しました。また、リスニング能力とストラテジー使用の関係を明らかにするために、第二言語として英語を学習するスペイン語圏の学習者を対象にインタビューと think-aloud 法[40]を用いて、アカデミックテキストの聴解プロセスを観察し、上手な聞き手（effective listeners）と下手な聞き手（ineffective listeners）のストラテジー使用を比較しました（O'Malley & Chamot 1990：128-133）。そして、統計的分析の結果から、聞きながら自身の理解を確認する自己モニター（self-monitoring）、新しい情報を既存の知識やテキストの他の情報と関係づける精緻化（elaboration）、推論（inferencing）や類推のストラテジーにおいて、2グループの間に有意差が認められ、上手な聞き手はこれらのストラテジーをより多く使っていることが明らかになりました。

　リスニング中の発話を質的に分析した結果からは、①下手な聞き手はわからない語句に遭遇すると、聞くのを中断してしまい再び注意を戻すことができないが、上手な聞き手は注意が途切れてもすぐに集中した聞きとりに戻すことができる、②上手な聞き手は下手な聞き手に比べて長いチャンクの単位で意味処理をしている、③上手な聞き手は未知のことばがあっても、文脈から意味を推測することができる、④上手な聞き手はトップ・ダウンとボトム・アップの両方のアプローチを使い分けているが、下手な聞き手はボトム・アップアプローチに偏っている、⑤上手な聞き手は一般的な知識や個人的経験的知識を理解に役立てる精緻化ストラテジーを使うということなどを指摘しています。

　聴解能力向上のためのストラテジーとしてよく取り上げられるのは下記のストラテジーです。

　　　＊場面や状況、聞く目的などから話の内容を予測する。
　　　＊聞きとれなかった部分を余剰情報、文脈情報から推測する。
　　　＊目的に合わせて、必要な情報に注意を向け、不必要な情報は聞き流す。
　　　＊予測したことが正しいかどうか検証する。

注〉
[40] think-aloud（シンク・アラウド）法とは、ある課題に対して被験者がどのように取り組んでいるかを明らかにする調査法です。問題解決のプロセスの中で感じたことや考えたことを被験者自身に口頭で発表してもらい、それをもとに分析を行います。この方法によって、聞き手が聴解などの言語活動のプロセスでどのようなストラテジーを使っているかを直接観察することができます。

＊新しい情報を既有知識や、内容全体と関連づけて聞く。
　これらは、上手な聞き手が使っているストラテジーであることがわかります。ほかにも、音声の記憶を処理するために意識的にリハーサルを行うとか、漢字語句の形態を思い浮かべてそこから意味の理解につなげたり、ものの形や情景をイメージしながら聞くなど実に多様なストラテジーを使っています。また、自分の弱点を補うなど独自のストラテジーを使っている例も見られます。
　学習者には母語の聴解のときと同じようにストラテジーを自然に使って上手に聞けるタイプもいれば、指導されて初めて多様なストラテジーに気づき、メタ認知能力が高まり、自発的にストラテジーを使いこなすようになるタイプもいます。
　教師の役目は、特に後者のような学習者のために、効果的なストラテジーを明示的・暗示的に指導し、学習者に気づきを起こさせることだと思います。
　最終的には、ストラテジーは、タスクや教室活動を通して学習者自身が習得するものですから、学習者自身がタスクをすることを通して、適切なストラテジーに気づくことができるように、どんなストラテジー使用を促すのかを明確に定めてタスクを作成することが大切です。『中級日本語音声教材　毎日の聞きとりplus40　上・下』の問題1はそのような目的で作られたものです（第3章第2節2参照）。

▶5　記憶力

＜認知・情報処理の要であるワーキングメモリ＞

　人間の高度な認知活動である言語活動において、記憶力は重要な役割を果たします。特に、音声情報は瞬時に消えてしまうので、音声情報の理解には記憶力が大きく関与します。記憶機構のなかで、特に言語情報などの高次認知活動を担っているのが、作動記憶とも言われるワーキングメモリです。
　聴解のプロセスで、私たちは知覚した音声を音韻の連なりや単語として認識し、メンタルレキシコンの情報を検索・照合して意味を理解します。そのような処理を行いながら、同時に理解した情報を保持し、さらに長期記憶に収められている既有知識を活用して文全体の意味を理解します。このように言語情報処理のプロセスでは、情報の保持と処理が絶えず並行して行われて

いると考えられます。この情報の保持と処理を行っているのがワーキングメモリです。

＜情報の保持と処理のトレードオフ＞

　ワーキングメモリの認知資源（cognitive resource）（第1章第1節3. ▶ 1）には限りがあります。そして、保持（storage）に使う認知資源が多くなると処理（processing）に使える認知資源が減り、反対に処理に使う認知資源が多くなると、保持に使える認知資源が少なくなるというように、保持に使える認知資源と処理に使える認知資源には、トレードオフ（trade-off）の関係があるとされています。（Baddeley & Hitch 1974, Daneman & Carpenter 1980）

　聴解プロセスにおいて、母語話者は上記のような音声認識や単語認識といったボトムアップ処理が高速化あるいは自動化されているため、情報の保持や他の処理に使える認知資源にも余裕があり、処理と保持の配分がうまく行われ、理解がスムーズに行わます。しかし、熟達していないL2学習者の場合、ボトムアップ処理が自動化されていないため、この段階の処理に認知資源を多く使ってしまい、結果的に情報の保持や他の処理に使える認知資源が少なくなってうまく理解できなくなってしまうことが起こります。

＜ワーキングメモリの容量と読解・聴解能力について＞

　Daneman & Carpenter（1980）は、ワーキングメモリの保持と処理のトレードオフ関係に着目し、リーディングスパンテスト（RST：reading span test）[41] と、リスニングスパンテスト（LST：listening span test）[42] を開発しました。これらの2つのテストは、文を処理する課題と、指定された単語を保持する課題を同時に行わせ、ワーキングメモリのトレードオフ（認知資源

注）

[41] 次々と文字提示される文を音読しながら指定された単語を覚え、単語をどの程度覚えることができるかを得点化してリーディングに関与するワーキングメモリの容量を推定するテストです。音読（処理）と単語の記憶（記憶）という二重課題が化せられます。Daneman & Carpenter（1980）によって開発されました。

[42] RSTと同じく、Daneman & Carpenter（1980）によって開発されました。次々と音声提示される文の内容の正誤判断をしながら、文末の単語を記憶します。

の配分）がうまく行われるかどうか、すなわち、処理を行った後に保持に使える認知資源がどの程度残っているかを測ることを目的にしたものです。Daneman & Carpenter (1980) は、L1 の読解能力や聴解能力がこれらのスパンテストで測られるワーキングメモリの容量（working memory capacity）と関係があることを示唆しています。稚拙な読み手は処理効率が悪いために他の情報を保持できる容量が減ってしまい、結果的にうまく読めないと説明しています。

　Daneman & Carpenter (1980) の英語版 RST や LST をもとに、日本語を始めさまざまな言語の RST、LST が作成され、ワーキングメモリ容量と読解力・聴解力の関係についての研究が行われています。苧阪（2002：80-89）は、ワーキングメモリと言語習得について調べるために、イタリア語を学習する日本人大学生を学習期間によって短期グループ（1 年 7 か月から 1 年 8 か月）と長期学習グループ（2 年 7 か月から 2 年 8 か月）に分け、日本語、英語、イタリア語のリーディングスパンテストを行いました。長期グループではイタリア語のスパン得点と日本語（母語）のスパン得点との間に相関が見られましたが、短期グループでは相関が認められなかったことについて、苧阪（2002）は、短期学習期間では構文構造の理解などにワーキングメモリの多くが消費されてしまうため、個人の持つワーキングメモリ容量の効率性を十分に活かすことができないようであると述べています。また、短期グループの学生のイタリア語リーディングスパンテストと理解度テストとの関連を調べた結果、両者の成績間に高い相関が見られたことから、言語習得の初期の段階ではワーキングメモリがうまく機能するかどうかが構文構造の獲得などにも影響していることがわかると述べています。苧阪（2002）はさらに、学習初期のグループにイタリア語の聴き取りテストを行い、理解度テストと関連があったことから、言語学習の初期の段階には、音韻ループの働きが重要であることを指摘しています。

＜ワーキングメモリでの処理効率を高める指導＞
　言語学習初期の習熟度の低い学習者の場合にワーキングメモリ容量と聴解能力に強い関係があるならば、この時期にワーキングメモリの処理効率を高め、相対的にワーキングメモリの容量を増やすことが効果的であることが推

測されます。

　聴解プロセスの最初に行われる音声知覚や音声認識の処理の自動化を促進するトレーニングとして注目されているのがシャドーイングです。シャドーイングは母語話者の発話を聞いて即座にひたすらまねをすることによって、学習者の中間言語を介在させることなく、正しい音声を知覚し認識することに習熟させるトレーニングです（第3章第2節3 ▶ 1参照）。第1章第1節3.で述べたように、ワーキングメモリの音韻ループで、外からの言語的情報や非言語情報は、内語反復（サブボーカル・リハーサル）によって一時的に保持され、処理が行われます。シャドーイングはこの内語反復を声に出して行う（外語反復する）訓練で、音韻ループの機能を高めることができると考えられています。

　門田（2007：58）は、シャドーイングがリスニング能力の向上につながる理由の一つとして、音声知覚の自動化機能を挙げ、シャドーイングによって音声知覚、すなわち音声・音韻表象の形成が自動化され、それによって、ワーキングメモリの認知資源の消費が減り、残りの多くの認知資源を理解のための統語・意味処理・文脈処理・スキーマ処理などに開放することができるからであると説明しています。

　ワーキングメモリの処理効率を高めるという面から聴解力向上を促進するトレーニング法としては、音声知覚の自動化を促進するといわれるシャドーイングだけでなく、音声情報を内語反復しながら活性化された状態で保持し、意味処理や統語処理を行って元の文を復元し再生するリピーティングも効果があると考えられます。

　聴解には、記憶力だけでなく、これまで述べてきたさまざまな要素や、動機づけや学習スタイルなどの学習者要因が関わっています。ですから、ただ単にCDを繰り返して聞かせ、答え合わせをするのでは、聴解力を向上させる指導とは言えません。聴解に関わる要素をどのように高めるかという明確な目標をもち、学習者に適した教え方を工夫することが指導であると思います。

第 2 章

作る

第1節　教材作成の基本計画

　教材を作成する理由には、指導したいスキルや知識を学習者に効果的に伝えたいが、レベルや内容・目的に合った教材がないことや、教師が教授経験を通して培ったビリーフ[1]や理想を伝え、広く活用してもらいたいことなどが挙げられるでしょう。通常、教材には、それを使う教師と学習者に対する作成者からのメッセージが記されています。そこには「目的」、「特徴」、「対象となる学習者」、「各課の構成」、「使い方のヒント」などが書かれており、作成意図、作成計画を読みとることができます。その中で、対象となる学習者のレベル、目的と特徴は教材作成の方針となるものです。ここでは主な聴解教材を引用しながら、基本計画について考えます。

1. 対象となる学習者

　どの教材でも、まずどのレベルの学習者を対象にしているかを示すために、文法・文型、語彙、漢字などの言語知識の量や、それまでの学習時間によってレベルを設定しています。

　現在よく使われている聴解教材では、初級・中級・上級などのレベルを示すと同時に、①使い方によっては他のレベルでも使えるとする、②各レベル間の橋渡し的教材である、③不得意な部分の力を伸ばす、などと表現して、作成者の考えを示しています。主な教材で、対象とする学習者について述べられている箇所を以下に引用します。

注〉
[1] 学習者または教師が言語学習について抱く信念の総体。

《初級〜初中級》
『わくわく文法リスニング99　ワークシート　新装版（CD付）』『わくわく文法リスニング99　指導の手引』小林典子他著　凡人社

　この教材は日本語の勉強を始めたばかりの人にも、200〜300時間勉強した人にも適しています[2]。

『初級日本語聴解練習　毎日の聞きとり50日　上・下』宮城幸枝他著　凡人社
　日本語を初めて学習する人を対象に作成しました。

『楽しく聞こうⅠ・Ⅱ』『楽しく聞こう　教師用』文化外国語専門学校編著　文化外国語専門学校
　この教材は広く初級一般の学習者を対象としていますが、中級以上の学習者でも聞く力を伸ばすために使うことができます。

『聞いて覚える話し方　日本語生中継・初中級編1・2』ボイクマン総子他著　くろしお出版
　この教材は次のような初中級レベルの日本語学習者を対象にしています。
1）初級の文法項目を一通り終了した学習者で、ごく基本的な日常の出来事については日本語で用を足すことができるが、自ら進んで説明したり、自分の気持ちを表現したりすることが難しい学習者
2）基本的な文法項目は習得しているが、言いたいことを表すのに語彙が豊富ではない学習者
3）初級の文法項目の縮約形や、くだけた表現に慣れていない学習者

《中級〜上級》
『中級日本語聴解練習　毎日の聞きとり50日　上・下』河原崎幹夫監修　太田淑子他著　凡人社
　この教材は初級後期あるいは中級前期（学習時間にして約200時間を終了した程度）から使い始めることができます。

注〉
[2]　この教材では、この文に続いて、学習歴に応じた使い方を提案しています。

『**中上級日本語音声教材　毎日の聞きとりplus 40　上・下**』宮城幸枝他著
凡人社

　この教材は日本の大学や大学院、専門学校などで高等教育を受けることを目標に日本語を学んでいる中級レベルの学習者を対象に作成しました。この教材を使って勉強することによって中級の日本語力を高め、さらに、生のニュースや特別番組を聞いたり新聞を読んだりする上級に進む力が養われると思います。

『**中級日本語音声教材　新・毎日の聞きとり 50 日　上・下**』宮城幸枝他著　凡人社

　ひととおり初級文法・文型の学習を終えた学習者を対象にしています。初級から中・上級レベルへの橋渡し教材です。

『**聞いて覚える話し方　日本語生中継・中～上級編**』椙本総子・宮谷敦美著　くろしお出版

　この教材は次のような日本語学習者を対象にしています。
1）基本的な日常の出来事については日本語で用を足すことができるが、自分の感情や意見を詳しく説明したり、相手によって話し方をうまくコントロールしたりすることができない中級以上の日本語学習者
2）日本語に関する知識は豊富だが、日本社会で使われているような自然な日本語（特に、くだけた表現）に慣れていない上級レベルの日本語学習者

『**上級の力をつける　聴解ストラテジー**』川口さち子他著　凡人社

　日本語能力試験の 1 級合格を目指す学習者、これから日本留学試験を受け大学で勉強したいと思っている学習者、あるいは、日本語学校や専門学校・大学などですでに上級のクラスに入っていたり、日本語能力試験 1 級に合格したりしてはいるが、聴解力をもっとのばしたいという学習者を対象として作成しました。

　以上のように、作成者は対象としている学習者を想定して教材作成に取り

組んでいることがわかります。

2. 目的、特徴など

　日本語学習の目的は、①大学などの高等教育機関で学ぶ、②日本語能力試験や日本留学試験に合格する、③日本で仕事をする、④永住または定住外国人の子弟として日本で学び、生活する、⑤日本文化を知るために学ぶなどさまざまです。目的によって学習法も習得すべき語彙・漢字の数や範囲や文法のレベル、談話の種類やジャンルなども異なります。本来、それぞれの目的に合った教材があるべきだと思うのですが、現在出版されている聞きとり教材の中でもっとも多いのは、日本語能力試験や日本留学試験の対策本、次いで大学など高等教育機関に進学する学習者向けのもので、それ以外はあまり多くありません。

　高等教育機関に進学する学習者向けの教材の中には、聞きとり能力全般や総合的日本語力を高めるということに焦点を合わせたものではなく、①特定のジャンル、②特定の語種、③トレーニング法に的を絞った教材もあります。①には、『ニュースの日本語聴解50』や『講義講演を聴く』『講義を聴く技術』、日本人の生の日本語を聞き、日本（東京）の雰囲気を味わいながら日本語を学ぶという『Live from Tokyo 生の日本語を聴き取ろう！』などがあります。また、②には『カタカナ語スピードマスター』、③には、シャドーイングによって聞きとり能力を高めることを目的に作られた『シャドーイング 日本語を話そう・初〜中級編』、『シャドーイング 日本語を話そう・中〜上級編』などがあります。

　教材作成者は経験や知識、先行研究の知見から得られた一定の理論的枠組みにしたがって、教材を作成します。作成者の意図が記された「目的」「特徴」の部分は、教材選択に際して必ず目を通さなければならない部分です。なぜこの教材が必要なのか（何のために）、他の教材と異なる独自性は何か（何を教えるのか）などに作成者のビリーフが表れています。現在よく使われている教材に書かれている目的と特徴を見てみましょう。

《初級〜初中級》
『わくわく文法リスニング 99　ワークシート　新装版（CD 付）』『わくわく文法リスニング 99　指導の手引』

【目的】
　精密に聞き取る積み上げ練習。文法項目の聞きとりを強化し、正確に聞き取る能力を育てる。

【特徴】
　文法を知る→文法リスニング→文法がわかる→よく聞けるようになる。練習問題の 1 つ 1 つの文の意味を考えて解答をしていくうちに、その文法項目の意味がわかるようになり、その結果、よく聞けるようになる。解答するために集中して聞きとらなければならない学習目的部分が、文全体の意味を左右する聞き分けのポイントとなるような問題作りを心がけた。

『初級日本語聴解練習　毎日の聞きとり 50 日　上・下』

【目的】
（1）　日本語の音声を正確に聞き分ける「耳」をつくり、音声言語としての日本語の特徴を理解し、それを聞きとりに役立てる力を養う。
（2）　文法や基本文型の知識の定着をはかると同時に、習得した知識を応用して聞きとる力を養う。
（3）　そのことばの使われる場面・背景の理解を伴った練習をすることで、逐語的・直訳的な理解ではなく、日常生活に応用できる聴解力を養う。
（4）　文脈から推測・類推する、絵や地図を見ながら聞く、話の場面のイメージを浮かべながら聞くなどのさまざまな聞きとり行動における運用力を高める。

【特徴】
（1）　初級レベルの最も基本的な文型・文法事項・語彙の範囲で作成した。
（2）　初級段階では、文の構造や文法をしっかりと理解し、正確に聞くことが大切である。細部に注意して聞く練習を多く取り入れた。
（3）　ボトムアップだけでなくトップダウンの聞き方ができる練習も取り入れた。
（4）　音声言語としての日本語の特徴が理解できるように、アクセントによ

る意味の違いや聞きとりにくい音声に焦点を合わせた練習を多く取り入れた。
（5）　話の状況が理解できるようイラストを使った練習を多く取り入れた。

『楽しく聞こうⅠ・Ⅱ』
【目的】
（1）　「何を聞くのか」を理解した上で、必要な情報だけを聞きとる。
（2）　教室内外のギャップを埋めるために、なるべく普通の速さの日本語を聞かせる。

【特徴】
（1）　絵をたくさん使うことによって学習者が場面を容易に理解でき、また語句や表現を効率的に導入できる。見ていて楽しい絵を使うことで学習者の注意をひきつけ、学習意欲を持続させる。
（2）　CDの内容を全部聞いてから答えるような記憶力に頼る方法ではなく、○や×、✔などのチェック方式を多く取り入れ、問題に即座に答えられるようにした。

『聞いて覚える話し方　日本語生中継・初中級編1・2』
【目的】
　初級の文法項目を一通りすませた学習者が日常よく接する場面における会話の聞きとり能力を高めること、および、そういった場面で話をする能力がつくことを目的としている。

【特徴】
（1）　トピックに関連する語彙の確認とボキャブラリー・ビルディング。
（2）　多様な人間関係と状況を設定したスキットを聞きとることによって、人間関係や話の場、話す内容によって、用いられる表現が異なることを理解する。
（3）　重要表現や口語的な表現の正確な聞き取り。
（4）　単文を聞き取り、表現意図が正しく理解できているかを確かめる練習。
（5）　機能別の重要表現の提示と練習問題、ロールプレイを取り入れることにより、会話の中で「聞き、話す」会話能力の養成を目指す。

《中級〜上級》
『中級日本語聴解練習　毎日の聞きとり50日　上・下』
【目的】
(1)　日本語の理解の前提となる知識を増やす。
(2)　広い語彙力を習得する。
(3)　無理なく日本語を聞く習慣をつける。
(4)　講義やニュースなどの生の音声言語を聞きとるためのスキルを習得する。

【特徴】
(1)　日常生活の話題から社会科学的なもの、自然科学的なものまで、なるべく広範囲にわたるトピックを選んだ。
(2)　最終目標を大学や専門学校の講義を聞くということに定め、そのためのトピックを選んだ。
(3)　標準的で明瞭に発音されたもの、文の構造、構成が整っているものを正確に理解することを目標にした。

『中上級日本語音声教材　毎日の聞きとりplus 40　上・下』
【目的】
(1)　「聞きとり」のストラテジーを学習者自らが発見し、身につけることができるようにする。
(2)　学習や研究の基礎となる語彙や表現を音声教材を通して習得し、日常会話より一歩進んだ総合的な日本語力[3]を身につける。
(3)　多角的な利用法によって、「聞きとり」だけでなく総合的な日本語力を高める。
(4)　さまざまな面から日本を眺めることにより、日本に対する理解を深める。
(5)　使われる場面や状況の理解とともに語彙を増やす。

【特徴】
(1)　タスクを2段階に分け、どのような聞き方をすればよいかが学べる問

注〉
[3]　学習や研究での読み書きにつなげられる日本語力を意味します。

題と、細かく正確に聞く問題を作った。
(2)　音声の聞きとりのコツを習得するために、日本語音声の特徴について解説し、練習する「聞きとりのヒント」のコラムを設けた。
(3)　大学の講義を聞くという目的のために、独話説明調のテキストを中心とした。
(4)　日本社会を理解するために、広い分野から日本を紹介する話題を取りあげた。

『中級日本語音声教材　新・毎日の聞きとり50日　上・下』
【目的】
(1)　音声を通して、日本語を学習する。
(2)　中級の表現法・語彙を身につける。
(3)　現代日本事情を表すさまざまな分野のトピックを聞くことにより、楽しみながら広範囲の語彙を増やす。
【特徴】
(1)　中級レベルの語や表現が多く含まれるモノローグのテキストを使って、内容について話したり、漢字語彙を覚えたりといった多角的な活用ができる。
(2)　聞いて理解しやすい短い話、「なるほど」と思わせる印象に残る話を楽しみながら聞くことによって、語彙力と表現力を促進する。

『聞いて覚える話し方　日本語生中継・中～上級編』
【目的】
・会話場面におけるリスニング能力を高め、場面に応じて適切に話す能力をつける。
・話された情報を正確に理解するだけでなく、話し手の意図や感情も正しく理解できるようにする。
・会話の相手や場所に応じてどのように「話す」のかを学ぶ。
【特徴】
(1)　多様な人間関係と状況を設定したスキットを聞き取ることを通して、ポライトネス（人間関係や場面に応じた表現の使い分け）を意識化させ

る。
(2)　話し手の発話意図や感情を正しく理解する練習を取り入れた。
(3)　イントネーションによって変わる表現意図を正しく理解する練習ができる。
(4)　機能別の重要表現の解説と練習問題、ロールプレイによって会話の中で「聞いて話す」会話能力の養成を目指す。

　それぞれの教材の目的と特徴についての記述を見ると、作成者たちが聴解能力を高めるために何を重視しているかが見えてきます。全体をまとめると以下のようになります。

・文法項目の正確な理解と、細部まで正確に聞きとることを軽視してはならない。
・自然な速度での聞きとりが大切である。
・音素識別ができていない学習者にはやや速度を落とした明瞭な音声を聞きとらせることが大切である。
・トップダウン、ボトムアップの双方向の処理ができる力を養うことが大切である。
・場面・状況を理解して聞くことが大切である。そのためにイラストを多用する。
・「聞く」だけでなく、総合的日本語力を高めるために教材を活用する。
・豊かな語彙力を身につけられるように広範な分野からトピックを選ぶ。
・会話における人間関係や話の場面、話す内容によって、用いられる表現が異なることを理解させる。
・イントネーションによる表現意図の違いを理解させる。
・グラフを見ながら聞く、書きながら聞くなど、言語活動の一部としての練習を取り入れる。

第2節　初級教材作成の手順

　本節では、筆者が最初に出版した『初級日本語聴解練習　毎日の聞きとり50日　上・下』の作成手順にしたがって、初級教材作成手順について述べます。具体的な問題やタスクの作り方などこの教材の内容については、次の第3節で詳しく紹介します。

1. シラバス、課の構成を考える

【準拠する教科書】
　当時、筆者らが使っていた東海大学留学生教育センター編の『日本語初級Ⅰ・Ⅱ』[4]のシラバスに準拠して作成しつつ、とりあげられた文法事項が使われる場面や機能を考え、多少の入れ替えを行って作成しました。

【全体の構成・単元数】
　この教材は大学進学を目指す学習者を対象にしており、別科などの予備教育機関や短期集中の日本語コースで使われることを目的としています。それらの多くの機関では初級は200～300時間を使い、1日3～4時間半、1週間5～6日、13～15週間の授業期間が一般的です。そのような条件で使用することを想定し、全体を50課で構成しました。

【1課の構成】
　1課の構成は「基本練習」「会話を聞きましょう」「書きましょう」という3本立てにしました。「基本練習」は文型や文法項目、個々の語とそれをつなぐ助詞を正確に聞きとる練習で、文法・文型の正確な理解と定着を狙いとしているボトムアップ処理のトレーニングです。「会話を聞きましょう」は話をトップダウンで聞くことに重点を置いています。そして、「書きましょう」は音韻体系の理解を文字によって確認する問題となっています。

注〉

[4] 文法・文型シラバスで構成されています。

2. 問題の音声テキスト・タスクを作成する

　初級教科書の文法項目の提出順を参考にして、各課の文法項目を決めます。文法項目が決まってからは、初級教材の例文からなるべく離れて、その文法や構文が実際の生活のどんな場面で、どのように使われることが多いかを改めて考え直し、自然な会話や文章を作るよう努力しました。初級教材を作る際にもっとも苦労することは、その課以前に習った既習語、既習文法項目の範囲で問題を作成しなければならない点です。未習語を使わざるをえない場合は、欄外にイラストや訳をつけました。

　教師はえてして、教科書にある文法項目や例文を実生活での使用実態や頻度を考えずにそのまま無反省に教えてしまうことがあります。知識としての日本語を教えるのではなく、生活の中で実際に使える「生きた日本語」を教えるという意識を常に持ち、その文法やことばを使う最適の場面や話者の心理状況を伝えることが大切です。教材を作る際も、限られた語彙や文型の範囲で最大限の工夫をし、指導したい文法や文型が使われる最適の場面や状況を設定して、無理なくタスクができるよう工夫しました。

　次に、どこに注意して聞いたらよいか、注意を向けさせたい箇所をタスクによって示し、学習者がタスクを通してその重要ポイントに気づき、弱点を発見して、学習に役立てることができるよう、タスクの形式を工夫しました。

3. 作成した音声テキストやタスクを検討する

　5人の著者で担当を割り振り、定期的に集まって、さまざまな角度から検討を行いました。検討する際に常に念頭に置いたのは、「焦点・目的が明確なタスクか」、「練習のための練習でなく、意味のある練習か」、「学習者にわかりやすい、認知処理プロセスに配慮したタスク形式か」、「不自然な表現や流れがないか」、「文法の教科書にない新鮮な発見があるか」、「学習者が関心を持てる話題か」、「日本理解に役立つ知識を取り入れているか」などです。日本語の教科書は世界中のさまざまな文化・社会背景をもつ人々が使う教材です。「文化的・社会的な先入観や偏見が入っていないか」も重要なポイントとして検討しました。そして、できるだけ自然な流れの会話を聞いて楽し

く習得できることを心がけました。

4. 表記、翻訳、ページの割り振りを考える

　特に初級教材では、使われる漢字の数やふりがなの有無などの表記形態が教材の使いやすさに影響を与えます。この教材は大学進学を目指す学習者を対象としていることから、漢字仮名交じり、総ルビにしました。ルビ付きの漢字仮名交じり表記は、漢字の知識が十分でない学習者でも読むことができ、また、音声を聞きながら漢字を見て確認して、漢字やことばを覚えてもらいたいという狙いもあります。

　タスク形式に慣れていない初級の学習者に、問題の指示や意図を理解してもらうために翻訳は欠かせません。一方で、練習効果を高めるためにできるだけ多くタスクを盛り込み、イラストを使って状況やタスクの方法をわかりやすく示すという方針を変えることはできません。その結果、非常に窮屈な紙面になってしまった課もあります。

5. イラストを作成する

　イラストは、特に初級の聴解教材ではタスクの良し悪しを決める重要な役割を担っています。イラストは、登場人物の容姿、態度、気持ちなど、ことばでの説明が難しい状況を表現でき、学習者の理解を促進します。

　そのために、イラストは異なる文化背景をもつ学習者にもすぐにわかる絵でなければなりません。また、イラストには学習者が経験したことのない日本の生活や文化を紹介するという役割もあります。学習者の視点に配慮するとともに、タスクに込められた指導目標がわかりやすく表現されているか、描き方や表情、場面の設定が自然かなどに細心の注意を払います。イラストレーターには、タスクの意図をきちんと伝え、時には登場人物の表情のつけ方、描く角度まで、細かく具体的に指示をします。この教材のイラストレーター[5]は、作成者の意図をよく理解し、2.5センチ×3センチという小さな枠のスペースにも、話者の気持ちや状況を的確に描き表し、度重なる描き直しにも忍耐強く応じてくれました。わかりやすいタスク作成にはイラスト

レーターの協力が欠かせません。

この段階で編集者と行うこと
○本冊の各課の構成と配置を決める。
○スクリプト、解答の作成と配置を決める。
○各パートの名称とタスクの内容を表すロゴを決める。
○イラストレーターへの指示を伝え、何度かやりとりをして意図したとおりに描いてもらう。
○原稿に誤りがないかを見直し、解答欄の位置、長さ、行間、絵の大きさや配置などの指示を出す。
○他人の著作物の使用許可を編集者に取ってもらう（特に各種文献や記事を参考にしてテキストを作成した場合）。
○ルビのつけ方を決める。
○テキストの題を決める。

---

6. 音声CDを作成する

　聴解教材を選ぶ際、タスクシートである本冊とスクリプトに目が行きがちですが、実は、聴解教材にとってメディアに録音された音声（音声テキスト）こそが本当のテキスト、聴解教材の真髄と言えます。どんなによい問題やタスクを作成しても、的確な音声表現がされていないと、よい教材とはならず、学習者の理解度や意欲にも影響します。
　音声テキストは、日本語音声言語のモデルを示すという役目も担っています。そのため、声優の選定と録音は、作成者がもっとも神経を使うところです。

注〉
[5] 毎日の聞きとりシリーズの『初級日本語聴解練習　毎日の聞きとり50日』(1998) 以降の教材のイラストは酒井弘美さんにお願いしました。

▶ 1　録音者の選定

　録音会社から送られてくる声優のボイスサンプル CD を聞いて声優を選ぶのですが、特に若い声優はアニメや CM などを得意とする人が多く、朗読に不慣れな声優もいます。サンプル CD にはアニメのキャラクターを演じる声や、CM のナレーションなどが録音されていることが多いので、発音の正確さ、歯切れのよさ、感情表現のしかた、声の好感度、音声表現の的確さなどをこの短いサンプルから聞き分けるのは大変難しい作業です。

声優選定のポイント

○声のピッチ

　高すぎたり低すぎたりする声は避けます。高すぎると聞く者にストレスを与え、低すぎるとイントネーションやアクセントの低い部分が聞きとりにくくなります。

○正確で歯切れのよい発音

　声優は発声法や発音トレーニングを受けているので大きな問題はないのですが、部分的にサ行音やナ・ダ行音などの発音を苦手とする人もいます。

○韻律表現の正確さ

　聞く者が理解しやすいようにフレージングができるか、文法や文構造、表現意図を理解して的確な韻律表現ができるかという点に注意します。

○聞き手に好感を抱かせる声かどうか

　声にはソフトな声、こもって聞きにくい声、鋭く響きがある声、魅力的な声、かわいい声などの声質があります。聞いたときに抵抗なく心地よく理解できる声を選びます。また、複数の声優を選定する場合には、異なった声質の読み手を選びます。男性と男性の会話などでは、似たような声では区別がしにくいし、多様な声に対応して聞く力を養いたいからです。

○癖のない話し方ができるか

　女性の声優には、女らしさやなまめかしさを美しい声と考え、しなを作っているような声の出し方が癖になっている人もいます。普通の日常会話ではそのような声を出すことはあまりありませんから、日常の自然な声を聞かせたい教材には適していないと言えるでしょう。

▶2　録音の準備

　録音は最終稿ができあがった段階で行います。事前にどの声優にどの部分を読んでもらうかを打ち合わせ、編集者が担当別にマーカーで色分けした原稿を声優の人数分用意します。

　声優の人数は最初に作った『中級日本語聴解練習　毎日の聞きとり50日』では2人でしたが、続く『中上級日本語音声教材　毎日の聞きとりplus40』や『中級日本語音声教材　新・毎日の聞きとり50日』ではいろいろな声が聞けるように声優の数を増やしました。声が違うと聞こえ方も異なります。多様な音声を聞くことによって、帰納的に日本語の音韻体系を構築していく（プロトタイプを構築する）ためにも、さまざまな話し手の日本語を聞くことが大切だと考えたからです。

　また、録音は数時間で集中して行うため、1人が長い間話し続けると、音声器官、特に声帯が疲労し、かすれて疲れた声になってしまいます。これも複数の録音者に依頼する理由の一つです。

▶3　録音前の指示

　本来であれば声優に事前に原稿を渡し、イントネーションやポーズ、強弱などの表現を予習してもらえるとよいのですが、時間単位の契約だからでしょうか、多くの場合、声優は約束の時間の直前にスタジオに来ます。著者が録音の打ち合わせをしようと思って、予定よりかなり早くスタジオに行って準備していても、教材のコンセプトや目的などの基本的な情報を伝えたり、読み方、声の出し方などについて説明・指示したりする時間が十分にとれないことがよくありました。

　また、声優もスタジオも必要最低限の時間しか予約しないので、録音は常に時間に追われていました。そのような時間的な制約の中でも、娯楽的、商業的な録音とは異なる発声の方法や話すスピードなどについて事前に、十分に理解を求めることが必要です。筆者は以下のことを必ず説明するようにしています。

> **声優への説明**
> ○この教材は世界中で日本語を学ぶ初級や中級の学習者が聞く。
> ○声優の声が全世界の日本語学習者の日本語のお手本になる。
> ○まだ日本語を聞くことに慣れていない学習者が聞きとれるよう、最初は不自然にならない程度に速度を調節する。
> ○アニメやCMのように誇張したり、声を張り上げたりしない。声優としての個性を出すよりもむしろ、声のよさや正確な発音を生かして、気取らず、自然に話してほしい。

　あまり張り切って声を出すと不自然になるばかりでなく、聞く人を疲労させます。声優たちにとっては、肩の力を抜く、がんばらない、自然に話すということが意外に難しかったようです。

▶4　録音

　収録に立ち会い、原稿と音声を確認しながら録音を進めます。録音の途中で、単純なミス以外に、取り直しをするのは次のような場合です。
○ポーズの取り方やイントネーションのつけ方が不適切なため、文意が正確に伝わらない。
○文意を理解していないため気持ちがこもらず、感情や表現意図が伝わらない。
○速度が速すぎるか、遅すぎる。
○アクセントが間違っている。
○声の表情のつけ方が著者が期待しているものと異なっている。
　どうしても声が聞きにくく感じられるときには声優自身の声のピッチより一段高く、あるいは低く発声してもらったり、声の芯を出さずに、ささやき声のように話してもらったり、逆に母音部分を明確にして声の芯をはっきり出してもらったりするなど、声の出し方を指示することもあります。

▶5　録音の修正

　完成CDを作成する前に、録音された音声を聞き直します。この時必要であれば、ポーズ、速度などの調整を行います。しかし、スタジオ使用料、声優への謝礼の上積みが発生するため、よほどのことがない限り取り直しはできません。4シリーズの中で1回だけ部分的に取り直しを行ったことがあります。

　CDの収録時間、枚数にも制限があります。CDの収録時間内に収めるために、問題番号と問題文の間のポーズを10分の1秒単位で短く削除しなければならなかったこともあります。逆に声優の発話スピードが速かったため、文節の間隔を広げてもらったこともあります。音声編集ソフトを使って、不自然さを感じない程度に、速度やポーズの微調整ができるようになったため、このようなことが可能になりましたが、ほとんど違和感がないとはいえ、音声に手を加えることはできるだけ避けたいと思います。

7. 巻末の語彙リストなどを作成する

　学習者や指導者が使いやすいように、巻末に「各課の主な学習項目」、新出語のリストと英訳をつけました。巻頭の「前書き」「この教材を使う先生方へ」「この本で学習するみなさんへ」など、作成者からのメッセージも準備します。この部分は教材を選定するときに多くの人が読む部分でもあり、作成意図や使い方のヒントをできるだけわかりやすく説明します。

　この節では、教材作成手順の大筋を説明しましたが、次の第3節では、教材の内容の作成について、作成者がどのように考え、どのように工夫したかについて、具体的に詳しく述べます。

第3節　初級教材の作成－具体例－

1. 初級の指導で重点を置く要素

　第1章第2節で述べたとおり、聴解には多くの要素が関わっています。それらは、①音声の正しい知覚と音韻認識プロセス、②音声インプット情報を記憶し、処理するプロセス、③学習した言語知識を活用して語や文、談話の意味を解析するプロセス、④自分の経験やスキーマと照合させて内容を深く理解するプロセス、⑤ストラテジーを駆使して自己の聴解をコントロールするプロセスに分けることができます。

　宮城（2005b）は各プロセスにおいて、特に初級段階で重点的に指導する点について、以下の項目を挙げています。

①音声の正しい知覚と音韻認識プロセス
〇日本語の拍の意識を持つ。
　（長音・促音・拗音を聞き分ける。）
〇アクセント情報を聞き分ける。
　（アクセント、ポーズから語の意味や文節の区切りを理解する。）
〇文末イントネーションや文の構造を担うイントネーションを理解する。
　（文の構造を理解すると同時に表現意図や感情を理解する。）
〇イントネーションとポーズによって表される日本語の文の構造を理解する。
　（フレーズを聞きとり、文節や句などの意味のまとまりを理解する。）
〇環境による音声の変化を聞き分ける。
　（音声の変化、母音の無声化、母音が連続する音節、低アクセント部の音声弱化、文節末で弱化する助詞などを聞きとる。）

②音声インプット情報を記憶し、保持・処理するプロセス
〇意味解析のために音声の記憶を一時的に保持し、文の構造や意味を理解する。

③学習した言語知識を活用して語や文、談話の意味を解析するプロセス
○待遇表現を理解し、登場人物の関係を把握する。
○名詞と助詞と動詞の結びつきや、文や談話の結束性を理解する。
○動詞・形容詞の活用による意味の変化を聞きとる。
○日本語の文の構造や語順を理解する。
○テンス・アスペクトを理解する。

④自分の経験やスキーマと照合させて内容を深く理解するプロセス
○挨拶、買い物、電話などの日常会話のパターン(フォーマル・スキーマ)を活用する。
○日常生活のさまざまな場で必要な語彙を増やし、活用する。
○社会習慣を理解する(伝統行事や上下関係、習慣など)。

⑤ストラテジーを駆使して自己の聴解をコントロールするプロセス
○視覚情報がない場合、場所や状況、話し手の表情などを想像する(イメージング)。
○視覚情報がある場合、話し手の態度や顔の表情を読みとる。
○キーワードを見つける。
○要旨を抽出する。
○予測を持って聞く。
○余剰情報から必要な情報を聞き出す。
○わからないことばがあれば問い返す。
○記憶の保持のためにメモをとったり絵を描いたりしながら聞く。

　これらは聴解能力の基礎となる要素です。この能力を高めるためのタスクはどのようなものか、モデルとなる音声テキストはどのようなものがよいかを考えて問題を作成します。
　この中でも特に初級聴解で重要な指導項目は、日本語の語音やプロソディーなどの音声的特徴を正しく聞きとり、音韻体系を認識し、語や文を認識することです。音韻体系は、表音文字(ひらがな)表記と密接に関連していますが、この基礎が盤石でないと、学んだ知識を体系的に整理し蓄積する

のが難しくなるからです。

次に、『初級日本語聴解練習　毎日の聞きとり50日』を例として、初級聴解教材の作成目的と内容について具体的に紹介します。

2.『初級日本語聴解練習　毎日の聞きとり50日』 －各課の構成と目的－

　この教材の目的は、主教材となる教科書で習った文法項目や語の使い方を音声インプットによって再確認し、定着をはかることと、それらが実際の生活の中でどのように使われているかを会話や説明・解説調のモノローグを聞くことによって理解することです。習ったことばや文を使って、こんなに生き生きとした会話ができるということを、豊かな音声表現をとおして経験してもらいたいという思いと同時に、コンテクストや使用場面の情報が少ない文法・文型シラバスの主教材の不足部分を補いたいという思いもありました。各課は「基本練習」「会話を聞きましょう」「書きましょう」という3つの部分で構成されています。

「基本練習」

　基本文型や文法事項に焦点を合わせた練習です。文法項目のポイントがどこにあるか、特に聞きとる際にどのようなところに注意したらよいかがわかるようにタスクを作成しました。促音や長音、撥音など、学習者が聞き誤りがちな音声にも注意を向けさせ、細かい部分を正確に聞きとって正しく理解する力を養い、基礎力をつけることを目標にしました。また、問題文を作成する場合には、適切な場面での自然な会話にできるだけ近づけようと考えました。特に海外の学習者や初級の学習者にとって聞きとり教材の音声を聞くことは、理解できる日本語を聞く数少ないチャンスでもあります。楽しみながら練習をするうちに自然に文法や語句の使い方が習得できることを考えて問題を作成しました。

「会話を聞きましょう」

　やや長い会話を聞いて、その内容の大意をつかみます。「基本練習」では

文法や文型、語を正しく聞くボトムアップの力を高めることを目的にしていますが、細部にとらわれず、話の全体像を聞きとるトップダウン的な聞き方に慣れることも必要です。内容を日本の社会・文化的な話題としたのは、日本語学習のごく初期の段階から日本語の背景にある社会・文化的知識を身につけてもらいたいと考えたからです。

　初級レベル、特に初期は語彙も文型も限られているので、内容の充実した会話を作ることは難しいのですが、厳しい制限の中でもできるだけ日本社会の様子が感じとれるようにしました。たとえば2課ではキヨスクでのやりとり、3課では八百屋の消費税とレシートを話題に取り入れています[6]。

　　　　　　　　　　　　　　　　　　　　　　（宮城幸枝・三井昭子・牧野恵子・柴田正子・太田淑子　著『初級日本語聴解練習　毎日の聞きとり50日（上）　新装版（CD付）』（3課）凡人社）

「書きましょう」

　学習者が日本語の音韻体系を理解しているかどうかは、表音文字であるひらがなで正確に表記できるかどうかによって確認することができます。一瞬のうちに流れて消えていく物理的な音声を知覚し、それを意味のある音、音韻として捉え、文字化する力を養うのがディクテーションです。また、書く

注〉
[6]　消費税が上がり、この問題も古さを感じさせるものになりました。変化する現実社会に対応した話題は、常に賞味期限があることが作成者の悩みでもあります。

ことによって動詞の活用形などの文法的事項を細部まで正確に理解しているかどうかを確認することができます。話すときには曖昧な発音で何とかコミュニケーションができても、音声を聞いて正確に文字化することができない学習者は少なくありません。曖昧さが許されないディクテーションによって正確な理解を促進することができます。

　ひとくちにディクテーションといっても、文節など短い一部分を空欄にして直後にポーズを置いて書かせる直後逐語ディクテーションと、やや長いフレーズや文を聞かせた後で、全体を書かせる記憶再生ディクテーションとでは学習者の情報処理プロセスが異なるため、練習効果にも違いが出ます（第3章第2節3.▶7参照）。付属CDの音声は、ややゆっくり目の速度でポーズを入れずに録音しました。このようにしておけば、タスクで指示されている一定の練習方法だけでなく、学習者や教師がCDを止める場所やポーズの時間を操作して、目的に合わせて活用できると考えたからです。

　また、この「書きましょう」の談話スタイルは、話しことばの中でも書きことばに近い性格を持つモノローグになっており、ディクテーションだけでなく、モノローグを聞く練習として使うこともできる内容になっています。

3. 問題作成の留意点

　問題を作る際に心がけたことは、以下の点です。
○学習した文法事項、文型、語彙の範囲で問題を作成し、初級初期から無理なく使えるようにする。
○語や表現、文法が使われる最適でイメージしやすい状況を考え、音声テキストの談話を作成する。
○日本の社会・文化事情を取り入れた話題を選ぶ。
○知っていると便利な事柄、学習者が自分との関連において興味や関心をもてる話題を多く取り入れる。
○毎回興味をもって聞くことができるように、知っていると役に立つ情報や、楽しい会話やタスクを作る。使い古された場面や話題はなるべく避け、日常生活の多様なシーンから話題を選ぶ。
○文型・文法を聞いて理解し、理解を深め、定着をはかるために、機械的な

練習はできるだけ避け、自然な文脈の中で、新出語や文法項目の使い方とそれに付随する心的態度やニュアンスまでも含めて深く理解できるようなタスクを作成する。
○目的を明確に定めてタスクを作る。
○わかりやすい指示と問題形式を考える。

　以上を整理すると、「指導ポイントを明確にすること」、「音声テキストの談話の内容の質を高めること」、「学習者が取り組みやすい問題形式を工夫すること」に集約されます。
　以下では、まず「音声テキストの内容の検討」(「適切な使用状況の提示」と「スキーマ構築に役立つトピック」)、次に「学習者が取り組みやすい問題形式」について述べ、最後に「指導ポイントを明確にしたタスクの作成」について具体例とともに詳しく述べます。

▶1　音声テキストの内容の検討－適切な使用状況の提示－

　文法・文型シラバスによる初級教科書の多くはアメリカ構造主義のオーディオリンガル・メソッド(audiolingual method)の流れをくみ、構造と規則体系の習得を目的に、いかに効率的に文法を教えるかというところに重点が置かれています。練習も代入練習や転換、結合、応答、拡大などの文単位の文型練習ドリルが多く、それらの文型や文法がどのような状況で使われるのか、どのように組み合わせれば、コミュニケーションに役立つ生きた表現ができるのかというモデルが十分に示されているとは言えません。そのため教師も学習者も形やルールに意識が向き、文法知識の獲得が優先され、コミュニケーションのために使える生きたことばを学ぶことを忘れがちです。意味や文法構造だけでなく、表現意図や心的態度までも生き生きと伝える音声インプットを通して、生きたコミュニケーションとしての談話を学ぶことの意味は非常に大きいのです。

しかし、語彙や文法・文型の制限がある中で、自然な場面での最適な表現を使った談話を作るのは簡単ではありません。時間的制限もある短期集中日本語教育で効率的に文型・文法の規則を教えることができる文型・文法シラバスの教科書が採用されているのは、やむをえないことなのかもしれません。そこで、聞くタスクによって最適な使用場面での自然な会話を示し、文型・文法教科書の不足している部分を補いたいと考え、この教材を作成しました。以下にその例と作成意図について述べます（紙幅の都合上、例として挙げる問題の一部を省略して示すことがあり、そのために、番号が飛んでいるものもあります。番号は元の教材の問題番号です）。

【例１】

🔊
2．短い会話を聞いて、その会話の内容と合っている絵を選んでください。
例　A：あの、すみません、ここで吸わないでくださいませんか。
　　B：ああ、どうもすみません。外で吸います。
① A：もしもし、ここに車を止めないでください。
　　B：はい、すみません。あの、この辺に駐車場がありますか。
② A：シャツもぬがなければなりませんか。
　　B：シャツはぬがなくてもいいですよ。では、とります。息を吸って、はい、止めてください。
③ A：あっ、まだ書いていますから、消さないでください。
　　B：あっ、ごめんなさい。

a　b　c　d
e　f　g

```
【タスクシート】
例（ a ）　①（　　）　②（　　）　③（　　）
（宮城幸枝・三井昭子・牧野恵子・柴田正子・太田淑子 著『初級日本語聴解練習　毎日の聞きとり50日（上）　新装版（CD付）』（20課「基本練習」）凡人社）
```

【例1】の課の学習項目は、「〜ないでください」「〜なくてもいいです」「〜なければなりません」です。一見、わかりやすい表現ですが、使う際には注意が必要です。「〜ないでください」はそのまま使うと、目上の者から下の者に命令する口調のようになりますし、「〜ないでくださいませんか」は、困っているときやむをえず、苦情を相手に伝える表現になります。「〜なくてもいいです」も上の立場の者が許可を出す表現です。「〜なければなりません」も他人に対して使うと、命令口調で厳しい言い方になるので、相手に対して使うことはあまりありません。むしろ、自分が自分に言い聞かせるときによく使います。このようなことに注意して、もっともよく使われる人間関係と場面を考えて会話を作り、イラストで状況を示しました。

【例2】

```
🔊
2. 会話を聞いて、例のように絵を選んでください。
例　男：コンコン（せきの声）
　　女：薬を飲んだほうがいいですよ。
①　男：ぼくの時計、ここにもないなあ。どこにいったかなあ。
　　女：掃除をしたほうがいいですよ。
～～～～～～
③　男：あれ、3キロも多い。
　　女：少し運動したほうがいいですよ。
～～～～～～
⑤　男：えっ、20点。たいへんだ。
　　女：もっと勉強したほうがいいですよ。
⑥　男：あれ、ずいぶん道がこんでいますね。困ったなあ。
　　女：これじゃあ、電車で行ったほうがいいですよ。
```

【タスクシート】
例（ a ）　①（　　）　③（　　）　⑤（　　）　⑥（　　）
（宮城幸枝・三井昭子・牧野恵子・柴田正子・太田淑子　著『初級日本語聴解練習　毎日の聞きとり50日（上）　新装版（CD付）』(21課)凡人社）

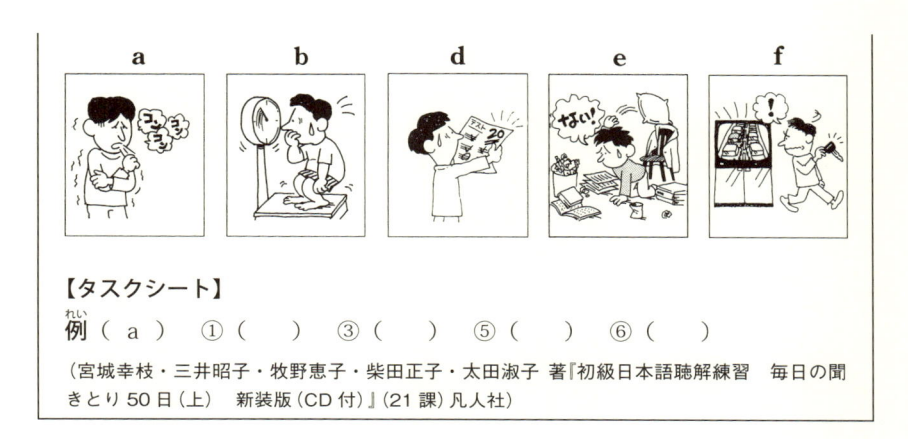

『みんなの日本語初級Ⅱ』の第32課練習Bには、以下の2つの練習があります。

1. 例1：体に悪いです・たばこをやめます
   →体に悪いですから、たばこをやめたほうがいいです。
2. 例　：きのうからせきが出るんです。（病院へ行きます）
   →じゃ、病院へ行ったほうがいいですよ。

（『みんなの日本語初級Ⅱ』スリーエーネットワーク）

　1は、「〜たほうがいい」の意味を把握させる意図があると思いますが、実際には「体に悪いですから、たばこをやめたほうがいいです。」と言うことはあまりなく、「たばこをやめたほうがいいですよ。」「たばこをやめたほうがいいですね。」とか、「たばこをやめたほうがいいと思います。」のように終助詞「ね」や「〜と思います」などの自分の忠告を相手に伝える表現とともに使います。2は会話のやりとりの中で忠告をする練習になっていて、より自然で実用的です。日本語母語話者はこのやりとりの様子が即座に浮かびますが、学習者は「せきってなんだろう？」と思うかもしれません。文を読んで、母語話者である教師が思っているのと同じ場面を学習者全員が思い浮かべているとは限らないのです。もちろん、練習のさせ方によっても学習者の理解は大きく異なります。たとえば、教師が忠告を受ける役になり、せ

きをしながら苦しそうに「きのうからせきが出るんです。」と言ってアドバイスを求めるというような練習ならば、ただ、テキストに書かれているとおりに機械的に練習をさせるのと比べて、学習者はよく理解できるでしょう。

『初級日本語聴解練習 毎日の聞きとり50日 上・下』では、【例2】のように「～たほうがいい」がどんな場面で使われるのか、イラストで状況を示しています。イラストを見ながら会話を聞くことで、視覚と聴覚を通して、実感として「～たほうがいい」の使い方を理解してほしいと考えました。

【例3】

🔊

会話を聞いて質問に答えてください。火事のときに、何をしなければならないかに注意して、聞いてください。

リー：ヤンさん、ちょっと起きて。ねえ、起きろよ。
ヤン：なんだよ。
リー：変なにおいがするよ。あ、ほら、見ろよ。向かいの家が赤いよ。
ヤン：あ、大変だ。火事だ。逃げろ。
リー：ちょっと待てよ。落ち着け。まず、110番に電話だ。
ヤン：なに言ってるんだ。火事は119番。119番だ。早く。
リー：ああ、もしもし……
119番：はい。こちら119番です。火事ですか。救急ですか。
リー：あの、火事です！火事です！
119番：はい、落ち着いて。住所をどうぞ。
リー：ええと、ええと、住所、住所は…あの、富士見町3丁目15番地。
ヤン：ちがうよ。ちょっと貸せ。あの、火事はうちじゃありません。前のうちです。マルサンスーパーのとなりです。
119番：了解。富士見町3丁目で火事。マルサンスーパーのとなり。ただちに現場に出動！

次の質問の正しい答えを選んでください。
① 火事の時は何番に電話をかけますか。
　　［a．110番　b．119番］
② 最初に何を言わなければなりませんか。
　　［a．火事です　b．救急です］
③ その次に何を言いますか。
　　［a．住所　b．電話番号］

【タスクシート】
①［a　b］　②［a　b］　③［a　b］

（宮城幸枝・三井昭子・牧野恵子・柴田正子・太田淑子 著『初級日本語聴解練習　毎日の聞きとり50日（下）　新装版（CD付）』(30課「会話を聞きましょう」) 凡人社）

　【例3】の課の学習項目は命令形です。命令形を使う最適な場面はどんな場面でしょうか[7]。命令形というと、その名のとおり軍隊で「走れ！」「うて！」など号令をかける場面や、会社で上司に「もう一度書き直せ！」と一喝される場面、学校で先生に「廊下を走るな」と叱られる場面などが思い浮かびます。学習者の生活環境の中で命令形を使うことはほとんどないでしょう。命令形は、相手に対する遠慮のない直線的・直接的な表現です。もう一つの条件は、緊迫した場面に使われるということです。そのような使用条件で学習者にわかりやすい状況はないかと考えた結果、向かい隣が火事という緊急事態に慌てている若い男性同士の会話を思いつきました。

　そこに、火災や救急など緊急電話のかけ方という日本事情のミニ知識を加えました。登場人物が慌てている様子がイラストによく表されていて、声優の音声も自然で、学習者がおもしろがって聞いてくれます。その理由は、その文法表現がもっともふさわしい状況・場面で生きたことばとして使われているからだと思います。

注）

[7] 命令形は「医者に一週間休めと言われました」、「止まれと書いてあります」のように引用文や伝達文で使うことが多いのですが、この課では直接使う命令形をとりあげました。

▶2　音声テキストの内容の検討－スキーマ構築に役立つトピック－

　聴解教材は音声によってその場の雰囲気や話者の感情を臨場感とともに伝え、学習者は実際にどのように日本語が使われているかを知ることができます。また、聴解教材の談話（音声テキスト）を通して、語句や表現の形式や意味、機能や音声による表現意図や感情の表現法を学びます。

　また、聴解教材には日本語の背景にある社会や文化を紹介する役割もあると考え、日本の文化・社会事情が垣間見られる多彩なトピックを選ぶよう努力しました。次に掲げたのは『初級日本語聴解練習　毎日の聞きとり50日　上・下』のタイトルと内容です。

＜各課の指導項目を示すタイトルと会話の内容＞

1. この女の人はだれですか。（写真を見ながら名前を聞く）
2. これは一ついくらですか。（駅のキヨスクでの会話）
3. ３００円のを２キロください。（八百屋での会話）
4. 来週の木曜日はわたしの誕生日です。（友達の誕生日を聞く）
5. ポストはどこですか。（物や店の場所を聞く）
6. １２時にマリアさんのアパートへ行きます。（友達のスケジュールを聞く）
7. きれいですね。（パーティーで着物の説明をする）
8. きのう、何をしましたか。（友達の一日について聞く）
9. だれに机をもらいましたか。（机をもらったこと、あげたことについて）
10. 何をしに行きますか。（成田まで友達を迎えに行く）
11. この旅館は建物が古いです。（日本の旅館に泊まる）
12. 缶コーヒーは甘いですから、あまり飲みたくないです。
　　（缶コーヒーの街頭アンケート）
13. 新宿はどんな町でしたか。（古い新宿と東京都庁）
14. 日本とタイではどちらが大きいですか。（日本とタイの面積の比較）
15. タンさんは何をしていますか。（留学生会館で友達を捜す）
16. 写真をとってもいいですか。（小学生がお城の見学をする）
17. みんな来ています。（誕生日に友達を招待する）

18. これはかぜの薬で、それはおなかの薬です。（医者に行って薬をもらう）
19. ラーメンを10ぱい食べることができます。（大学祭の出し物）
20. 銀行へ行かなければなりません。（主婦の姉の生活について妹との会話）
21. スキーをしたことがありますか。（友達をスキーに誘う）
22. どこかへ行った？（鎌倉旅行）
23. ホテルのロビーに集まると言ってください。（電話の伝言をメモする）
24. いくつまで生きるでしょうか。（手相占い）
25. 地震のとき、怖かったです。（怖かった地震の話）
26. ピアノをひくロボットもあります。（アトム、ドラえもん、ロボットの話）
27. 勝ったのはだれですか。（相撲を見る）
28. 雨が降っても、行きますか。（バス旅行の注意事項）
29. 練習すればできますよ。（トランペットの練習）
30. 火事だ！逃げろ！（火事で119番に電話）
31. もう歩けないよ！（山登り）
32. どうして日本へ来たんですか。（忍者の勉強に来た留学生）
33. ここにピアノを置こうと思います。（新しい家を友達に見せる）
34. 大学で何を勉強するつもりですか。（父と相談して進路を決める）
35. 捨てられていたかばん。（3000万円の入ったかばんのニュース）
36. 歌ったりおどったりしました。（老人ホームへ行った話）
37. たくさん習わせましょう。（両親が子供の習い事について相談する）
38. 貸してやらないよ。（小さい兄と弟がおもちゃの飛行機を取り合う）
39. 忘れてしまったんです。（電車に忘れ物をした女性と駅員との会話）
40. 青信号の時わたったのに。（交通事故にあったリーさんの話）
41. 仕事か結婚か。（結婚で仕事が続けられなくなり、悩む女性の話）
42. 忘れないように書いておきます。（留学生が隣の人にゴミの出し方を聞く）
43. こわれやすいから気をつけて。（引っ越しを手伝う男性と女性の話）
44. 電話をしようと思っていたところです。（おいにお見合いを勧めるおばの話）
45. おいしそうだね。（レストランの料理のサンプルを見ながら話す男女）
46. 調子がいいようです。（解説者とアナウンサーが野球を見ながら話す）
47. スポーツセンターができるそうです。（工事中の現場を見ながらの会話）

48. まもなく到着いたします。(電車の中のアナウンス)
49. ○はどんな意味？(日本では正しいときどうして○をつけるか)
50. ヤンさんの研究。(ヤンさんの手塚治虫の研究について)

　これを見ると、現代日本のさまざまな場面での話題を取り上げていることがわかります。学習者は会話を聞いてタスクをするうちに、徐々に日本の事情を知るようになります。「テストに答えるための日本語知識」ではなく、生活し、活動するためのコミュニケーションツールとしての日本語を身につけることを目指しました。

▶3　問題形式や指示など

　問題を提示する手順、解答方法や聞く回数、ポーズの長さ、絵の配置、解答欄のスペースの取り方などによって、タスクの効果やタスクへの取り組みやすさが異なってきます。聴解は記憶にかかる負担が大きいため、音声情報の処理プロセスに配慮する必要があります。次のようなことは、学習者のストレスになります。
○タスクの意図がわからない。
○指示がわかりにくい。
○絵が何を意味しているのかわからない。
○記憶することが多すぎる。
○音声が聞きづらい。
○話し方が速すぎる。／ポーズが不足している。
　不必要なストレスをなくし、タスク本来の目的を達成できるように工夫します。次に、問題の形式や指示、提示方法で考慮すべき点について述べます。

①問題が音声提示されることへの配慮
　音声によって提示される聴解問題には、読解問題と異なる独特の問題作成手法があります。次のタスクは①と②とどちらがわかりやすいでしょうか。どちらももちろん、音声によって提示されます。

🔊

A：高橋さん、どちらへ？
B：ちょっと新宿まで買い物に行きます。吉田さんは？
A：わたしは、これから手紙を出しに行きます。

🔊

①（AもBも男性の声）　　　　質問：吉田さんは何をしに行きますか。
②（Aは女性、Bは男性の声）　質問：女の人は何をしに行きますか。

　この場合②のほうが答えやすいのではないでしょうか。会話の聞きとりでは、どちらが何を言ったかを問うタスクが多いのですが、初級の学習者にとって、人の名前とその人が何を言ったかの両方を記憶しておくことはたいへん難しいことです。学習目的に焦点を合わせ、集中して聞いてもらうためには、必要でない部分に余計なストレスをかけることは避けなければなりません。
　そのようなとき、女性の声と男性の声の違いが役に立ちます。耳慣れない名前でなく、女の人が何を言ったか、男の人が何と言ったかを求めるほうが、認識しやすくなります。タスク作成の際にも、男性か女性のどちらかに学習項目の焦点となる文を言わせることで、タスクの目的を明確にすることができます。その例【例4】を1つ挙げます。

【例4】

> 🔊
>
> ２．男の人と女の人の会話を聞いて、例のように質問の答えを選んでください。
> 例　だれが手紙を書きましたか。
> 　男：この間、お手紙をくださって、ありがとうございました。
> 　女：いいえ、どういたしまして。
> ①　だれが本をもらいましたか。
> 　男：この間あげた本、もう読みましたか。
> 　女：ありがとう。とてもおもしろかったです。
> 〜〜〜〜〜

⑤ だれがシャツを貸しましたか。
女：これ、この間貸していただいたシャツです。ありがとうございました。
男：あれ、こんなにきれいに洗ってくれたんですか。ありがとう。

【タスクシート】
例　a. 男の人　ⓑ. 女の人
①　a. 男の人　b. 女の人
⑤　a. 男の人　b. 女の人

（宮城幸枝・三井昭子・牧野恵子・柴田正子・太田淑子　著『初級日本語聴解練習　毎日の聞きとり50日（下）　新装版（CD付）』（38課「基本練習」）凡人社）

②質問提示のタイミング

　聞かせる順序にも配慮が必要です。質問を会話の前にするか、後にするかによって、記憶にかかる負担が大きく異なります。【例5】のタスクは、会話を聞いた後、音声提示される選択肢を聞いて正解を選ぶというものです。会話の内容を記憶し、保持しながら選択肢の意味を一つ一つ処理し、判断することになるので、記憶力への負荷が大きいタスクになります。

【例5】

🔊
2. 短い会話を聞いてください。次にa・b・cの文を聞いて、会話の内容と合っているものを一つ選んでください。
③　女：チンさん、『源氏物語』って聞いたことがありますか。
　　男：『源氏物語』？　いいえ。何ですか、それ？
　　女：今から900年ぐらい前に書かれた本です。長い小説です。書いた人は女の人です。
　　男：へえ？　女の人が？　そんな昔に書いたんですか？
　　女：ええ、そうなんです。
　　男：じゃ、きっと古い日本語で書かれているんでしょう。ぼくには読めないな。残念！

女：でも、最近、『源氏物語』のマンガもできましたから、それならチンさんも読めますよ。
　a. 『源氏物語』は最近、女の人が書きました。
　b. 『源氏物語』は９００年前にかかれたマンガです。
　c. 『源氏物語』は女の人によって書かれたたいへん古い小説です。

【タスクシート】
② [　a　b　c　]

（宮城幸枝・三井昭子・牧野恵子・柴田正子・太田淑子 著『初級日本語聴解練習　毎日の聞きとり50日（下）　新装版（CD付）』(35課「基本練習」)凡人社）

　【例６】のように会話を聞く前に音声で質問を提示することに加え、選択肢の直前にもう一度質問を聞かせると、記憶の負担は軽くなります。

【例６】

🔊
2．会話を聞いて正しい答えを選んでください。
① 女の人はどうして引っ越しをしますか。
　女：今度引っ越すことにしたんです。
　男：え、どうして？　あのアパートは駅に近くて便利じゃない。
　女：ええ、便利なんだけど、家賃がとても高いんです。
　［女の人はどうして引っ越しをしますか。］
　a. となりの人が毎晩歌を歌って、勉強できないからです。
　b. 駅が近くて、電車の音がうるさいからです。
　c. 便利ですが、家賃が高いからです。

（宮城幸枝・三井昭子・牧野恵子・柴田正子・太田淑子 著『初級日本語聴解練習　毎日の聞きとり50日（下）　新装版（CD付）』(32課「基本練習」)凡人社）

③選択肢の提示方法

　初級の聴解教材では、選択肢の中から解答を選ばせる問題が多くあります。選択肢の種類は文字、音声、またはイラストで提示されます。

文字提示の場合は「読んで理解する力」も試されます。学習者の頭の中では「音声（問題）→選択肢の文字を見る→中間言語の音声で読む→問題の答えとしてふさわしいかどうか照合する」という認知活動が行われていると考えられます。母語話者は文字で書かれた文を見ると瞬時に発音やアクセントなどの正確な音韻表象が浮かんできますが、表記法や発音に慣れていない学習者の中間言語では、母語話者と同じ音韻表象が浮かんでいるとは限りません。ですから、文字で選択肢を提示する場合は、学習者が文字を読んで認識する時間の確保や、選択肢の文の長さの調節などに対する配慮が必要です。

　一方、音声提示の場合は、会話などの音声テキストの問題を聞いて、その内容を理解し、保持しつつ選択肢の音声を聞き、判断していかなければなりません。この方法は記憶力も含めた聴解力を問う問題になります。

　イラストを選ぶ方法は、その場面を具体的に示すことができる点で、学習者にはもっとも答えやすいと言えるでしょう。そのためには、情報を正確にわかりやすく伝えるイラストであることが条件になります。

　いずれの問題形式でも、学習者が読んだり、絵を見て考えたりする時間を計算に入れて録音するのが一般的です。しかし、教師が指導する場合は、学習者の能力に合わせ、CDを止めてポーズを長くするなどの配慮も必要です。

④模範解答を音声提示する方法

　【例7】のタスクでは、学生が解答した直後に模範解答を音声で聞かせます。学習者が自分の答えが正しいかどうかに注意を向けているタイミングで正解を聞かせて気づきを起こし、学習効果を高めることができます。この教材では、後件を予測させたり会話の答えを予測させたりする問題でこの方法を用いています。

【例7】

🔊
1. 例のように正しいほうを選んでください。その後で確かめてください。
② 男：今日の試験は難しかったですね。
　　女：ええ、でもきのうのは（　♪　）[8]
　　　　＜きのうのはやさしかったです。＞

〜〜〜〜〜〜〜〜〜〜

④ 男：きのうは暑かったですね。
　　女：ええ、でも今日は（　♪　）
　　　　＜今日は涼しいですね。＞

【タスクシート】
② a. むずかしかったです　　b. やさしかったです
④ a. すずしいですね　　　　b. あたたかいですね

（宮城幸枝・三井昭子・牧野恵子・柴田正子・太田淑子 著『初級日本語聴解練習　毎日の聞きとり50日（上）　新装版（CD付）』(13課「基本練習」) 凡人社）

　学習者は「やさしかったです（LHHLLLL）」をLHHHLLLLのように発音することがあります。直後に音声を聞かせることで形式だけでなく、正確な音声表現にも気づいてもらいたいという狙いもあります。

⑤問題指示文の翻訳

　さまざまな形式の問題に慣れていない学習者もいます。解答方法はできるだけシンプルにし、問題に取り組む負担を減らし、焦点を合わせた学習項目の聞きとりに集中できるようにしなければなりません。しかし、タスクの目的によって選択肢（絵や文）の中から正しい答えを選んだり、空欄に適当なことばを入れて文を完成したり、聞いた内容と照合して○×をつけたりするなど、どうしても、問題形式や解答方法を変える必要が出てきます。そこで、

注〉
[8] スクリプトの会話の中の（　♪　）はbeep音、会話の後の＜　＞は音声による正解提示です（以下同様）。

この教科書では、指示文に英語・ハングル・中国語繁体字・中国語簡体字で翻訳をつけることにしました。また、タスクには必ず例題をつけることも大切です。それによって、学習者は安心して取り組むことができます。

4. 指導ポイントを明確にしたタスクの作成
　　ータスクの種類と狙いー

　聞く力が未熟な学習者は、自分が理解できる名詞や動詞などの内容語だけを拾って聞いてしまい、それらを自身の経験、スキーマの枠組みで組み立てて、全体の意味を想像してしまうことがあります。しかし、日本語では語同士の格関係などを表す助詞や、アスペクトやモダリティーを表す助動詞が文法的意味を担っています。ですから、これらの機能語を正確に聞きとり、理解することができなければ、本当に内容が正しく理解できたとは言えません。
　正確にボトムアップ処理をする力を育成することに加え、以下の点にも配慮してタスクを作成しました。
○主教材で習った文法が、日本語を使う環境の中でどのように使われるかを
　文脈のある談話を聞くことによって学ぶ。
○主教材で習った文を実際にコミュニケーションに使うために、どのような
　音声表現をするかを学ぶ。
○音声に含まれるイントネーション情報や文脈情報を理解し、それによって
　文法や語句の理解を促進する。
○聞いた音声を正確に表記する練習で音声体系と文字体系の統合をはかる。
　以下では、「基本練習」を中心に、タスクの種類とその狙いについて述べます。

▶1　正確な聞きとりの促進に焦点を合わせたタスク

　初級では、動詞や形容詞の活用形を中心にした表現を学ぶことが多いのですが、特に1グループや3グループの動詞の活用の音変化（例：買う、買わない、買います、買えば、買おう、買って、買える、買わせる、買わされる）を即座に聞き分けるにはトレーニングが必要です。さらに、これらに助詞・

助動詞などがついた表現を使えるようになるためには、アクセントや促音・撥音・長音などの特殊拍のリズムを正確に聞いたり発音したりできなければなりません。これができないまま、中級・上級に進むと、不正確な音声認識の中間言語が固定化してしまい[9]、いつまでも正確に聞いたり話したりできない原因になります。

　初級段階では特に、正確に発音したり音声を聞き分けたりするトレーニングを重視して、継続的に意識的に指導することが求められます。教師も学習者もともにその重要性を認識してもらいたいと考え、音声の正確な聞きとりを目的として、タスクを作成しました。

【例8】

🔊
2．例のように正しいほうに○をつけてください。

例　A：このみかんを1キロください。
　　B：えっ、8キロですか。
　　A：いいえ、1キロです。

① 　A：このリンゴを六つください。
　　B：えっ、いくつですか。三つですか。
　　A：いいえ、六つです。

〜〜〜〜〜〜〜〜〜〜〜〜〜〜〜〜〜

④ 　A：このおにぎりを八つください。
　　B：はい。どうぞ。
　　A：あの、四つではありませんよ。八つですよ。
　　B：ああ、八つですか。

注〉

[9]　化石化（fossilization）とも言います。第二言語や外国語の学習で、不正確で不自然な言語的特徴が習慣となり、それがそのまま定着してしまう現象で、発音や語法などのさまざまな側面で起こります。

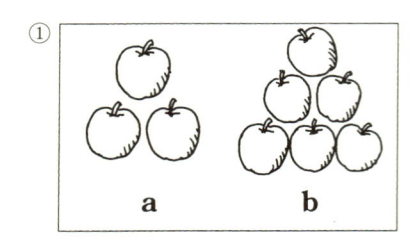

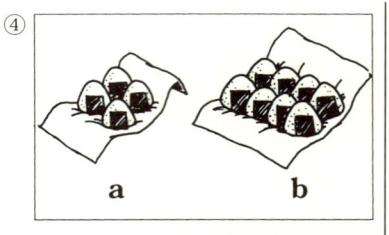

（宮城幸枝・三井昭子・牧野恵子・柴田正子・太田淑子 著『初級日本語聴解練習　毎日の聞きとり50日（上）　新装版（CD付）』）（3課「基本練習」）凡人社

　【例8】の「いちきろ」「はちきろ」は、両方とも第一音節が低いと同時に弱く発音され、2音節以降が「ちきろ」という同じパターンで発音されることから聞きとりにくいミニマルペアです。
　①「みっつ」「むっつ」、④「よっつ」「やっつ」は促音の前の母音のみが異なる、聞き分けにくいミニマルペアです。

【例9】

3．男の人は何をしますか。例のように選んでください。女の人のことばのアクセントや発音によく注意して聞いてください。

例　女：わたしの父に会ってください。
　　男：はい。
① 女：ねえ、あれを買ってください。
　　男：あれですか。はいはい。
② 女：どうぞ、これで切ってください。
　　男：はい、ありがとう。
～～～～～～～～
④ 女：すぐ読んでください。
　　男：はい、わかりました。

【タスクシート】
例 ⓐ. あいます
　　b. あります
　　c. あきます

① a. ほんをかります　　　② a. セーターをきます
　 b. かんじをかきます　　　 b. かみをきります
　 c. とけいをかいます　　　 c. きょうしつへきます

〜〜〜〜〜〜〜〜〜

④ a. タクシーをよびます
　 b. てがみをよみます
　 c. くすりをのみます

（宮城幸枝・三井昭子・牧野恵子・柴田正子・太田淑子 著『初級日本語聴解練習　毎日の聞きとり 50 日（上）　新装版（CD 付）』（16 課「基本練習」）凡人社）

　日本語母語話者は、アクセントや、促音の有無で異なるリズムを聞きとって意味を判別しています。【例9】はそのことに気づいてもらうための練習ですが、学習者にとっては難しいタスクです。

　学習者は、タスクシートのひらがな書きの文を見て答えます。①②④は対象物（時計、はさみ、手紙）を見ながら話している会話ですが、その対象物を明言していないところにこの問題の狙いがあります。会話の参加者が文脈を共有している場合、対象物に言及せず「目の前にあるものをどうするか」について述部のみで会話をすることがしばしばあります。また、ラジオなどの会話で、部分的に聞こえなかった場合でも、聞き手は動詞のアクセントや促音のリズム、語音を正しく聞きとることによって、会話の内容を推測することができます。そのような状況を想定したタスクです。たとえば、②の問題では、「きって（HLL）」という促音のリズムとアクセントを正確に捉えることができれば、「切る、切ります」に結びつけることができます。

　初級学習者にとって、動詞の活用形を聞き分けることは難しいことですが、動詞の活用形の意味と機能の理解と正確な音声・表記の習得は中級・上級へとステップアップして、正確な日本語を身につけるための大切な第一歩です。

【例10】

🔊

① a. シャツを<u>きて</u>ください。
　 b. りんごを<u>きって</u>ください。
② a. えんぴつを<u>かして</u>ください。
　 b. わたしの本を<u>かえして</u>ください。
③ a. さとうを<u>とって</u>ください。
　 b. あちらの道を<u>とおって</u>ください。
④ a. あした<u>きて</u>ください。
　 b. もういちど<u>きいて</u>ください。
⑤ a. たばこを<u>すって</u>います。
　 b. 散歩を<u>して</u>います。

【タスクシート】
① a. シャツを＿＿＿＿＿ください。
　 b. りんごを＿＿＿＿＿ください。
② a. えんぴつを＿＿＿＿＿ください。
　 b. わたしの本を＿＿＿＿＿ください。
③ a. さとうを＿＿＿＿＿ください。
　 b. あちらの道を＿＿＿＿＿ください。
④ a. あした＿＿＿＿＿ください。
　 b. もう一度＿＿＿＿＿ください。
⑤ a. たばこを＿＿＿＿＿います。
　 b. さんぽを＿＿＿＿＿います。

（宮城幸枝・三井昭子・牧野恵子・柴田正子・太田淑子 著『初級日本語聴解練習　毎日の聞きとり50日（上）　新装版（CD付）』（16課「書きましょう」）凡人社）

　【例10】の書きとりでは、「かして」「かえして」、「とって」「とおって」、「きて」「きいて」など、連母音や母音の長さ、促音のリズムを正しく聞きとり、正しく書くことに着目しています。ひらがなで書くことにより、音韻との結びつきが確認できます。CDでは、タスクの文を男声と女声で1回ずつ、計

２回ずつ聞かせています。

▶2　動詞や形容詞の活用定着に焦点を合わせたタスク

【例11】

🔊
2．例のように書いてください。その後で確かめてください。
例　A：寒いですね。窓を閉めましょうか。
　　B：ええ、（ ♪ ）
　　　＜ええ、閉めてください。＞
〜〜〜〜〜〜〜〜〜〜〜〜
② 　A：このお皿、あまりきれいではありませんね。洗いましょうか。
　　B：ええ、（ ♪ ）
　　　＜ええ、洗ってください。＞
③ 　A：このいすをとなりの部屋へ運びましょうか。
　　B：ええ、（ ♪ ）
　　　＜ええ、運んでください。＞
〜〜〜〜〜〜〜〜〜〜〜〜
⑤ 　A：今日は朝から頭が痛いです。
　　B：薬をあげましょうか。
　　A：ええ、（ ♪ ）
　　　＜ええ、ください。＞ [10]

【タスクシート】
例　ええ、<u>しめてください。</u>
②　ええ、＿＿＿＿＿＿＿＿。
③　ええ、＿＿＿＿＿＿＿＿。
⑤　ええ、＿＿＿＿＿＿＿＿。

注〉
[10]　⑤は本動詞の「ください」で、他とは異なりますが、「あげてください」とならないことを確認するためにここに含めました。

(宮城幸枝・三井昭子・牧野恵子・柴田正子・太田淑子 著『初級日本語聴解練習　毎日の聞きとり50日（上）　新装版（CD付）』(16課「基本練習」) 凡人社)

【例12】

🔊
1. 男の人はどうしますか。例のようにa・b・cの中から一つ選んで○をつけてください。

例　女：この紙に書かないでください。
　　男：はい。分かりました。
①　女：机の上に辞書やノートを出さないでください。
　　男：はい、分かりました。
～～～～～～～～～～～～～～
③　女：あの、ここでたばこを吸わないでください。
　　男：あ、失礼しました。

【タスクシート】
例　ⓐ. かきません　b. かいます　c. かいません
①　a. だしません　b. たちます　c. たちません
③　a. すいません　b. すみます　c. すみません

(宮城幸枝・三井昭子・牧野恵子・柴田正子・太田淑子 著『初級日本語聴解練習　毎日の聞きとり50日（上）　新装版（CD付）』(20課「基本練習」) 凡人社)

　【例11】【例12】は、キューとなる発話の動詞の活用形を聞いて、異なった活用形を使ってそれに対応するというタスクです。「書かない→書きません」のような機械的な練習でなく、コミュニケーションのプロセスの中で、このように言われたら、どう行動するかを考えて答えられるようにしています。なお、【例11】のように文の後件を信号音（beep音）によって示し、その部分を考えさせる、いわば音声の空欄補充問題は、「毎日の聞きとり」シリーズの第一弾である『中級日本語聴解練習　毎日の聞きとり50日』で初めて使った問題形式です。

【例13】

🔊
1. 女の人は何と言いましたか。会話を聞いて、例のように答えを書いてください。

例　女：リーさん、今晩、9時に電話しますね。
　　男：分かりました。待っています。
① 女：今日はおなかが痛いから、休みます。
　　男：そうですか。先生に伝えますから、ゆっくり休んでください。
② 女：試験も終わりました。あしたはひまですから、遊びに来ませんか。
　　男：いいですね。ぼくもひまですから、行きます。
③ 男：あの人、大学生ですよね。
　　女：ううん、そうじゃないですよ。

【タスクシート】
例　今晩9時に＿でんわする＿と言いました。
① おなかが痛いから＿＿＿＿＿と言いました。
② あしたは＿＿＿＿＿から、あそびに＿＿＿＿＿と言いました。
③ あの人は＿＿＿＿＿＿＿と言いました。

（宮城幸枝・三井昭子・牧野恵子・柴田正子・太田淑子 著『初級日本語聴解練習　毎日の聞きとり50日（上）　新装版（CD付）』(23課「基本練習」)凡人社）

　【例13】は相手の言ったことを聞いて他の人に伝達するというコミュニケーション場面を想定したタスクです。丁寧体で話された文を普通体に直す必要があることを理解させます。

【例14】

🔊
1. 例のように書いてください。その後で確かめてください。

例　男：あさってはキムさんの誕生日だね。プレゼントは何をあげようか。
　　女：キムさんは猫が大好きですから、猫の写真のカレンダーを（　♪　）
　　　＜キムさんは猫が大好きですから、猫の写真のカレンダーをあげましょう。＞

第3節　初級教材の作成―具体例―

① 男１：山田君、今晩どう？　一杯飲もうよ。
　　男２：あ、課長、いいですね。（　♪　）
　　　　＜あ、課長、いいですね。飲みましょう。＞
② 男：ねえ、マリアさん、ここの温泉、とてもよかったね。また今度、みんなで来ようね。
　　女：ええ、ぜひみんなで（　♪　）
　　　　＜ええ、ぜひみんなで来ましょう。＞

【タスクシート】
例　ねこの写真のカレンダーを　あげ　ましょう。
① いいですね。＿＿＿＿＿＿ましょう。
② ええ、ぜひみんなで＿＿＿＿＿＿ましょう。

（宮城幸枝・三井昭子・牧野恵子・柴田正子・太田淑子 著『初級日本語聴解練習　毎日の聞きとり50日（下）　新装版（CD付）』(33課「基本練習」)凡人社）

　【例14】は自然な文脈の中で意向形の普通体を聞いて丁寧体で答える練習です。簡単な会話ですが、このような会話は日常生活でよく行われます。

▶3　イラストを活用して話し手の心的態度や状況を理解するタスク

　初級では語彙や文法の制限があり、ことばで細かい状況を解説できないため、イラストを活用します。イラストは学習項目が使われる場面を示すことができ、気づきを促す手段にもなります。また、登場人物の表情も示すことができ、そのことばを使う心情も伝えることができます。楽しい絵は学習者の心理的負担を減らすと同時に、学習の動機づけにもなります。このような絵の特性を取り入れたのが以下の【例15】～【例18】のタスクです。

【例15】

🔊

1. aとbの二つの絵を見て、例のように選んでください。

例　どろぼうは警官につかまえられました。
① 警官はどろぼうにピストルでうたれました。
〜〜〜〜〜〜〜〜〜〜〜〜〜〜〜〜〜〜〜〜〜〜〜〜〜〜〜〜
③ 男の子が女の子に泣かされました。
〜〜〜〜〜〜〜〜〜〜〜〜〜〜〜〜〜〜〜〜〜〜〜〜〜〜〜〜
⑤ 奥さんがご主人をしかりました。

【タスクシート】

（宮城幸枝・三井昭子・牧野恵子・柴田正子・太田淑子　著『初級日本語聴解練習　毎日の聞きとり50日（下）　新装版（CD付）』(35課「基本練習」)凡人社）

　【例15】は受身の練習です。「どろぼうは警官につかまえられました」と文字で書いた文を読む場合と、音声で聞いた場合とでは理解のしかたが大きく異なります。

　経験が浅い教師は受身を教えるとき、実際のコミュニケーションにおける使い方や使われる状況を理解させることよりも、下のように文中での主語と目的語の位置関係や、助詞、受身形の作り方などの形式面の説明に偏ってしまう場合があります。「日本語についての説明」では文法形式の知識は得られても、コミュニケーション能力は身につきません。

警官 が どろぼう を つかまえます
↓
どろぼう が 警官 に つかまえられます

　このタスクでは、受身の文法を、状況を示す絵と音声によって復習し、理解を深めます。イラストによって動作者と被動作者をしっかり認識でき、人物の関係や心情、その場の状況が一瞬にして理解できます。また、イラストは学習内容についての印象を深め、記憶にとどめます。音声とイラストが一体となって長期記憶に入ることによって、実際に必要な場面で記憶検索が容易になり、語・句・文が自然に口をついて出てくるようになることを期待しています。

【例16】

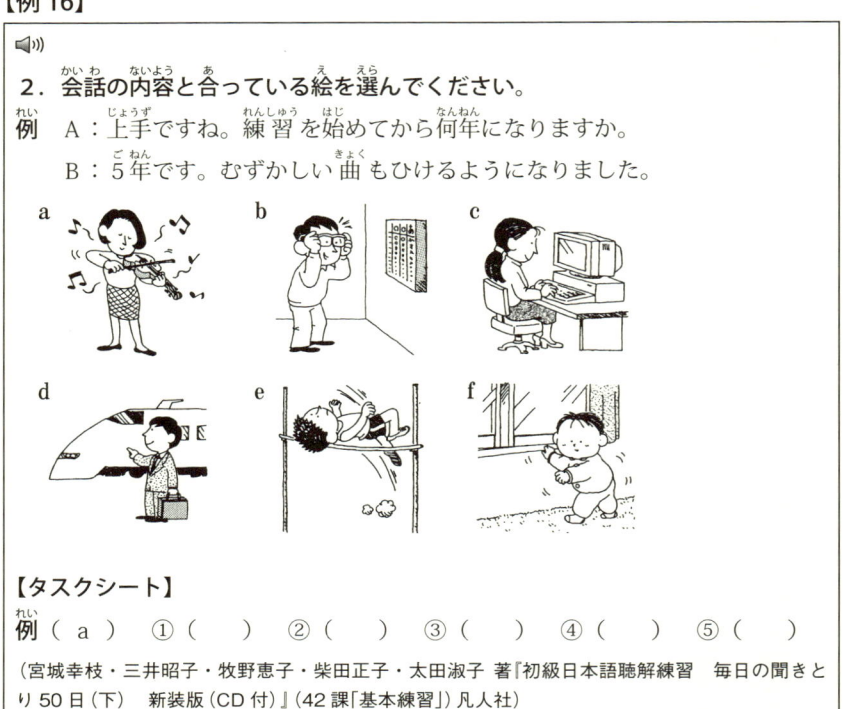

２．会話の内容と合っている絵を選んでください。
例　A：上手ですね。練習を始めてから何年になりますか。
　　B：５年です。むずかしい曲もひけるようになりました。

a　b　c
d　e　f

【タスクシート】
例（ a ）　①（　）　②（　）　③（　）　④（　）　⑤（　）

（宮城幸枝・三井昭子・牧野恵子・柴田正子・太田淑子 著『初級日本語聴解練習　毎日の聞きとり50日（下）　新装版（CD付）』（42課「基本練習」）凡人社）

「～ようになる」という文法項目は過去の状態が変化したことを表す表現です。「最近めまいがするようになった」など状況が悪くなった場合にも使いますが、以前できなかったことができるようになったり、目的を達成したときに、より多く使われます。【例16】ではこのような場面を考えてタスクを作成し、声優やイラストレーターには話し手の喜びや満足感を表現してもらうよう依頼しました。

　1課のレイアウトを見開き2ページと決め、できるだけ多くのタスクを盛り込もうとしたため、イラストに使えるスペースも限られたものになりました。その結果、イラストレーターには、2.4センチ×2.4センチの小さな枠の中に、話の状況をわかりやすく表すという無理難題をお願いすることになってしまいました。

　限られたスペースを最大限に活用するために、【例17】のように1枚の絵にさまざまな状況を盛り込む手法をとったこともあります。26課までの既習語彙の範囲で描けるさまざまな状況を一つの場面に収めたいと考えた結果、川岸でキャンプや水遊びをする場面になりました。細かい絵でありながら、楽しい雰囲気があり、a～jの記号もしっかり見えるように書かれています。

【例17】

🔊
1. 絵の説明をしています。どの絵の説明をしていますか。例のようにa～jの中から選んでください。

例： 車を運転している 女の人
① 女の人が運転している 車
② 猫が食べている 魚
③ 魚を焼いている 男の人
〜〜〜〜〜〜〜〜〜〜
⑥ 男の子が読んでいる 本
⑦ 子供が遊んでいる 川
⑧ 泳いでいる 子供

【タスクシート】

例（　　）　①（　　）　②（　　）　③（　　）
　　　　　　⑥（　　）　⑦（　　）　⑧（　　）

（宮城幸枝・三井昭子・牧野恵子・柴田正子・太田淑子 著『初級日本語聴解練習　毎日の聞きとり50日（下）　新装版（CD付）』(26課「基本練習」)凡人社）

　【例17】の課の学習項目は連体修飾です。連体修飾は、初級教科書では、語順や形式に注目した文型練習を中心に指導されていることが多いようです。

　しかし、イラストで示せば連体修飾を使う状況を感覚的に理解させることができます。女の人を説明したければ、「車を運転している女の人」、車に視点を移せば、「女の人が運転している車」になります。このように状況を説明することによって、連体修飾の使い方を習得することを期待しています。

【例18】

🔊

1．ここはデパートです。デパートの中のようすを説明しますから、例のように選んでください。

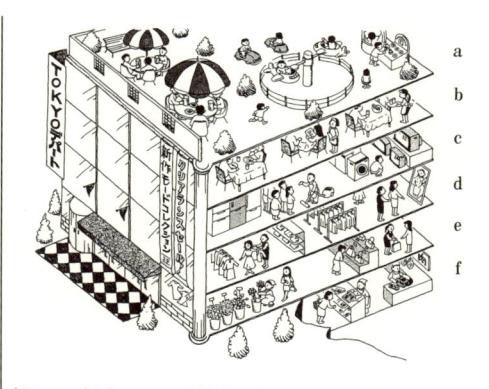

例：お客さんが洋服を着たり、スカートをはいたりしています。

～～～～～～～～～～
④ 子供たちが、乗り物に乗ったり、ゲームをしたりしています。
⑤ 女の人が、花を見ながら、人を待っています。
⑥ 店の人は、掃除機の説明をしながら、掃除機を売っています。

例（ d ）　④（　　）　⑤（　　）　⑥（　　）

(宮城幸枝・三井昭子・牧野恵子・柴田正子・太田淑子 著『初級日本語聴解練習　毎日の聞きとり50日（下）　新装版（CD付）』(36課)凡人社)

【例18】の課の学習項目は「～たり～たりする」と「～ながら～する」です。いろいろな人がさまざまな動作をしている場所ということでデパートを考えましたが、デパートは平面ではないため、さまざまな場面を一つの絵の中に収めにくいことに気づきました。イラストレーターと相談した結果、フロアマップのような絵で表そうということになりました。

▶4　イメージングに焦点を合わせたタスク　　（イメージすることによって学習項目の理解を深める）

　学習初期は語彙や学習項目の蓄積が少ないので、絵によって状況を示すのが効果的ですが、語句や文法の知識が増えてきたら、聞くことによってイメージを作り上げることも大切です。その場の雰囲気や話し手の心的態度などを

音声の表現から思い描くのです。想像の中で疑似体験することによって、語句や文法などの使い方を学びます。

映像などの視覚的情報があれば、学習者が自分で心象を作り上げなくてもいいし、より正確な状況を示すことができますが、視覚的情報が常にあるとは限りません。音声情報から自分自身の心象を作り上げるというのも、「聞く」情報処理の大切なストラテジーです。

①助数詞を聞いて、ものの形状をイメージする
【例19】

🔊
2．助数詞に注意して会話を聞いて、例のように正しい絵を選んでください。
例　A：これは1本いくらですか。
　　B：それは、200円です。
① A：すみません、これは、1台いくらですか。
　　B：それは25万8千円です。
② A：あの、これはいくらですか。
　　B：はい、これは5枚で3600円です。
③ A：それ、100グラムいくらですか。
　　B：これですか。これは100グラム230円です。
　　A：じゃ、それを200グラムください。
④ A：これを五つください。
　　B：はい、五つですね。一つ、二つ、三つ、四つ、五つ。
　　　はい、どうぞ。400円です。

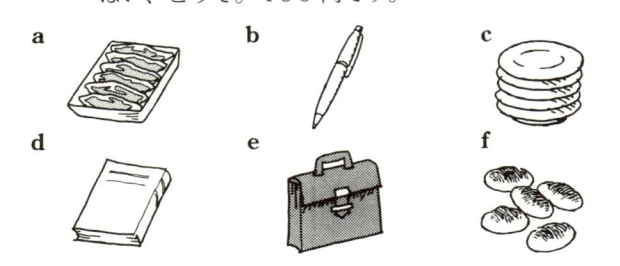

a　　　　　　b　　　　　　c
d　　　　　　e　　　　　　f

```
                                    g

【本冊タスクシート】
例（ b ）  ①（　）  ②（　）  ③（　）  ④（　）

（宮城幸枝・三井昭子・牧野恵子・柴田正子・太田淑子 著『初級日本語聴解練習　毎日の聞きと
り 50 日（上）　新装版（CD 付）』（2 課「基本練習」）凡人社）
```

【例 19】では、助数詞が聞きとれれば、ボールペンや肉などの名称を言わなくても、何を話題にしているかわかります。助数詞は数えるものの種類によって決まっています。「～本」は細長いもの、「～枚」は紙のように薄いものを数えるときに使います。このようにものの形状によって助数詞が決まっているので、母語話者は助数詞を手がかりにして形状を想像することができます。母語話者がどのように心象を描くかを示し、日本語母語話者と同様のストラテジーを使って聞くスキルを身につけることを狙いとしています。

②状況をイメージする

【例 20】【例 21】は、話をしている人がどんな状況にあるかをイメージするタスクです。初級段階からこのスキルを使うことに慣れてもらいたいと考え、作成しました。

【例 20】

```
🔊
 1. 会話を聞いて、例のように正しい答えを選んでください。
 例 女：リーさん、大きなかばんですね。
    男：ええ、この中にはタオルやいろいろなものがあります。友達と泳ぎに
       行きますから。
       ［リーさんはどこへ行きますか。］    a. 海  b. 山  c. 駅
```

② 女：リーさん、その箱は何ですか。
　　男：日本人形です。母に送ります。今からこれを出しにいきます。
　　　　［リーさんはどこへ行きますか。］　a. 銀行　b. 郵便局　c. 空港

～～～～～～～～

④ 女：リーさん、いい天気ですね。
　　男：ほんとうに。今日はひまですから散歩に行きます。
　　女：いいですね。
　　　　［リーさんはどこへ行きますか。］　a. 公園　b. 会社　c. 病院

【タスクシート】
例 ⓐ b c
② a b c
④ a b c

（宮城幸枝・三井昭子・牧野恵子・柴田正子・太田淑子 著『初級日本語聴解練習 毎日の聞きとり50日（上）新装版（CD付）』(10課「基本練習」)凡人社）

【例21】

🔊

2．短い会話を聞いてください。次にa・bの文を聞いて、会話の内容と合っている方を選んでください。

例1　男：風が強くて、木が倒れそうだね。
　　　女：そうね。早く静かになってほしいわ。
　　　　　a. 木は倒れました。　b. 木はまだ倒れていません。

例2　男：この川の水、冷たそうだね。
　　　女：ほんとう。泳ぐのは無理よね。
　　　　　a. 二人は川の中にいます。　b. 二人は川のそばにいます。

【タスクシート】
例1　[a ⓑ]　例2　[a ⓑ]

（宮城幸枝・三井昭子・牧野恵子・柴田正子・太田淑子 著『初級日本語聴解練習 毎日の聞きとり50日（下）新装版（CD付）』(45課「基本練習」)凡人社）

③状況をイメージして、その場に合った表現を正しく使う
【例22】

> 🔊
> 1．次の会話を聞いて、例のように使役の文を作ってください。
> 例　男：もしもし、京子？　今、駅に着いたよ。迎えに来てくれる？
> 　　女：ああ、お父さん。分かった。そこで待っていて。すぐ和男に迎えに行
> 　　　　かせるから。
> ①　女：なあに、この部屋、きたないわね。お客さんが来るのに。和男、掃除
> 　　　　しなさい。
> 　　男：はあい、お母さん。
>
> 【タスクシート】
> 例　きょうこさんは　＿＿かずおさん＿＿ a に　＿おとうさん＿ b を　むかえに
> 　　　＿＿いかせ＿＿ c ます。
> ①　＿＿＿＿＿＿＿ a は、和男さんに、部屋のそうじを＿＿＿＿＿＿ b ます。
>
> （宮城幸枝・三井昭子・牧野恵子・柴田正子・太田淑子 著『初級日本語聴解練習　毎日の聞きと
> り50日（下）　新装版（CD付）』（37課「基本練習」）凡人社）

　【例22】は、会話を聞いて状況を把握し、その状況を正確に表現する練習です。学習者は、登場人物の関係や誰が何をするかという状況を思い描くことによって、使役形の使い方を学びます。また、書くことで、活用形の正確な形を確認します。

【例23】

> 🔊
> 2．例のように選んでください。その後で確かめてください。
> 例　男：田中さんに連絡できましたか。もう、家に帰っているでしょう。
> 　　女：いいえ、さっきから何回も電話をしているんですが、ぜんぜん出ない
> 　　　　んです。田中さんは（　♪　）
> 　　　　＜田中さんはまだ家に帰っていないようです。＞

① 女：台風はどうですか。ひどいんでしょうか。
　　男：ええ、さっきのニュースでは、たくさんの家が壊れたと言っていましたから、台風は（　♪　）
　　　　＜台風はかなりひどいようです。＞

【タスクシート】
例　ⓐ．まだ家に帰っていないようです。
　　b．もう家に帰ってしまったようです。
①　a．それほどひどくはないようです。
　　b．かなり、ひどいようです。

（宮城幸枝・三井昭子・牧野恵子・柴田正子・太田淑子　著『初級日本語聴解練習　毎日の聞きとり50日（下）　新装版（CD付）』（46課「基本練習」）凡人社）

　【例23】は、会話で示される文脈から、「〜ようです」の使い方を理解してもらうことを狙いとしています。文脈のある会話からは、誰と誰がどんな場面で、どんな気持ちで話しているかという情報が得られます。

▶5　後続部分を推測するストラテジーに焦点を合わせたタスク

【例24】

🔊
２．会話を聞いて例のように選んでください。その後で確かめてください。
例　A：すみません。郵便局はどこでしょうか。
　　B：ああ、郵便局ですか。駅の前に（　♪　）
　　　　＜郵便局は駅の前にあります。＞
〜〜〜〜〜〜〜
②　A：あの、山田先生はどこでしょうか。
　　B：山田先生ですか。先生は２階の事務室に（　♪　）
　　　　＜先生は２階の事務室にいます。＞

【タスクシート】
例 ⓐ. あります　b. います
② a. あります　b. います

（宮城幸枝・三井昭子・牧野恵子・柴田正子・太田淑子 著『初級日本語聴解練習　毎日の聞きとり50日（上）　新装版（CD付）』（5課「基本練習」）凡人社）

　多くの初級教科書では、主語と動詞の関係を理解しなければならない文法項目「います」「あります」が前半に出てきます。話し手が、意思を持つと判断したものが存在する場合は「います」、意思を持たないと判断したものには「あります」を使います。【例24】のタスクは教室で、教師が「机の上にかばんが」や「屋根の上にねこが」まで言い、「あります」「います」を学生に続けて言わせる練習と同じ形式の問題です。タスクを行った直後に正しい文を聞いて、確認することができます。

【例25】

🔊
2．例のように選んでください。その後で確かめてください。
② 男：ラタナさんのマンションはどこですか。
　　女：わたしのマンションは駅の前です。会社まで電車で10分です。
　　男：へえ、ラタナさんの家はずいぶん（　♪　）
　　　　＜ラタナさんの家はずいぶん便利なところにありますね。＞
～～～～～～～～～～
④ 女：すみません。赤い靴はありますか。
　　男：いらっしゃいませ。お客さまの靴ですか。この靴はいかがですか。
　　女：そうですね。あ、痛い。これはちょっと（　♪　）
　　　　＜この靴はちょっと小さいですね。＞

【タスクシート】
② a. 便利なところにありますね　　b. きれいなところにありますね
④ a. ちいさいですね　　　　　　　b. みじかいですね

（宮城幸枝・三井昭子・牧野恵子・柴田正子・太田淑子 著『初級日本語聴解練習　毎日の聞きとり50日（上）　新装版（CD付）』（7課「基本練習」）凡人社）

【例25】は、形容詞を使う場面を自然な会話の流れの中で示し、意味の理解と使い方を自然に習得させることが目的です。状況を把握して、適切な形容詞を選ぶことは、実際の言語活動の流れに沿ったタスクであると言えるでしょう。

【例26】

```
🔊
2. 文を途中まで言います。正しいほうを選んで文を完成させてください。その後で確かめてください。
例　電気がついていますから、（　♪　）
　　＜電気がついていますから、消してください。＞
①　窓が開いていますから、（　♪　）
　　＜窓が開いていますから、閉めてください。＞
②　鍵がかかっていますから、（　♪　）
　　＜鍵がかかっていますから、開けてください。＞


【タスクシート】
例　ⓐ．けしてください　b．つけてください
①　a．けしてください　b．しめてください
②　a．あけてください　b．しめてください
```

（宮城幸枝・三井昭子・牧野恵子・柴田正子・太田淑子 著『初級日本語聴解練習　毎日の聞きとり50日（上）　新装版（CD付）』（17課「基本練習」）凡人社）

　【例26】の課の学習項目は、結果の残存を示す「〜ています」です。ポイントは選択肢の「〜てください」ではなく、「〜ています」を聞いて正確に理解して、後件を判断することです。一般的には学習項目に直接ターゲットを絞って答えを求める問題が多いのですが、この問題は、学習項目を含む部分を正しく聞かないと答えられないという間接的な方法で学習項目に注意を向けさせるようにしています。

【例27】

🔊
2．例のように選んでください。その後で確かめてください。
例　わたしの部屋は明るくて、（　♪　）
　　＜わたしの部屋は明るくて、きれいです。＞
①　このかばんはじょうぶで、（　♪　）
　　＜このかばんはじょうぶで、かるいです。＞
②　あの店はコーヒーがまずくて、（　♪　）
　　＜あの店はコーヒーがまずくて、値段も高いです。＞

【タスクシート】
例　a．きたないです。　　　ⓑ．きれいです。
①　a．おもいです。　　　　b．かるいです。
②　a．ねだんもやすいです。　b．ねだんもたかいです。

（宮城幸枝・三井昭子・牧野恵子・柴田正子・太田淑子 著『初級日本語聴解練習　毎日の聞きとり50日（上）　新装版（CD付）』(18課「基本練習」2) 凡人社）

【例28】

🔊
2．例のように選んでください。その後で確かめてください。
例　男：今度の土曜日、ドライブに行きませんか。
　　女：お金もないし、レポートも書かなければならないし、（　♪　）
　　　　＜お金もないし、レポートも書かなければならないし、行きません。＞
〜〜〜〜〜
④　男：仕事はどう？
　　女：すごく忙しいし、給料は安いし、（　♪　）
　　　　＜すごく忙しいし、給料は安いし、やめたいの。＞
〜〜〜〜〜
⑤　男：旅行はどうだった？
　　女：きれいな景色も見たし、おいしいものも食べたし、（　♪　）
　　　　＜きれいな景色も見たし、おいしいものも食べたし、とてもよかった。＞

【タスクシート】
例 ⓐ. 行きません　　b. 行きます
④　a. やめたいの　　b. つづけたいの
⑤　a. とてもよかった　b. とてもつまらなかった

(宮城幸枝・三井昭子・牧野恵子・柴田正子・太田淑子 著『初級日本語聴解練習　毎日の聞きとり 50 日（下）　新装版（CD 付）』(36 課「基本練習」2) 凡人社)

　話し手が話し始めたときに、その事柄に関する評価や判断は決まっています。【例 27】、【例 28】の表現は、話者の一貫した評価姿勢を示します。前件がプラスの評価の場合は、後件もプラスの評価、前件がマイナスの評価であれば、後件もマイナスの評価になります。母語話者は前件の「〜し」を聞いただけで、話者の意向を理解します。

　その気持ちは、音声表現にも現れます。たとえば、【例 28】の「お金もないし、レポートも書かなければならないし」は、元気のない残念そうな声のトーンになります。音声は、このようにことばで説明できないさまざまな感情を伝えます。会話を音声で聞くことによって、学習者は文字で書かれた文を読む以上に、話者の心的態度を感じとることができます。

【例 29】

２．例のように会話の続きを選んでください。その後で確かめてくだい。
例　男：この窓、閉めましょうか。
　　女：いいえ、暑いから、開けて（　♪　）
　　　　＜暑いから、開けておいてください。＞

〜〜〜〜〜〜〜〜〜〜〜〜〜〜〜

② 女：これからカレーを作ろうと思うんだけど、豚肉がないの。買ってきてくれない？
　男：うん、いいよ。じゃあ、あそこのスーパーで買ってくるよ。
　女：お願いね。その間に野菜を切って（　♪　）
　　　＜野菜を切っておきますから。＞

③　女：ねえ、田中さん、この本、おもしろいですか？
　　男：うん、おもしろかったから、一晩で読んでしまったよ。
　　女：そうですか。じゃあ、わたしも読んで（　♪　）
　　　　＜わたしも読んでみます。＞
〜〜〜〜〜〜〜〜〜〜
⑥　男：ねえ、あそこに止まっている車、どこの車かな。
　　女：そうなの。駐車禁止なのに、きのうからずっと止めて（　♪　）
　　　　＜きのうから、ずっと止めてあるんですよ。＞

【タスクシート】
例　ⓐ．おいてください　　b．しまってください
②　a．おきますから　　　b．ありますから
③　a．あります　　　　　b．みます
⑥　a．いるんですよ　　　b．あるんですよ

（宮城幸枝・三井昭子・牧野恵子・柴田正子・太田淑子 著『初級日本語聴解練習　毎日の聞きとり 50 日（下）　新装版（CD 付）』（39 課「基本練習」2）凡人社）

　【例 29】は「〜ておきます」、「〜てみます」、「〜ています」、「〜てあります」などのアスペクトの表現を、自然な会話の文脈の中で使う練習です。「他動詞＋〜てあります・〜ておきます」、「自動詞＋〜ています」だから…というように、文法知識を頼りに考えるのではなく、自然な文脈の中で母語話者がどのような表現をするかを聞いて、心象を描くことによって学んでもらいたいのです。

【例 30】

🔊
1．例のように選んでください。その後で確かめてください。
例　男：頭、まだ痛いんですか。
　　女：ええ。薬を飲んだのに、（　♪　）
　　　　＜薬を飲んだのに、治りません。＞

① 男:食べないんですか。
　　女:さっき大きなハンバーガーを食べたので、(　♪　)
　　　＜さっき大きなハンバーガーを食べたので、まだおなかがすいていません。＞
② 男:リーさんと会えましたか。
　　女:2時に会う約束をしたのに、(　♪　)
　　　＜2時に会う約束をしたのに、会えませんでした。＞

【タスクシート】
例　a.　なおりました　　　　　⒝.　なおりません
①　a.　もうおなかがすきました　b.　まだおなかがすいていません
②　a.　会えました　　　　　　b.　会えませんでした

(宮城幸枝・三井昭子・牧野恵子・柴田正子・太田淑子 著『初級日本語聴解練習　毎日の聞きとり50日(下)　新装版(CD付)』(40課「基本練習」1)凡人社)

【例30】は前件・後件の関係を示す接続助詞「〜のに」や「〜ので」を理解し、後件を予測する練習です。この場合にも、状況を示す発話とともに提示します。

【例31】

1. 例のように選んでください。
例　今日は春のように(　♪　)
①　このくだものはレモンのように(　♪　)
②　あの男の人はお相撲さんのように(　♪　)
③　この川の水は氷のように(　♪　)

【タスクシート】
a.　あたたかい　b.　さむい　　c.　あかい　　d.　しろい　　e.　あかるい
f.　おおきい　　g.　すっぱい　h.　きたない　i.　つめたい　j.　ひろい
k.　うつくしい

例（ a ）　①（　　）　②（　　）　③（　　）

（宮城幸枝・三井昭子・牧野恵子・柴田正子・太田淑子 著『初級日本語聴解練習　毎日の聞きとり50日（下）　新装版（CD付）』（46課「基本練習」）凡人社）

【例31】は比喩表現を形容詞と結びつけて理解する練習です。答えを選ばせるのではなく、タスクシートの形容詞を見ないで、1問ごとにCDを止めて推測した形容詞を口頭で発表させることもできます。

▶ 6　行動の予測に焦点を合わせたタスク

【例32】

🔊
1. 男の人はどうすると思いますか。例のように書いてください。

例1　男：この辺に郵便局がありますか。
　　　女：ええ、この道をまっすぐ行くとありますよ。
　　　男：ありがとうございました。

例2　男：10時の電車に乗りたいんですが、間に合うでしょうか。
　　　女：ええ、急げば間に合いますよ。でも、急がないと間に合いませんよ。
　　　男：はい。

① 　男：この機械、ここを押しても動かないんですが。
　　　女：そのボタンを押すと動きますよ。
　　　男：ああ、これですか。

〜〜〜〜〜〜〜〜〜〜

④ 　男：このロッカー、使ってもいいですか。
　　　女：ええ、100円入れれば、使うことができます。
　　　男：100円か。
　　　女：荷物を出すときにかぎをあけると、100円はもどってきますよ。
　　　男：ああ、そうですか。

【タスクシート】
例1　このみちをまっすぐ　＿いきます＿　。
例2　＿いそぎます＿　。
① 　ボタンを＿＿＿＿＿＿＿。
④ 　100円を＿＿＿＿＿＿＿。

（宮城幸枝・三井昭子・牧野恵子・柴田正子・太田淑子 著『初級日本語聴解練習　毎日の聞きとり50日（下）　新装版（CD付）』(29課「基本練習」1) 凡人社）

　本来は相手と対面して会話をする中で、わからない部分を聞き返したりして、確認しながら聴解のスキルを伸ばすことが理想的ですが、そのような環境にいる学習者は多くありません。そこで、【例32】のタスクでは、男の人の立場に立って、実際の対面会話での行動を疑似体験してもらいます。男の人になったつもりで場面を思い浮かべて、女の人の話を聞き、どのように行動するか判断するのです。教師の「男の人になったつもりで会話を聞きましょう。」という指示で、学習者の聞く姿勢も変わります。

【例33】

🔊

1. はじめにa〜gの文を読んでください。そして、例のように会話の答えをa〜gの中から選んでください。その後で確かめてください。

例　A：田中さん、先週は来ませんでしたね。今度の約束は忘れないようにしてくださいよ。
　　B：はい、（　♪　）
　　　＜手帳に書いておきます。＞

① 　A：健康のために毎日運動するようにしてください。
　　B：はい。（　♪　）
　　　＜これから、毎日泳ぎにいきます。＞

〜〜〜〜〜〜〜〜〜〜〜〜〜〜〜〜〜〜

③　A：結婚式は3時ですから、間に合うように来てください。
　　B：はい。（　♪　）
　　　＜この仕事が終わってから、急いで行きます。＞
〰〰〰〰〰〰〰〰〰〰〰〰〰〰〰〰〰〰〰〰〰〰〰〰〰〰〰〰
⑤　A：このお金、学校のお金ですから、なくさないようにしてください。
　　B：はい。（　♪　）
　　　＜引き出しに入れて、かぎをかけておきます。＞

【タスクシート】
a. 手帳に書いておきます。
b. 友だちとおしゃべりをしません。
c. 引き出しに入れて、かぎをかけておきます。
d. エプロンをかけて仕事をします。
e. この仕事が終わってから、急いで行きます。
f. 大切に使います。
g. これから、毎日泳ぎに行きます。
例（ a ）　①（　　）　③（　　）　⑤（　　）
（宮城幸枝・三井昭子・牧野恵子・柴田正子・太田淑子 著『初級日本語聴解練習　毎日の聞きとり50日（下）　新装版（CD付）』（42課「基本練習」1）凡人社）

　【例33】の学習項目は、依頼や忠告を示す「～ように～てください」です。「～ように～てください」を含むAの発言を理解し、どういう行動をとるか判断します。Aの忠告、依頼には理由を示し、なぜそう忠告されるのかという状況がわかるようにしています。

【例34】

🔊
2.　次の会話を聞いて、場面を考えてください。これから、男の人は何をするでしょうか。選んでください。

例 男：もしもし、こちら、大山銀行の清水ですが、社長さんはいらっしゃいますか。
　　女：あ、いつもお世話になっております。少々お待ちください。
　　　a. 社長と会います。
　　　b. 社長を待ちます。
　　　c. 社長を呼びます。

〜〜〜〜〜〜〜〜〜〜

③ 男：ごめんください。
　　女：はい、ああ、田中さん。どうぞお上がりください。
　　男：はい、おじゃまします。
　　　a. いすに座ります。
　　　b. プレゼントをあげます。
　　　c. うちへ入ります。

④ 男：これ、お願いします。
　　女：はい、1975円でございます。
　　男：すみませんが、1万円でお願いします。
　　女：はい、それでは8025円のおつりでございます。どうぞお確かめください。
　　　a. おつりを数えます。
　　　b. おつりをわたします。
　　　c. おつりを返します。

〜〜〜〜〜〜〜〜〜〜

⑥ 女：ご来場ありがとうございます。ご入場の方は南側の入り口で入場券をお求めください。
　　男：はい、はい。まず入場券ね。
　　　a. 入り口で入場券を見せます。
　　　b. 入り口で入場券を買います。
　　　c. 入り口で入場券を取ります。

【タスクシート】

例　[a ⓑ c]　③　[a b c]
④　[a b c]　⑥　[a b c]

（宮城幸枝・三井昭子・牧野恵子・柴田正子・太田淑子　著『初級日本語聴解練習　毎日の聞きとり50日（下）　新装版（CD付）』(48課「基本練習」) 凡人社）

　【例34】のタスクで学習者は男の人の立場に立って、女の人の発言を聞き、どのような行動をとるか判断します。日本では、さまざまな場面で敬語表現が使われます。この問題は、敬語表現を聞いて、適切な行動がとれるようになることを目的としています。

▶7　文構造の理解に焦点を合わせたタスク

【例35】

🔊
ここはどんな旅館ですか。会話を聞いて、例のように線を書いてください。
A：ここですよ。リーさん、これが日本の旅館です。
B：ああ、これが日本の旅館ですか。
A：建物はちょっと古いですが、この旅館はいいですよ。さあ、入りましょう。
B：この旅館は庭が広いですね。木が多いですね。
A：部屋もきれいですよ。
B：ほんとうだ。きれいですねえ。それに、ここは静かですねえ。
A：ええ、駅から少し遠いですが、静かでいいでしょう。リーさん、この旅館は料理もおいしいですよ。
B：いいですね。でも、田中さん、この旅館、値段はどうですか。
A：とても安いです。
B：そうですか。田中さん、わたしはこの旅館が好きになりましたよ。
A：それはよかったですね。

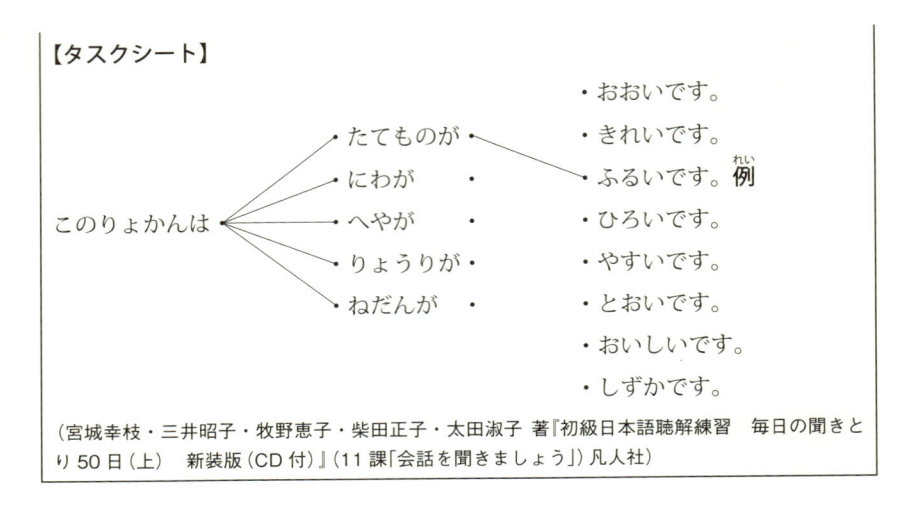

【タスクシート】

```
                   ・たてものが・        ・おおいです。
                                        ・きれいです。
                   ・にわが    ・        ・ふるいです。例
このりょかんは      ・へやが    ・        ・ひろいです。
                   ・りょうりが・        ・やすいです。
                   ・ねだんが  ・        ・とおいです。
                                        ・おいしいです。
                                        ・しずかです。
```

(宮城幸枝・三井昭子・牧野恵子・柴田正子・太田淑子 著『初級日本語聴解練習　毎日の聞きとり50日(上)　新装版(CD付)』(11課「会話を聞きましょう」)凡人社)

【例35】の会話には旅館について説明する文が多く出てきます。説明する対象を主題化して「は」で示し、その一部分を「が」で示して焦点を絞って述べる「〜は〜が構文」の理解を促すタスクです。

【例36】

🔊

3. 例のように文の中心になることばを見つけて_____に書いてください。

例　きのう買った本は、机の上にある茶色いかばんの中にあります。
① 沖縄に住んでいる友達に、わたしのうちで作ったりんごを送りました。
② きのう日本に帰ってきたリーさんは、家へ帰る電車の中で、大学へ行く田中さんに会いました。
③ 試験で忙しいマリアさんは、同じクラスで勉強しているジョンさんに、田中さんからもらった映画のチケットをあげました。
④ きのう、黒い服を着て、黒いめがねをかけた30歳くらいの男が、新宿にある銀行に入って、机の上にあった300万円を盗んで逃げました。

【タスクシート】

例　＿＿ほん＿＿は＿＿かばん＿＿の中にあります。

① ＿＿＿＿に＿＿＿＿を送^{おく}りました。
② ＿＿＿＿は＿＿＿＿で＿＿＿＿に会^あいました。
③ ＿＿＿＿は＿＿＿＿に＿＿＿＿をあげました。
④ きのう＿＿＿＿が＿＿＿＿に入^{はい}って、＿＿＿＿を盗^{ぬす}んで逃^にげました。

（宮城幸枝・三井昭子・牧野恵子・柴田正子・太田淑子 著『初級日本語聴解練習　毎日の聞きとり50日（下）　新装版（CD付）』(26課「基本練習」) 凡人社）

【例36】は文構造の理解を促すタスクです。母語話者と同じように語順にしたがって情報処理を行うスキルを身につけるためには、文の構造を理解しながら意味を組み立てる練習が必要です。日本語の語順は学習者の母語の語順と異なることがありますから、音声の流れに従って情報処理することによって、日本語の語順に慣れることが必要です。たとえば、文末から前に積み上げるようにして読むバックワード・ビルドアップ（backward build-up）などの方法を日々の教室作業で取り入れ、日常的に文構造に注意を向けさせることも効果的です。

　特に比較・授受・受身・使役などの文、連体修飾節や主節の中にさらに従属節を含む文などでは、人物やものの関係が理解できず、学習者が混乱してしまうことがよくあります。そのようなことを避けるために平面的・形式的な構造だけではなく、文の構造が担う意味を理解させる指導が必要です。たとえば、「わたしは弟ほど背が高くないです」「わたしは弟に日記を読まれました。」「わたしは弟に引っ越しを手伝ってもらいました。」という文を聞くと、「わたし」と「弟」のどちらが背が高いのか、日記を読むのか、手伝うのか混乱してしまう学習者がいます。しかし、導入のときに、述部が主題「は」に支配されること（下線）を指導しておけば混乱は起きないはずです。文構造に意識を向ける習慣は、導入時の的確な指導と練習によって養われます。

▶8 スタイルの違いに焦点を合わせたタスク

【例37】

🔊
1. 女の人と男の人と、どちらがていねいに話していますか。ていねいなほうに○をつけてください。

例　男：けさの新聞、読んだ？
　　女：いいえ、まだです。

~~~~~~~~~~
② 男：あの映画おもしろかったですか？
　 女：うん、とっても。

~~~~~~~~~~
④ 女：今、コピーしてもいいでしょうか。
　 男：ああ、いいよ。

~~~~~~~~~~
⑥ 男：そのりんごおいしい？
　 女：そうですねえ。ちょっとすっぱいですね。

【タスクシート】

例	②	④	⑥
男 ㊛	男　女	男　女	男　女

（宮城幸枝・三井昭子・牧野恵子・柴田正子・太田淑子 著『初級日本語聴解練習　毎日の聞きとり50日（上）　新装版（CD付）』(22課「基本練習」) 凡人社）

　話し手は相手の年齢や社会的地位、性別などによって普通体（ダ体）と丁寧体（デス・マス体）を使い分けます。スタイルや待遇表現には人間関係が表れていることを知り、常にそれを意識して聞く習慣をつけるための第一ステップとして、普通体と丁寧体に焦点を合わせたタスクを作りました（【例37】）。
　文法の教科書でもスタイルの違いを学習しますが、実際の場面でどのよう

に使い分けるのかを知る機会はそれほど多くありません。そこで、相手に対する配慮や心的態度とスタイルが連動していること、スタイルを聞き分けることによって人間関係が推察できることに気づかせます。また、スタイルの違いは文末形式だけでなく、語彙の選択やトーンや声質などの声の特徴にも表れます。これらは、教師が意識して指導しなければ、学習者が自らの力で違いを理解するのは困難です。これらに気づくことができるように指導するのも教師の役目だと言えるでしょう。

【例38】

🔊

はじめに解答用紙のラタナさんの日記を読んでください。それから、ラタナさんとせんぱいのチャンさんの会話を2回聞いてください。そして、例のように普通体で日記を完成してください。では始めます。

男：きのうはいい天気だったね。ラタナさんはどこかへ行った？
女：ええ、鎌倉へ行きました。
男：一人で？
女：いいえ、田中さんと二人で行きました。
男：そう。新宿から？
女：ええ、新宿から小田急線で藤沢駅まで行きました。そこから、江ノ電に乗り換えました。窓からきれいな海が見えました。
男：藤沢から何分ぐらいだった？
女：そうですね。30分ぐらいでした。
男：鎌倉ってどんなところ？
女：たいへん古い町です。1180年から150年間ぐらい、日本の中心でした。ですから、古いお寺もたくさんありますよ。大仏は有名です。
男：そう。楽しかった？
女：ええ、とても楽しい1日でした。
男：それはよかったね。

【タスクシート】

> ラタナさんの日記
>
> 6月20日（にちようび）　はれ
> 毎日雨がふっていたが、きょうはいい天気　<u>　例　</u>だった　　　　　　。田中さんと
> 二人で鎌倉へ　　　　　　　　　　。新宿から小田急線で、藤沢まで　　　　　　　　　。
> そこから江ノ電に　　　　　　　　　　。窓からきれいな海が　　　　　　　　　　。
> 藤沢から、鎌倉までは３０分ぐらい　　　　　　　　　　。
> 鎌倉は古い町　　　　　　　　。１１８０年から１５０年間、日本の中心
> 　　　　　　　　　　　。古いお寺や大仏もある。きょうはほんとうに
> 　　　　　　　　　　　　　　　。

（宮城幸枝・三井昭子・牧野恵子・柴田正子・太田淑子　著『初級日本語聴解練習　毎日の聞きとり50日（上）　新装版（CD付）』(22課「会話を聞きましょう」) 凡人社）

【例38】は女性が先輩の男性と丁寧体で話した会話をもとに、普通体を使って日記を書くというタスクです。

▶9　その他

＜聞きながら行動することに焦点を合わせたタスク＞

【例39】

> 🔊
> ２．次の質問の答えをひらがなかカタカナで書いてください。
> 例　野菜やくだものを売っている店はなんでしょう。
> ①　鉛筆で書いた字を消すものはなんでしょう。
> ②　朝、早く起きたいとき、使うものはなんでしょう。
> ③　世界でいちばん人口が多い国はどこでしょう。
>
>
> 【タスクシート】
> 例　　やおや　　　①　　　　　　　②　　　　　　　③

（宮城幸枝・三井昭子・牧野恵子・柴田正子・太田淑子 著『初級日本語聴解練習　毎日の聞きとり50日（下）　新装版（CD付）』(26課「基本練習」) 凡人社）

　なぞなぞには連体修飾が多く使われます。なぞなぞを解くことを楽しみながら聞くうちに連体修飾の語順や使い方を理解させたいと考えました。

【例40】

🔊

次の話をよく聞いてやってみてください。
1. あなたは自分の名前を書くことができますか。だれでも「もちろん、そんなことは簡単だ。」と答えるでしょう。では、紙と鉛筆を机の上に置いてください。そして、鉛筆を持って、鉛筆を持った手と同じ方の足をぐるぐる回しながら、名前を書いてください。足は、必ず丸を描くように動かさなければなりません。途中で足を止めてはいけません。名前を書いている間はずっと回していてください。

　　　　　どうですか。うまく名前が書けましたか。

（宮城幸枝・三井昭子・牧野恵子・柴田正子・太田淑子 著『初級日本語聴解練習　毎日の聞きとり50日（下）　新装版（CD付）』(49課「やってみましょう」) 凡人社）

　漢字を覚えるとき、私たちは手を動かして書くことにより、動作とともに記憶にとどめます。また、聞いたことに反応して体を動かし、外国語を習得する指導法TPR[11]にも共通する方法で体を使って理解します。音声と体の動きを連動させるタスクは、認知的に深い処理を行うことになるため、記憶に残ると思われます。

注〉

[11]　TPR（Total Physical Response Approach：全身反応教授法）は、1960年代に、アメリカの心理学者 James J. Asher が提唱しました。聞いたことを動作と結びつけながらことばを学習していくという幼児の言語習得プロセスに着目し、口頭練習の前に聴解練習を行い、言語と身体動作を結びつけるという教授法です。

第4節　中級教材作成の前に

1. 中級の聴解教材の目的と音声テキスト作成の留意点

　初級の到達目標は、短い文を正確に作り、場面と状況に適した日常会話ができること、比較的簡単な内容の短い文章を読んだり書いたりできることと考えられますが、中級では語彙や新しい語法を学ぶと同時に、初級で学習した文型や語彙の知識などの部品を複数組み合わせて論理的に談話を作り上げ、モダリティやアスペクトの表現を適切に使って、心的態度や状況を正確に表現する力などを身につけます。

　そのような力を身につけるためには、モデルとなる多くの良質な談話のインプットが必要です。中級の聴解教材の目的は、そのモデルとなる談話を提供することであると言えるでしょう。学習者はモデルをたくさん聞くことによって、表現法や談話の構成法を学び、コミュニケーションのためにどのようにことばを使うかを学ぶことができます。そのような考えから、聴解教材を談話のモデルとなる音声言語のインプット教材と考えて教材を作成しました。聴解教材を使って何を身につけさせたいか、そのためにどのような点に注意して教材を作成したらいいかについて以下にまとめます。

①**音声インプットの談話モデルとして活用し、総合的日本語力を高める。**
　中級は、初級で学んだ知識を基盤にして、日本語母語話者がどのようにことばを組み立ててさまざまな事象や感情を表現するかを、いろいろなモデルから学ぶ段階です。そのためには、文字からのインプットに偏らずに、音声からのインプットを豊富に取り入れることが大切です。音声言語の認知処理プロセスは文字言語の処理プロセスとは異なります。また、音声言語で行われる談話には音声言語特有の構成法やスタイルがあります。ですから、音声テキストを作る際には、音声情報処理の特徴を踏まえて、聞いて理解しやすいテキストを作成しなければなりません。文字言語で書かれたものをそのまま読み上げても、聞いて理解しやすい談話（音声テキスト）にはなりません。

②プロソディーなどの音声表現によって、文構造や表現意図がどのように表されるかを学ぶ。

言うまでもなく、聴解教材でもっとも大切なのはスクリプトやタスクシートではなく、CDなどの記録メディアに録音された「音声」です。聞いてわかりやすいテキストであると同時に、質のよい音声テキスト（録音音声）でなければなりません。質のよい音声テキストに必要なのは、音質だけではなく、自然でわかりやすい音声表現です。

③音声インプットを通して語彙を習得する。音声言語の語彙（聞いて理解できる語彙）を増やすと同時に、テキスト内の漢語、カタカナ語をその音声インプットから習得する。

第1章で述べたとおり、文字を見て認識できる語が必ずしも、音声を聞いて理解できる語であるとは限りません。見ても聞いても理解できる語を増やすために、できるだけ広い分野からトピックを選び、語彙の偏りを防ぎます。さまざまな分野の語彙に接する機会を与えることが大切です。

④日本の文化・社会の背景的知識を増やし、日本語のスキーマを構築する。

多彩なトピックの話は語彙知識のバリエーションを増やすためにも、聞きとりのスキーマ構築に必要な背景知識を増やすためにも役立ちます。

⑤聞きとりのスキルやストラテジーを高める指導をする。

学習者が上手に聞くためのスキルやストラテジーに気づくことができ、どのように聞いたらよいかを発見できるタスクが理想的です。そのために、情報処理プロセスのどの段階の処理に作用するかを明確に定めて、タスクを作ります。

2. 音声テキストの作成にあたって考えておくこと

▶ 1 音声テキストの談話のジャンル

　内容だけでなく、談話のジャンルによっても論理の構築のしかたや表現が異なります。「ジャンルによってその機能や伝達の目的が異なり、そのためその内部構造や使用される表現も異なってくる」（メイナード 2005：78）からです。

　メイナード（2005：80-81）は、話しことばのジャンルには、(1)挨拶・演説・スピーチ、(2)授業・講義、(3)報道・ニュース、(4)会議・発言、(5)発表・報告、(6)面接・インタビュー、(7)電話、(8)日常会話などがあると述べています。どんなジャンルの話にも対応して聞く力を高めるためには、多くのジャンルからの談話を教材に盛り込むことが望ましいと思われます。

　『毎日の聞きとり』シリーズの中級、中上級レベルでは事物の紹介や解説、説明といったジャンルを中心に音声テキストの談話を作成しました。話しことばの中でも書きことばに近い談話が中心になっています。

　家庭、友達、学校での日常コミュニケーションで行われる会話は短く、文構造を考えてから発言するということは、あまりありません。一方、講演や講義、識者による座談会、インタビューなどの発話には、長い文や、構造の複雑な文が含まれることがよくあります。大学や専門学校の講義を聞く力を短期間で養うためには、多くの語彙を短期間で身につけること、日常会話を聞いたり話したりするだけでなく、思考を表す表現法や談話構造を理解し、論理的な文章を組み立てられるようになることが必要だと考え、説明・解説調のモノローグを中心に問題を作成しました。

　『中級日本語聴解練習　毎日の聞きとり50日』の監修者である河原崎幹夫氏は、同書監修のことばのなかで、以下のように述べています。少し長くなりますが、作成者の考えをよく表しているので引用します。

　　読解教材、いわゆる「読み物」教材は非常に多くのものが出版されています。また、会話型の聴解教材にもなかなか優れたものがありますが、「聴き物」教材、

すなわち、説明や解説などのまとまった情報を聞いて理解するというジャンルのものとなると、非常に少なくなります。
　より高度な知識を身につけるためには読み方や聴き方のスキルを習得すると同時に漢字や語彙の知識が必要です。したがって、中級では漢字や語彙が学習項目の中心となり、読解教材が学習の中心的役割を担っています。会話型より読解型のほうが漢字・語彙の学習に能率的であり、漢字・語彙を提出するのに非常に多種の話題が選びやすいという理由で「読み物」が多く使用されています。
　しかし、長文読解教材だと、提出する課はそう多くはできず、話題・場面が限定されてしまいます。漢字・語彙は話題と強く結びついていますから、長文的な教材では、漢字・語彙の提出が偏ることになります。
　会話でもなく、長文読解でもなく、多くの話題……知識を満載しうるように短く、かつ新知識がつめこまれたもの、そして、耳から入れる知識ということで、漢字圏の学習者に対しても効果を発揮する……それがこの教材です。（後略）
（太田淑子・柴田正子・牧野恵子・三井昭子・宮城幸枝 著　河原崎幹夫 監修『中級日本語聴解練習　毎日の聞きとり50日』凡人社）

　一方、会話やインタビューなど日常会話を理解するには、説明や解説などのモノローグとは異なる聞き方が求められます。特に会話等の日常会話の理解には、ことばで表現された内容（言語情報）を理解するだけでなく、円滑なコミュニケーションのための社会言語学的知識や語用論的知識が必要です。また、言語情報の理解についても、話し方（繰り返し、言いよどみ、語順の乱れ、フィラーなど）、話し方特有の表現方法（終助詞、縮約形、慣用的言い回しなど）、表現意図や感情を表す音声表現（イントネーションやポーズ、強弱など）の知識と理解が必要です。
　『毎日の聞きとり』シリーズの中級、中上級レベルでも、話しことばに特有な表現を聞かせる必要性があると考え、できるだけ自然な会話[12]を作成しましたが、所詮、作られた不自然な会話になってしまうのではないかという懸念が消えず、この教材には会話を聞くタスクはあまり多く採用しません

注〉
[12] 初級では、短い文で構成される発話数の少ない短い会話ですが、ここでは、中級以上のある程度の長さのある自然な会話を指します。

でした。

　音声面の特徴を見ても、会話とモノローグでは大きく異なっています。音声は、言語情報だけでなく、イントネーションや声質などによって感情や表現意図を豊かに表し伝えることができます。さらに、話し手の年齢や性格などの非言語情報も伝えることができます。モノローグではイントネーションは主に文構造を表す点で重要ですが、会話では、感情や表現意図がイントネーションやポーズ、声の大小などによって多様に表現されます。

　このように、会話とモノローグでは、注意の向け方や情報処理の方法やストラテジーなどが異なります。ですから、会話の聞きとり力をつけることを目的とした教材には、モノローグと異なる会話特有の表現や語句の使い方、プロソディー表現などへの配慮が必要です。

▶2　音声テキストの質

　中級教材の読解を教えていると、ときどき不自然な表現や、読みにくい文章を見ることがあります。中級で指導したい表現や文法を文章の中に織り込もうとするからでしょうか、文章全体として不自然で、魅力的でない文章もときどき見かけます。宇佐見（2004）は日本語教科書に使われる文章を、文章構成の一貫性や内容の説得性という面から批判的に見た場合、改善の余地のあるものが多いと述べ、「『文章構成の一貫性』『内容の説得性』という観点について十分な注意が払われていない文章を日常的に読みつづけることで、学習者だけでなく教師までもがこのような観点に関する感覚をすり減らしていってしまうのではないか」と指摘しています。メイナード（2005：98）はこの宇佐見の論に言及し、「文章構成や説得力といった談話上の項目を意識しながら、教える側が教材に選ぶ談話を批判的な目で読み直しておくことである。そして、そのわかりにくい部分や、説得力に欠ける部分（例えば、ある手法に反論を提供するはずが、正確に言うと反論になっていない、など）が、なぜ不十分なのかを考えておく必要がある」と述べています。

　聴解にしても同様で、音声テキストのもととなる文章は構成の一貫性、論理的整合性のある良質の文章であるべきだと考えます。学習者が目にしたり耳にしたりするテキストの文章は、すべてが読みやすく質のよいものである

とは限りませんし、上級レベルになれば、自分で文章を分析的に読み、批判する力がついてくるでしょう。しかし、中級・中上級レベルのテキストは、日本語の文章や談話のモデルを示すという役割も担っています。読解でも聴解でも質のよいテキストを提供し、教師は構成の一貫性や、談話の論理的な組み立てに気づかせるよう指導することが、特に中級レベルの学習者の文章力を養成するために重要であると考えます。

▶3 音声テキストの内容

音声テキストを聞くことは、登場人物の気持ちになって、話の中のできごとを擬似的に体験・経験することであると考えます。ですから、聴解の試験問題のように、答えを得るためにたった１回しか聞かないテキストであっても、何かの役に立つ、おもしろくて記憶に残る話であることが望ましいでしょう。学習者は話を聞いて心的表象を作り、その経験を通して自己の知識構造を変化させていきます。学習者が聴解のテキストを聞いて、日本や日本語に対する知識と理解を深めていくことを考えると、音声テキストは、できる限り聞く人の知的好奇心や感性によい刺激が与えられるような内容であったほうがよいと思うのです。

▶4 音声テキストのレベル

文章を読むときに、私たちは必要に応じて繰り返して読んだり、書かれた文字を見て理解を再確認したりすることができますが、話を聞くときには、音声入力の情報を記憶し、保持し、処理するという作業を音声の流れに沿って瞬時に継続的に行わなければなりません。このように記憶に大きな負荷がかかる聴解では、ワーキングメモリの、保持と処理のトレードオフ（第１章第２節2.▶4参照）の点から考えると、記憶保持に認知資源を多くとられ、処理に使える認知資源が少なくなってしまうことが想像されます。ですから、言語知識が少なく音声情報処理が十分に自動化されていない初期の段階では、語彙や文型の難易度を読解のレベルより少し下げる必要があります。また、読解に比べて、推論や意味処理などに使える時間も限られているため、

読解のテキスト以上に、推論しやすい論理構成のテキスト作成を心がける必要があります。

▶5 音声テキストの長さ、文の長さ

聞きとりテキストの難易度を決める要因として、音声面では、話すスピード、つまり調音速度や、文節間および文末のポーズの長短、話し手の声質の明瞭さ、プロソディー表現の的確さなどがあります。これらは、声優を選ぶとき、また収録のときに注意が必要です。

また、話の内容や語彙の難易度、和語・漢語・外来語・方言や俗語・複合語・慣用句などを含む割合だけでなく、話を構成する文の構造の複雑さや、文の長さ、音声テキスト全体の長さも聞きやすさや理解度に影響を与えます。ここでは、筆者が作成に関わったテキストの長さ・速度について見てみましょう。

①音声テキストの長さ

【表1】音声テキストの拍数・長さ・速度

教材名	1テキストの長さ（拍数）	1テキストの時間（秒）	平均拍数	平均時間（秒）	平均速度（拍/分）
中級『毎日50日』	198〜961	36〜183	508	77	396
中上級『毎日plus40』	440〜859	85〜158	650	118	330
中級『新・毎日50日』	237〜695	53〜144	443	88	302

【表1】は「毎日の聞きとりシリーズ」の音声テキストの長さと語りの速さについて調べたものです。テキストが長ければワーキングメモリの記憶保持量や処理量が増え、記憶負荷が大きくなることから、難しい印象を与えます。しかし、大学の講義を聞くことを目的にしている学習者には長い講義を

集中して聞く力も求められます。中上級の教材『毎日の聞きとり plus40　上・下』は比較的長いテキストで構成されていますが、ほとんどの課で、意味のまとまりの段落ごとに CD のトラックを区切り、学習者の負担が大きいと考えられる場合は、分けて聞くことができるようにしてあります。

②文の長さ

　高橋他（1988）は、発話の長さ（語数／文）がヒアリングの精度に影響を与えるかどうかを、日本人に対する英語のディクテーションテストによって検証しました。その結果、成績上位群・成績下位群ともに 5 語文でさえも 70 点を超えられず、下位群では 6 語文の平均が 33 点、両群とも 7 語文では平均が 60 点を切ってしまうことから、文の長さが 6 語を超えると、急に難しくなると述べ、ヒアリングの効果的指導の第一歩として、短い教材を与えることが大切であると述べています。

　これは、短期記憶の容量限界（7 ± 2）をオーバーしてしまうことと関係があります。心理学者 Miller（1956）によって提唱されたマジカル・ナンバー（magical number）7 ± 2 は、私たちが記憶できる容量は限られていて、7 ユニット以上の記憶が難しいことを示しています。特に外国語学習の初期の段階では、音声の認識に慣れていないため、記憶に認知負荷がかかり、よりいっそう難しくなります。ですから、初級・中級レベルでは、一文の長さがあまり長くならないように配慮し、情報を的確に簡潔に伝えることを念頭に文章を作ります。

　中級日本語聴解練習『毎日の聞きとり 50 日　上・下』のテキストの文の数を見ると、1 テキストは 4 ～ 24 文、平均 8.5 文で構成されていて、1 文の文節数は 1 ～ 20 で平均は 8.5 です。中級日本語音声教材『新・毎日の聞きとり 50 日　上・下』のテキストの文の数は 1 テキストが 6 ～ 20 文、平均は 11 文で、1 文の文節数は 2 ～ 18 で平均は 7.6 です。実際の意味のまとまりは、助詞で区切った文節以上の大きさで捉えられますから、この教材の文の長さは聞いて理解しやすい範囲であると考えることができると思います。

3. 音声テキストの文章をどのように作るか

　音声テキストを作成するとき、新聞や雑誌の記事などの書きことばの文章を素材にして、その内容を参考にして新しく文章を作ったり、短く書き換えたりすることがよく行われます。

　母語話者を対象にして書かれた文章を、そのまま聴解のテキストにすることはできません。母語話者対象の文章は母語話者に共通のスキーマ、社会文化的知識、語用論的知識などを持っている読み手を想定して、読み手が推論しながら読むことを前提に書かれています。学習者にとって、文字面に表れない行間の意味を推測することは、読解のように時間的余裕がある場合でも難しいことですが、聴解ではなおさらです。音声テキストを作成する場合は、この推論の負担を軽減することを心がける必要があります。

▶ 1　テキストをどのように理解するかを知る

【適切な状況モデルの構築】

　テキストを聞くとき、学習者の頭の中ではどのような処理が行われているのでしょうか。入力媒体の違いはありますが、内容を理解するプロセスは聴解も読解も共通しています。読解のテキスト理解の研究を参考にして考えてみましょう。

　読解で内容を理解しようとするとき、読み手は既有知識とテキストから得られた知識から状況モデルを構築して理解を進めていくと考えられています。状況モデルとは、「文章からの情報と読み手がそれ以前に持っていた背景情報が統合された、テキストによって記述される状況全体の理解のこと」（卯城2009：84）です。テキストを通して読み手の頭の中に作り上げられる新たな概念世界と言ってもよいのではないかと思います。卯城（2009：85）は「内容理解を伴った読解では、適切な状況モデルを構築することこそが最終目標であり、また、その状況モデルを構築するにあたって読み手は、自分の背景知識を活性化させ、推論を働かせなくてはならない」と述べています。状況モデルの構築のために、読み手は既有知識を活用してさまざまな推論を行います。聴解に関しても同様です。音声テキストを聞いて、適切な

状況モデルを作り上げるために聞き手の能動的な推論が欠かせません。

【推論はどのように行われるか】

　文章を理解するためには、表面に表れた言語情報を解読するだけでは不十分であり、文章に明示されていない情報を読み取ることが必要です。私たちは、文章を読むとき、明示的に述べられていない情報を補って理解しています。このように文と文、文章と文章の間の関係をつなぐ、隙間を埋める作業が推論です。聴解のテキスト（『中上級日本語音声教材　毎日の聞きとりplus40　下』26課「いちばん上の子は神経質？ [13]」）の素材となった新聞記事を読みながら推論について考えます。

「一番上の子　下より神経質—　東海大医学部調査「お兄ちゃんだから」ご注意
　一番上の子は弟や妹より神経質で、緊張しやすい。そんな傾向が、東海大学医学部の研究グループの調査で浮かび上がった。後から生まれた子に注目が集まると、母親を奪われたように感じることも、心理的な不安定さの一因ではないかという。（①）
　東京都内の保育園に通う千人の園児の母親に、一昨年秋から昨年初めにかけて質問した。母親の平均年齢は三十二・六歳で、園児は三・八歳。回答率は九八％だった。（②）
　母親が我が子の性格を「神経質」とみとめた割合は、弟や妹を持つ長子についてが最も多く、四十二・七％だった。
　これに比べて、一人っ子は三十五・一％、第二子は二十三・七％、第三子以降は一五・八％。兄弟姉妹の下の方になるほど、のんびり屋さんになるようだ。（③）
　また、「緊張しやすい」とされた長子の割合も、第二子の約一・五倍で、心理的に不安定な傾向がうかがえるという。（④）
　こうした傾向が「赤ちゃん返り」などの現象になってあらわれているのではないか、と研究グループは考えている。（⑤）

注〉
[13]　教材の課のタイトルは、新聞記事の見出しと異なります。

> 　逢坂文夫・東海大医学部講師（地域保健学）は「『お兄ちゃんだから』『お姉ちゃんだから』と厳しく言いすぎると、さらにストレスが強まって、その後の人格形成に影響を与えかねない。核家族化が進んだ現代では、下の子が生まれると母親がかかりきりになりやすい。父親の積極的な育児参加が必要だ」と話している。（⑥）
>
> 　　　　　　　　　　　　　　　　　　　（2000年8月29日朝日新聞夕刊）

　この記事は、結論を先に述べて、その後で詳しく説明するという新聞記事独特のスタイルで書かれています。①では研究成果とその原因をまとめて述べ、②では調査を行った対象についての説明、③ではこの調査の中心テーマ「子供の性格」について、特に「神経質」という点から調査結果の詳細を記し、長子が最も神経質であると説明しています。④では③の結果に加えて「緊張しやすいか」についての調査結果を述べ、長子が心理的に不安定であることを裏付ける形となっています。⑤は研究グループが③と④の結果から導き出した結論、⑥では、この結果に対する研究代表者の見解を、子育てをする親たちに役立つ情報として伝えています。

　非常に無駄なく限られた情報を整理して伝えている記事ですが、これをこのまま読み上げても、聞いて理解するのにふさわしい音声テキストとはなりません。

　それでは、読む場合には、私たちはどのように内容を理解しているか、考えてみましょう。伝達のための文章を書く場合、私たちは冗長性を避けるためにさまざまな手段を使って、読者が推測できる範囲で無駄を省き簡潔な表現を心がけます。このような文章を読むとき、私たちは多くを補って理解しています。この記事の1段落目を例として考えてみましょう。

【元の記事の文章】

　一番上の子は弟や妹より神経質で、緊張しやすい。そんな傾向が、東海大医学部の研究グループの調査で浮かび上がった。後から生まれた子に注目が集まると、母親を奪われたように感じることも、心理的な不安定さの一因ではないかという。

【推論部分を補ってみると】

（兄弟の性質は生まれた順番によって違うのだろうか。）一番上の子は弟や妹より神経質で、緊張しやすい。そんな傾向が、東海大医学部の研究グループの調査で浮かび上がった。（その調査の結果から、研究者は、）後から生まれた子に注目が集まると、（一番上の子供が弟や妹に）母親を奪われたように感じることも、（一番上の子供の）心理的な不安定さの一因ではないかという。

母語話者は、（　）に補った文や語句を無意識のうちに補足して理解しています。このように文章理解の過程では、読み手は明示的に表されていないことを、推論によって補足して全体の意味を統合して理解します。読解では、比較的時間の余裕があるので、読み返したりして考えることができます。それでも母語話者と同じように理解するのは難しいものですが、聴解では、さらに時間的制約と記憶の負荷が加わります。聴解のテキストを作成するときには、わかりにくい部分を補ったり、言い換えたり、繰り返したりする配慮が必要です。また、話の構成や提示順序によってわかりやすくする工夫も必要です。

▶2　音声テキスト作成上の注意点

以上のような聴解の特性に配慮し、音声テキストは以下の点に注意して作成します。
① 語句や表現の難易度を調節する。
　難しい語・表現を易しく言い換える、覚えてほしい語を使うなど。
② 文の長さ、構造、語順をコントロールする。
　聞いて理解できるということを意識した文の長さ、構造、語順を考える。
③ 提示方法・提示順に配慮して談話を構成する。
　聞いて理解しやすいように話を整理したり、情報を補ったりする。
④ 文や段落間の論理構造を明確にする。
⑤ 話の焦点を絞り、情報量を調節する。
⑥ 論理的に不足している部分やわかりにくい部分を補う。

どんな点に配慮して個々のテキストを作成したかについては、第2章第5節2で詳しく述べますが、ここでは、このうち特に①、②、③について例を挙げて説明します。

①語句や表現の難易度の調節
　トピックや内容がおもしろく、語彙も中級レベルで、学習させたい表現が多く含まれている素材を探しますが、そのような素材はそれほど多くはありません。興味深い内容であっても細かい説明が必要で短い文章にまとめるのが難しい、抽象的である、専門的な語句を使わなければ説明できないなどの理由から採用をあきらめることもありました。
　中級といっても学習者のレベル差は大きく、難しいと感じる語や未知語は学習者によって異なります。難しい新出語を使わなければならない場合は以下のような方法をとりました。

i 　同じ意味を表す易しい語に置き換える。
ii 　難しい語の後に、易しい語で言い換える。
iii 　易しい表現を使って、文全体を書き換える。
iv 　付加的な情報を加えて説明する。
v 　欄外に翻訳とともに示す。

　作成した教材から、難易度の調整を行った例を挙げます。

<同じ意味を表す易しい語に置き換える>
【例41】ドライアイ

> パソコン業務をする人の3人に1人が、目の表面が乾きやすい「ドライアイ」であることがわかりました。
> ⬇
> パソコンを使う仕事をしている人は、3人に1人がドライアイであることがわかりました。

ドライアイが悪化すると、感染症など目の病気になる恐れがあります。
↓
ドライアイをそのままにしておくと、目の病気になるおそれがあります。
（宮城幸枝・太田淑子・柴田正子・牧野恵子・三井昭子 著『中級日本語音声教材　新・毎日の聞きとり 50 日　上』(11 課) 凡人社）

＜易しい語で言い換えたり、易しい表現を使って、文全体を書き換える＞
【例 42】缶コーヒーの値段

［参考にした素材］（部分）
大手飲料メーカーの話を総合すると、消費税分を除いた缶コーヒーの小売価格百十五円の内訳は人件費、広告宣伝費など飲料メーカーの経費が四割。問屋や小売店の収入となる流通マージンが三割だ。残りの三割が原材料費となる。この原材料費を分解すると「実は半分以上はスチール缶、段ボール箱などの包装資材が占める」（ある大手）のだ。

（『日本経済新聞　日経プラスワン』2004 年 7 月 3 日　日本経済新聞社）

↓

［完成テキスト］（部分）
缶コーヒーの値段、120 円から消費税を引くと、だいたい 115 円くらいになります。そのうち、約 4 割の 45 円程度がメーカーの経費で、社員の給料や広告費などになります。そして約 3 割が流通にかかる費用、つまり、商品を店や自動販売機で売るためにかかる費用です。残りの 3 割、約 35 円が缶コーヒーという商品の値段なんですが、その半分以上が、缶やそれを入れる箱の費用です。
（宮城幸枝・太田淑子・柴田正子・牧野恵子・三井昭子 著『中級日本語音声教材　新・毎日の聞きとり 50 日　下』(48 課) 凡人社）

　上の文章が参考にした素材です。この記事は非常に難しいので内容を咀嚼し、できるだけ平易な表現で文全体を書き換えました。特に「流通マージン」を含む下線の部分は一言では言い換えられないため、説明を加えて易しく書きなおしました。

②文の長さ、構造、語順の調節

　日本語は述部が最後にくるため、聞き手は意味を処理しつつ、最後まで油断せずに記憶を維持していかなければなりません。長い連体修飾節を含む文や複雑な構造の文を聞いて理解することは、学習者にはとても難しい作業です。中級レベルでは、まだ音声知覚・認識力が不十分であり、意味を処理する力も十分ではありません。そこでこの段階では、なるべく簡潔な表現を使い、文が長すぎないよう調節します。ただし、テキストの文は日本語談話のモデルになるのですから、不自然にならないように的確に表す努力をします。複雑すぎず、長すぎず、しかし自然な文にすることが大切です。

＜語順を調節する＞

　音の流れに従って聞くという性格上、語の位置関係や、順序も聞きやすさに影響します。そのため、常に理解しやすい語順を心がけてテキストを作成しました。以下に、例として、「修飾語は被修飾語の直前に置く」(【例43】〜【例45】)、「主題を表す文節を文の最初に置く」(【例46】)を挙げます。

【例43】「もったいない」を国際語に！

> マータイさんは、30年以上アフリカの自然を守るために植林活動を続け、世界の環境保護や女性の地位向上のために活動してきました。
>
> ⬇
>
> マータイさんは、アフリカの自然を守るために30年以上植林活動を続け、世界の環境保護や女性の地位向上のために活動してきました。
>
> (宮城幸枝・太田淑子・柴田正子・牧野恵子・三井昭子 著『中級日本語音声教材　新・毎日の聞きとり50日　下』(40課) 凡人社)

【例44】砂糖の消費量

> いちばん消費量が多かったのは1973年で、…
>
> ⬇
>
> 消費量がいちばん多かったのは1973年で…
>
> (宮城幸枝・太田淑子・柴田正子・牧野恵子・三井昭子 著『中級日本語音声教材　新 毎日の聞きとり50日　下』(35課) 凡人社)

【例45】川を渡る

> 一度に荷物は1つしか乗せられません。
> ↓
> 荷物は一度に1つしか乗せられません。
>
> (宮城幸枝・太田淑子・柴田正子・牧野恵子・三井昭子 著『中級日本語音声教材 新・毎日の聞きとり50日 下』(27課) 凡人社)

【例46】カラオケ発明者にノーベル賞？

> その結果、競争に負けて、井上さんの会社は倒産してしまいました。
> ↓
> その結果、井上さんの会社は競争に負けて、倒産してしまいました。
>
> (宮城幸枝・太田淑子・柴田正子・牧野恵子・三井昭子 著『中級日本語音声教材 新・毎日の聞きとり50日 下』(34課) 凡人社)

③提示方法・提示順への配慮

＜学習者の視点から情報を補う＞

【例47】あいさつの思わぬ効果

> ［参考にした素材］
> 住民に親しみを感じてもらおうとお巡りさんが毎朝、交番の前に立って道行く人たちに「おはようございます」と声をかける。警視庁がこんな取り組みを始めたところ、自転車泥棒の摘発に思わぬ効果が出ている。呼びかけられた犯人が挙動不審になり、ばれてしまうのだ。(後略)
>
> (「おはよう」に泥棒ドキッ 朝日新聞2002年4月6日)

↓

> ［完成テキスト］
> 　日本の町には、ところどころに交番があります。この交番の警察官は地域の安全のために働いてくれているのですが、なんとなくこわいとか、親しみにくいと感じている人も大勢います。
> 　そこで、東京都の交番では、近所の人たちにもっと親しみを感じてもらおうと、警察官が毎朝交番の前に立って、通勤や通学で交番の前を通る人たちに「おはようございます」とあいさつをすることにしました。

すると、予想もしなかった効果が出てきました。自転車泥棒を見つけるのに、これがとても役立っているのです。（後略）
（宮城幸枝・三井昭子・牧野恵子・柴田正子・太田淑子　著『中上級日本語音声教材　毎日の聞きとり plus40　上』（12課）凡人社）

　素材の新聞記事を読む日本人読者は、「お巡りさん」という呼び方と感じ方についてのニュアンスを共有していますが、学習者はそうではありません。ですから、むしろ警察官という正式な呼び名を使うことにしました。そのかわりに、日本の交番の役割や、交番の警察官を親しみを込めて「お巡りさん」と呼ぶことなどを、タスクシートの「聞くまえに」で先行知識として紹介し、読んでもらうことにしました。また、住民に親しみを感じてもらおうとするのは、そのように感じていない日本人が少なくないからです。警察官を見るとやや身構えてしてしまう人がいることを理解していないと、この話の内容がわかりにくくなります。そこで第一段落を導入として加えて、スムーズに理解できるようにしました。下線部の表現も波線部分のように書き換えました。

第5節　中級教材の作成－具体例－

1.『毎日の聞きとり』シリーズの作成の手順

　『毎日の聞きとり』シリーズのうち、中級、中上級向けの教材から「この教材を使う先生方へ」を要約・引用しながら、まず、手順についての概要を述べ、次に、各段階で考えるべきポイントについて述べます。

▶1　対象者を定める

　筆者が指導する対象が大学の予備教育機関（別科）の研修生であることから、これらの教材は、大学などの高等教育機関の学習者が講義を聞いたり、レポートを書いたり、プレゼンテーションをしたりするなどのアカデミックな活動ができるようにすることを目標に据えています。
　『毎日の聞きとり plus40』には長い話が多く、『毎日の聞きとり 50 日』や『新・毎日の聞きとり 50 日』に比べて難しい話が多くなっていますが、どの教材も初級後半あるいは中級から上級への橋渡しとして使い、聞きとりの力を高めるだけでなく、他の技能に応用できる日本語力を身につけるために活用してもらいたいという意図が込められています。
　大学・大学院でのアカデミックな言語活動には、4技能の偏りがないバランスのとれた日本語力が必要です。したがって、これらの教材は4技能をバランスよく学習したい人を対象にした教材であるとも言えます。

▶2　教材の目的と特色を考える

　教材の目的と特色について、それぞれの教材には次のようなことが記されています。

『中級日本語聴解練習　毎日の聞きとり 50 日上・下』
（1）　日本語の理解の前提となる知識を増やす。

(2) 広い語彙力を習得する。
(3) 無理なく日本語を聞く習慣をつける。
(4) 講義やニュースなどの生の音声言語を聞きとるためのスキルを習得する。

『中上級日本語音声教材　毎日の聞きとりplus40 上・下』

(1) 「聞きとり」のストラテジーを学習者自らが発見し、身につけることができるようにする。
(2) 学習や研究の基礎となる語彙や表現法を音声教材を通して習得し、日常会話より一歩進んだ総合的な日本語力を身につける。
(3) 多角的な利用法によって、「聞きとり」だけでなく総合的な日本語力を高めることを目指す。
(4) さまざまな面から日本社会を観察し、日本に対する理解を深める。背景知識とともに語彙を増やす。

『中級日本語音声教材　新・毎日の聞きとり50日上・下』

　『中級日本語聴解練習　毎日の聞きとり50日上・下』とモノローグであること、トピックの選び方などについては、ほぼ同じですが、音声言語のインプットを通して日本語を学ぶ教材として活用してほしいという作成者の考えを強調しています。
　以上3つの教材の目的は、表現が少しずつ異なりますが、共通する目的は、次の点です。
(1) 広い範囲の語彙、背景知識を伴った語彙を習得する。
(2) 聞きとり教材を音声教材として多角的に使うことで総合的日本語力を高める。
(3) 日本の日常生活・社会・文化を理解するのに役立つさまざまな話を聞くことにより、日本語の理解に役立つ背景知識を増やす。
(4) できるだけ多くの話を聞いて、聞くことを習慣化し、日本語の論理構造、日本人の思考法に慣れる。
(5) 聞く力を高めるスキル、ストラテジーの獲得を目指す。

▶3　構成を決める

　各課の構成、タスクの配列順とタイプ、ページ割り、イラストには、教材をどのように活用してもらいたいかという意図が込められています。

『中級日本語聴解練習　毎日の聞きとり50日上・下』
基本練習
　この教材の活用法を示すオリエンテーションとして、1課を始める前にタスクのタイプを例によって示し、学習の狙いについて説明しています。タスクの意味を理解して意識的に練習に取り組むことを期待しています。

基本練習の内容
1．できごとの順序や関係に注意して聞く。
2．どんな形か、どんな様子かを想像しながら聞く。
3．数を正確に聞きとり、それが何を意味しているかを理解する。
4．表やグラフを見ながら聞く。
5．音声を正しく聞きとり、それを正しく書きとる。
6．知りたい情報に焦点を絞って聞く。
7．はっきりと聞きとれないところを推測する。

　課の構成は次のとおりです。各問題のレイアウト、ページ割は図1を参照してください。

①イラスト
　母語話者はその話の行われる場面を思い浮かべたり、前後の文脈から話を予測したり期待したりしています。しかし、この段階の学習者は必ずしもその力が備わっているとは言えません。各課の冒頭のイラストはこの場面設定の役割をしています[14]。

注〉
[14]　イラストについては、本節3.「タスクを作成する」▶1で詳しく述べます。

②はじめに

　私たちは普通、予備知識がない状態で話を聞くことはあまりありません。「はじめに」の目的は学習者の知識や経験を呼び覚まし、これによって背景知識や語彙を活性化し、聞く準備をすることです。

　ここでは、新出語やキーワードをクイズ形式にして音声による予備知識を与えます。イラストと、「はじめに」で関連する語の意味を確認し、背景知識を活性化して、聞く姿勢を作ります。

③問題Ⅰ

　これは大意を捉える練習になっています。音声だけを聞いて要点を把握します。選択肢の文がテキストの内容に合っているかどうか、○×で答える形式になっています。問題ⅡとⅢは文字で質問が出されているので、文字に頼らず、イラストと音声だけでタスクをしてもらうため、見開きでなく、奇数ページに問題Ⅰを、問題ⅡとⅢは裏の偶数ページに印刷しました。

④問題Ⅱ、問題Ⅲ

　ここでは大学で講義を聞きながら書くノート・テイキングの力をつけることを目標にしています。聞いたことを文字で書いて確認するタスクが多くあります。

⑤ひとくちメモ

　テキストの話題に関連したミニ知識です。練習後に読んでテキストの内容や語の定着を測るために利用します。

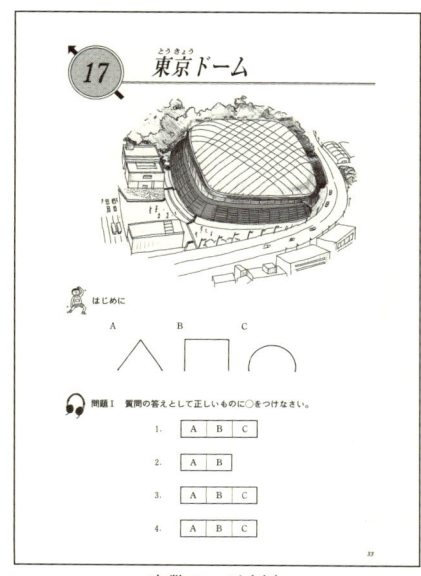

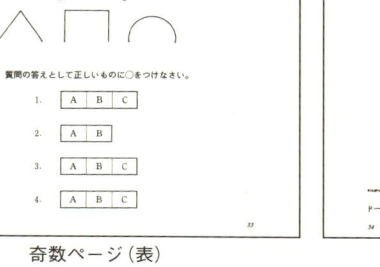

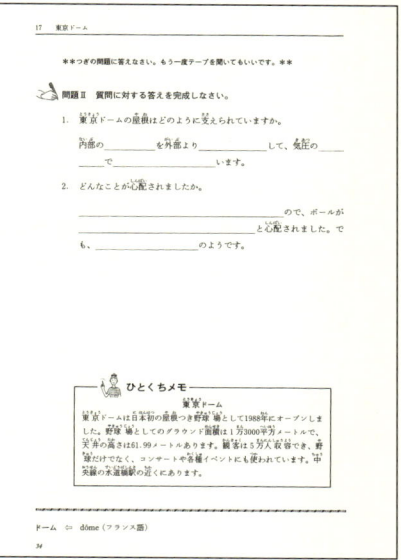

奇数ページ（表）　　　　　　　　偶数ページ（裏）

【図1】『毎日の聞きとり50日』1課の構成

（太田淑子・柴田正子・牧野恵子・三井昭子・宮城幸枝 著『中級日本語聴解練習　毎日の聞きとり50日　上』(17課) 凡人社）

　この教材はすべての課のタスクがシンプルで、本冊のタスクシートには余白が多くあります。このシンプルさ、余白の多さもこの教材の特色です。それは、学習者があまり負担を感じず、継続的に聞く練習ができるようにという配慮からです。また、このようなシンプルな教材は、教師の裁量で、学習者のニーズに合わせてさまざまに工夫して活用しやすいという利点もあります。

『中上級日本語音声教材　毎日の聞きとりplus40 上・下』
　この教材が上記の教材と異なる点は、中級から上級への橋渡し的教材としてやや長く難しいテキストを多くしたこと、日本語の総合力を高めるために多角的に活用できるように配慮したことです。タスクの量と種類を増やし、活用法をわかりやすく示しました。各問題のレイアウト、ページ割は【図2】のとおりです。

第5節　中級教材の作成―具体例―　｜　145

①**イラスト**
　前作の『中級日本語聴解練習　毎日の聞きとり50日　上・下』と同じ理由により各課の冒頭にイラストをつけました。

②**聞くまえに**
　予備知識となる短い文章、新出語についてのクイズ、同じ話題について母国での情況を聞く質問などにより、学習者自身の経験との関連の中で背景知識を活性化できるようにしました。

③**ことば**
　聞きとれないと全体の意味が把握できなくなる語句を挙げています。予習に役立ちます。

④**聞きましょう**
　タスクにはⅠとⅡの2種類の問題があります。問題Ⅰのタスクは、どこに焦点を合わせて聞いたらよいか、どのように聞いたらよいかを示しています。
　問題Ⅱは正確に深く理解するために聞くタスクです。

⑤**聞いたあとで**
　その課の話についての知識や内容理解を深めたり、勉強したことを定着させたりするためのタスクです。関連する文章を読むタスク、学習者が自分の経験をとおして、テキストの内容について話し合うタスクなどがあります。

【**一口メモ**】
　その課の話をより深く理解するための追加的な読み物です。

【**ことばの練習**】
　その課に出てきたことばをより深く理解し、記憶にとどめるためのタスクです。

【聞きとりのヒント】
　イントネーション、リズム、アクセント、音の変化、話しことばの特徴など音声表現の理解が聴解力を高めることを示すコラムです。

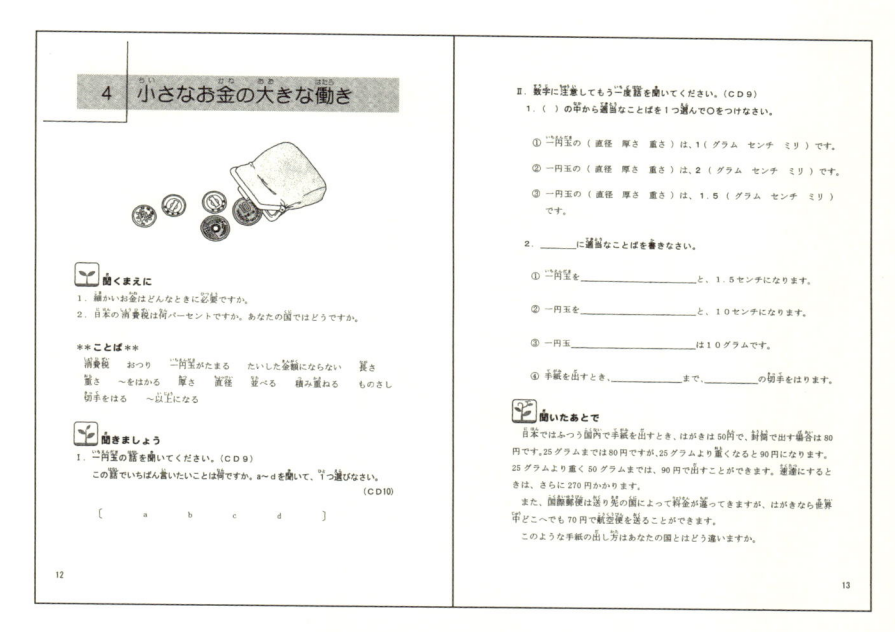

【図2】『毎日の聞きとりplus40』1課の構成
（宮城幸枝・三井昭子・牧野恵子・柴田正子・太田淑子 著『中上級日本語音声教材　毎日の聞きとり plus40　上』(4課) 凡人社）

『中級日本語音声教材　新・毎日の聞きとり50日上・下』

　最初に出した『中級日本語聴解練習　毎日の聞きとり50日　上・下』とほぼ同じ方針で作っています。「基本練習」を省略したこと、問題Ⅰと問題Ⅱ・Ⅲを見開きにしたことが異なります。

▶4　トピックを選定する

　5人の著者がそれぞれ本や新聞記事、雑誌記事、テレビ番組、webサイトなどから、日本を紹介するトピックを探し、テキストを作成しました。選

んだトピックについて、さまざまな資料を調べてオリジナルのテキストを書きおろしたり、ひとつの記事を中心にして話の構成やことばなどを変えて書きなおしたりしました。この教材で学ぶ、特に若い世代の学習者が、1つの課を聞くたびに「なるほど」とか「へえ、こんなことがあったのか」などと興味や知的好奇心を持って聞くことができ、次の話も聞きたいと思えるような話題を選ぶことを心がけました。

最終的には、集めた話を分野別に並べ、不足の分野から話題を探すということを繰り返して、40から50の話を作りました。

トピックによって、テキストの文章のスタイルや構成方法も異なります。多種のトピックを選ぶことにより、多様な語彙や表現に触れ、多様なスタイルのテキストを聞く機会を提供することができます。以下にトピックの種類と主なタイトルを紹介します。出典はⒶ:『中級日本語聴解練習 毎日の聞きとり 50 日上・下』、Ⓑ:『中上級日本語音声教材 毎日の聞きとり plus 40 上・下』、Ⓒ:『中級日本語音声教材 新・毎日の聞きとり 50 日上・下』です。タイトル名から内容はある程度は想像がつくかと思いますが、詳しい内容については『毎日の聞きとり 50 日』シリーズをご覧ください。本書巻末に『毎日の聞きとり 50 日』シリーズすべてのタイトルと内容についてまとめた資料がありますので、これも参照してください。

<身近なエピソード>
状況を具体的に思い浮かべ、場面や状況を把握するスキルを養います。
「命の恩人」Ⓐ、「ペットのへび」Ⓐ、「帰ってきたネコ」Ⓐ、「名前のない手紙」Ⓑ、「人類はメン類」Ⓑ、「カラスのカー子ちゃん」Ⓒ、「通話をやめた若者」Ⓒ、「合格は誰のおかげ？」Ⓒ、「思いがけない援助」Ⓒ

<出来事の事実関係の説明>
5W1Hの情報を正確に把握する練習に役立ちます。
「命の恩人」Ⓐ、「出前はどんなときに何を？」Ⓑ、「空からの贈り物」Ⓑ、「こちら 110 番。事件ですか、事故ですか」Ⓑ、「海からの便り」Ⓒ、「留学生文学賞」Ⓒ、「思いがけない援助」Ⓒ、「合格は誰のおかげ？」Ⓒ

＜原理や事象の詳しい説明＞
　単純に事実を受け入れるだけではなく、聞き手が自らの知識を使って積極的に理解する努力をしなければならないので、難易度の高いテキストになります。講義を聞くときにはこのような聞き方が求められますから、高等教育を受ける学習者にとってよい練習になります。
「世界でいちばん早く朝が来る国」Ⓑ、「燃料電池自動車」Ⓑ、「右回りの時計」Ⓒ、「目にやさしい色」Ⓒ、「時差ぼけ」Ⓒ

＜仕組みや遊び方、方法の解説＞
　機械や装置の構造や機能を考えながら聞いたり、形や動きをイメージしながら聞くスキルを高めます。イラストを見ながら聞いて、視覚と聴覚から理解を深める練習にもなります。
「東京ドーム」Ⓐ、「電子レンジのしくみ」Ⓐ、「原子力発電のしくみ」Ⓐ、「じゃんけん」Ⓑ、「だるまさんがころんだ」Ⓑ、「波力発電」Ⓒ、「道路からメロディー」Ⓒ、「菜の花プロジェクト」Ⓒ

＜数字の表す意味を聞く、グラフを見ながら聞く＞
　数字を正確に聞きとり、その数字が何を意味するか理解することを目的にしています。理解を助けるグラフや図を見ながら聞きます。
「日本人と果物」Ⓒ、「缶コーヒーの値段」Ⓒ、「砂糖の消費量」Ⓒ

＜クイズ、手順に従って行動する＞
　指示を聞きながら行動したり考えたり計算したりするタスクです。
「動物占い」Ⓑ、「目の錯覚」Ⓑ、「郵便局からのお知らせ」Ⓑ、「川を渡る」Ⓒ

＜人物紹介＞
　さまざまな分野で活躍する人の生き方、考え方、エピソードなどを紹介します。日本人の考え方や日本について理解することに役立ちます。
「太鼓のひびき」Ⓑ、「若い登山家」Ⓑ、「カラオケ発明者にノーベル賞？」Ⓒ、「『もったいない』を国際語に！」Ⓒ

<事物の紹介>
　どのように作られたか、形や様子を想像しながら聞きます。
「紙の腕時計」Ⓐ、「東京ドーム」Ⓐ、「ライオンですか犬ですか」Ⓑ、「海からの便り」Ⓒ、「新幹線の顔」Ⓒ、「ビルの地下の野菜畑」Ⓒ、「盆栽」Ⓒ、「国際宇宙ステーション」Ⓒ

<身体の習性>
　体に関する説明で、体に関する語彙や表現を学ぶことができます。
「体のリズム」Ⓐ、「どんなストレスに弱い？」Ⓑ、「時差ぼけ」Ⓒ、「あがらないためには」Ⓒ

<料理の作り方>
　料理独特の表現を覚えたり、時系列に手順を理解する練習になります。
「おいしい料理」Ⓐ、「牛丼の作り方」Ⓒ

<インタビュー・会話>
　モノローグだけでなく、話しことば特有の表現を理解するためにインタビューや会話のテキストがあります。
「100円ショップ」Ⓑ、「変化する就職事情」Ⓑ、「英語力や資格は必要ですか」Ⓑ、「世界の人口」Ⓒ、「日本の地方都市」Ⓒ

<独白、語り>
　話す人の立場になって聞くという姿勢を養います。
「学生のおしゃべり」Ⓐ、「便利？不便？電子メール」Ⓑ、「日本を知らない日本人」Ⓑ、「通話をやめた若者」Ⓒ

<昔話>
　昔話の語り口に触れ、昔の日本のようすを想像しながら聞きます。もう一つの面からの日本紹介です。
「三年寝太郎」Ⓑ、「小判がこわい」Ⓒ

▶5　集めた素材を検討する

　集めたトピックや、それに基づいて作成したテキストについて、以下のような点からも検討を重ねました。
① 　聞く人にいやな印象や連想、誤解を与えないか。
② 　政治的に偏った姿勢、イデオロギーを含まないか。
③ 　短い文章で完結できるまとまりのある話か。
④ 　現代の社会事情を表すと同時に、すぐに古くなる話題でないか。
⑤ 　抽象的な話でなく、具体的なイメージを抱きやすいか。
⑥ 　タスクを作りやすいか。

　時には意見の対立もありました。たとえば、『中級日本語聴解練習　毎日の聞きとり50日　下』の第45課「原子力発電のしくみ」を採用するかどうかについて喧々諤々の議論が行われました。このテーマを扱うこと自体、原子力発電に賛成を表明していることになるのではないかという意見と、原子力発電がどのような仕組みで動いているのかという事実を紹介しているだけなので、政治的立場を表明していることにはならないという意見がありました。結局、「仕組み」を理解するのに適した内容であることから、採用となりましたが、2011年3月の福島第一原子力発電所の事故に際して、あらためてこの議論が思い起こされました。
　3つの聴解教材には、合計140のトピックがあります（巻末の参考資料1〜3参照）。教材に採用されたものは140ですが、集めて検討した素材は、この3倍を超える数になりました。5人の作成者が違った観点からトピックを選定し、内容を検討することがなければ、この教材の作成は難しかったでしょう。
　教材として出版し、ある程度長く使ってもらいたいと考える場合、その話題の賞味期限にも注意を払います。その時代の旬のトピックは魅力的ですが、そのような話題は旬であればあるほど早く色あせてしまうものです。学習者にとって新鮮で役に立つことと、年月を経てもそれほど古さを感じさせないという条件を兼ね備えた話題を選ばなければならないということも、苦労した点です。

『中級日本語聴解練習　毎日の聞きとり50日　上・下』（1992年発行）を作っているときは、新しい技術や新しい商法が次々に生まれた活気のある時代でした。そのため、当時の日本を紹介するトピックを選ぶのはそれほど難しくなかったのですが、それらの多くの話題が古くなってしまいました。たとえば29課の「電話の種類」では固定電話のさまざまな機能について説明していますが、現在は携帯電話、スマートフォンなど、当時想像ができなかったような機器が使われるようになり、コミュニケーションのスタイルが一変しています。新しい技術の話題は変化が激しいので避けたほうがよいというのがここから得た教訓です。

　次に、集めた素材から、音声テキストとタスクを作成します。これらについては、以下に少し詳しく述べたいと思います。

2. 音声テキスト作成の具体例

　『毎日の聞きとり』シリーズの中級、中上級の教材は、いわゆる「聴き物」教材（p.126）であり、説明・解説スタイルのモノローグの聴解が大部分を占めています。モノローグの談話のスタイルは、会話のスタイルに比べると、書きことばに近いスタイルなのですが、読むことを想定した書きことばの文章とも異なります。読むことを想定して作られた書きことばの文章をそのまま聴解用の音声テキストとして使うことはできません。音声テキスト作成には、読解の文章作成とは異なる配慮が必要です。第4節3.▶2の①〜⑥以外にも、テキスト全体の長さの調節、話の展開のしかたなどを、課全体のバランスを考えながら作成します。

　ここでは、各課のテキストを作成するにあたってどのような点に配慮したかを個々の音声テキストごとに具体的に詳しく述べます。

【例48】例1：いちばん上の子どもは神経質
＜主題を先に述べ、説明する＞
　情報を正確に客観的に伝えることを目的に書かれた文章として、報道文の文章があります。ニュースなど報道文の構成はもっとも伝えたい情報を最初に示し、その後で、背景や経過などがわかりやすく詳しく述べられます。主

題文が段落の最初に述べられ、詳細情報の説明が続く文章構造は、情報処理がしやすい構造です。最初に要点や結果を聞き、それを背景知識として、どうしてそうなったかの過程や説明を予測し、詳しい情報を得たいという姿勢で聞くことができるからです。

　聴解のテキストでもこのように最初に主題を述べて、それについての解説をし、最後にまとめるという3段階の構造がよく用いられます。この課は、第4節3.▶1で扱った新聞記事（p.133）を素材に聴解テキストを作成した例で、このテキストも主題・解説・まとめの順で構成されています。「聞いて理解しやすいテキスト」ということを踏まえた上で、次のように音声テキストを作成しました。

　この新聞記事の1段落目のヘッドでは記事全体のまとめ、調査の結果と、その原因について述べています。しかし、調査結果と原因の間に飛躍があり、読み手にさまざまな推論を要求しています。そこで、聞きとりやすくするために、ⓐ調査結果を述べる。ⓑその結果を導き出した調査の内容を説明する。ⓒどうしてその結果になったのかということについて具体例を挙げて説明する。ⓓその結果を踏まえた調査者の見解を示す、のように話を組み立て直しました。

　そして、「浮かび上がった」→「わかりました」、「長子」・「第二子」・「第三子」→「いちばん上の子ども」・「2番目の子ども」・「3番目（の子ども）」、「その後の人格形成に影響を与えかねない」→「性格に影響を与えることもある」など、難しい表現を易しい語句で書き直しました。また、「赤ちゃん返り」現象についても、わかりやすい説明を加えました（ⓒ）。

［完成テキスト］
　いちばん上の子どもは弟や妹より神経質で緊張しやすい。そんな傾向が、東海大学医学部の調査でわかりました。（ⓐ）東京都内の保育園に通う1000人の園児の母親に子どもの性格について質問してみました。その結果、母親が自分の子どもの性格を「神経質」と認めた割合は、弟や妹を持ついちばん上の子どもが最も多く、42.7パーセントでした。これに比べて、一人っ子は35.1パーセント、2番目の子どもは23.7パーセント、3番目より下は15.8パーセントでした。兄弟姉妹の下のほうになるほど、のんびり屋さんになるようです。（ⓑ）

弟や妹が生まれたとき、赤ちゃんに注目が集まると、上の子どもは母親をとられたように感じて、心理的に不安定になることはよくあります。赤ちゃんのまねをしたり、甘えたりするなど、いわゆる「赤ちゃん返り」現象も表れます。(ⓒ)
　東海大学医学部の先生は「お兄ちゃんだから、しっかりしなさい」「お姉ちゃんだから、我慢しなさい」と厳しく言いすぎると、さらにストレスが強まって、性格に影響を与えることもあると言っています。(ⓓ)

(宮城幸枝・三井昭子・牧野恵子・柴田正子・太田淑子 著『中上級日本語音声教材　毎日の聞きとりplus40　下』(26課) 凡人社)

【例49】東京を回る山手線
＜テキスト全体の長さを調節し、話の焦点を絞る＞

　１つのテキストの中に、あまり多くの情報を詰め込むと、記憶容量への負荷が増え、処理できる容量をオーバーしてしまいます。ですから、１つのテキストに含める情報は必要最小限にとどめて、簡潔なテキストを作成するよう心がけます。

［最初の原稿］
　みなさんは、山手線をご存じですか。山手線は東京の中心をぐるりと回る電車です。この山手線は一周、34.5キロしかない、とても短い路線なのですが、１日あたり355万人もの人が利用する日本一乗客数の多い路線です。１年間の乗客は13億人ということですから、日本の人口の約10倍の乗客が利用しているということになります。
　山手線には時計の針と同じ方向に回る外回りと、逆の方向に回る内回りの２つの路線があります。乗客は東京から品川に行くときは外回り、東京から上野に行くときは内回りというように使い分けています。ラッシュの時間には約２分に１本、昼でも３分から４分に１本というダイヤで走っていて、忙しい都会の人々の大切な足になっています。

↓

［完成テキスト］

　山手線は東京の中心をぐるりと回って走る電車です。東京駅はもちろん、渋谷、新宿、池袋など東京の副都心のターミナルを結んで走ります。
　この山手線は1周、34.5キロという短い路線ですが、乗客数は日本一です。1日あたり、355万人もの人が利用しています。1年間で計算すると、13億人。これは日本の人口の約10倍です。
　山手線の電車はラッシュの時間には約2分に1本、そのほかの時間でも3分か4分に1本という間隔で走っていて、忙しい都会の人々の大切な足になっています。

［ひと口メモ］

　山手線の駅の数は29あります。1人が乗車する駅の数は、平均で4駅、平均乗車距離は5.6キロだそうです。
　山手線には時計の針と同じ方向に回る外回りと、逆の方向に回る内回りの2つの路線があります。乗客は東京から品川に行くときは外回り、東京から池袋に行くときは内回りというように使い分けています。

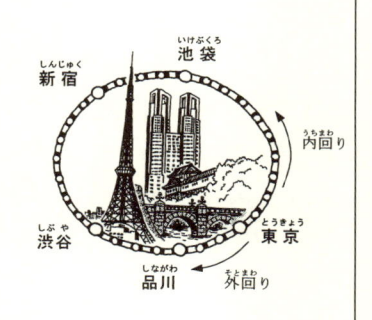

（宮城幸枝・太田淑子・柴田正子・牧野恵子・三井昭子 著『中級日本語音声教材　新・毎日の聞きとり50日　上』(23課) 凡人社)

　アンダーラインの部分は山手線の特徴の1つなのですが、東京、上野という地名と位置関係の知識がない学習者にとって、イメージがわかない情報でもあります。そこで、この部分をカットして［ひと口メモ］に追加情報として入れ、地名入りの山手線のイラストとともに載せることにしました。

【例50】道路からメロディー

　一つの［完成テキスト］を作るまでに、一番伝えたいことは何か、そのためにはどうしたらいいか、学習者にとって何がわかりにくいか、それをどう説明すればわかりやすくなるかということを考えて文章を作ります。

[最初の原稿]
　（北海道の標津町には）車が走ると、音楽が聞こえてくる道路があります。なぜメロディーが聞こえてくるのでしょう。（それはコンピューターを使っているのではありません。）道路に溝が掘ってあって、その上を車が走ると、音楽が聞こえてくるのです。溝と溝の間隔が違っていて、間隔が広いと低い音が出ます。間隔が狭いと高い音が出ます。そして、車が通るとメロディーとして感じられるのです。（「知床旅情」のメロディーが流れます。）
　車が時速60キロメートルで走ると、いちばんいい音で音楽が聞けるのだそうです。このことは、スピードの出し過ぎや居眠り運転を防ぐのにも効果があるそうです。（（　）は、完成テキストで省いた部分です。）

↓

[完成テキスト]
　車が走ると、音楽が聞こえてくる道路があります。なぜ音楽が聞こえてくるのでしょうか。実は道路には溝が掘ってあって、その上を車が走ると、音楽が聞こえてくる仕組みになっているのです。道路の溝と溝の間隔は一定ではありません。間隔が広いと低い音が出ます。間隔が狭いと高い音が出ます。溝は音楽のメロディーに合わせて掘ってあります。ですから、溝の上を車が通ると、メロディーのように聞こえるのです。
　いちばんいい音で音楽が聞けるのは、車が時速60キロメートルで走るときだそうです。このようなメロディーが聞こえる道路は、スピードの出しすぎやいねむり運転を防ぐのにも効果があると言われています。
（宮城幸枝・太田淑子・柴田正子・牧野恵子・三井昭子 著『中級日本語音声教材　新・毎日の聞きとり50日　下』(33課) 凡人社）

＜不必要な部分を削除する＞

　[最初の原稿] にある（　）の部分を削除しました。学習者にとって聞いたことのない地名があると、それだけで負担になります。このメロディーが出る道路は全国各所にあり、メロディーもさまざまですから、「標津町」や「知床旅情」は削除します。また、コンピューターで操作されているのではないかという聞き手の予測を否定する部分、「それはコンピューターを使っているのではありません。」は、一つの方向に向けて聞く姿勢、予測の方向にぶ

れを生じさせるので、ない方がよいと考えて削除しました。

＜大切な部分を際だたせる＞

> 道路に溝が掘ってあって、その上を車が走ると、音楽が聞こえてくるのです。
> ↓
> 実は道路には溝が掘ってあって、その上を車が走ると、音楽が聞こえてくる仕組みになっているのです。

　音声テキストを聞くのは注意力を要する作業で、うっかりすると聞き逃してしまうことがよくあります。そのことに配慮して、聞いてもらいたい部分ははっきりと示すことが大切です。ここでは、「実は」という語を使って聞き手の注意を喚起し、さらりと「〜のです」と述べるのではなく、「仕組みになっているのです」とはっきり述べて、仕組みの解説であることを強調しています。また、「実は」とか「仕組みになっているのです」の発話にかかる時間は、聞き手が情報処理に利用できる時間にもなります。不必要とも思われるようなこれらの語句には、聞き手に時間的余裕を与え、理解を助けるという役目もあります。

＜論理的に不足している部分を補う＞

> 溝と溝の間隔が違っていて、間隔が広いと低い音が出ます。間隔が狭いと高い音が出ます。そして、車が通るとメロディーとして感じられるのです。
> ↓
> 道路の溝と溝の間隔は一定ではありません。間隔が広いと低い音が出ます。間隔が狭いと高い音が出ます。溝は音楽のメロディーに合わせて掘ってあります。ですから、溝の上を車が通ると、メロディーのように聞こえるのです。

　「溝と溝の間隔が違っていて」と聞くと、私たちは、「間隔が同じじゃないんだな」と考えます。また、「溝と溝の間隔が違っていて、間隔が広いと、低い音が出ます。」は聞きとりにしては、余剰部分が少なすぎて、理解しにくい文です。そこで、まず、「道路の溝と溝の間隔は一定ではありません。」で一度文を切って一呼吸を入れ、さらに短い文で畳みかけるようにして説明

しています。「一定ではありません」より、「同じではありません」のほうが易しくなるのですが、ここでは、「一定」という語を導入したいと思ったために、「一定」を使いました。

［最初の原稿］では「間隔が広いと低い音が出ます。間隔が狭いと高い音が出ます。」の直後に、「車が通ると、メロディーとして感じられるのです。」と述べていますが、［完成テキスト］では「溝は音楽のメロディーに合わせて掘ってあります。」という文を補って、理解を助けています。

【例51】「もったいない」を国際語に！
＜理解しやすい提示順を考える＞

私たちは、常に話の行方を予測しながら読んだり聞いたりしています。予測の方向に向かって聞いているのです。ですから、話の進行が定まらない文の羅列や記述の集合を聞くと、焦点をどこに絞って聞いたらよいかわからなくなってしまいます。

特に聞きとりでは、戻って聞くことができませんから、文と文の関係が論理的であることに加えて、話を提示する順序（話の展開）にも細心の注意を払わなければなりません。

伝えたい内容をうまく伝えるには、順序が非常に大きな意味を持ってきます。これはケニアの環境保護活動家、ワンガリ・マータイさんの話です。マータイさんと「もったいない」をテーマにテキストを作成しようと思いましたが、キーワードである「もったいない」の意味がわからないとテキスト全体を理解することができません。また、マータイさんの活動と「もったいない」に注目したことの関係や、国連で「もったいない」を環境保護の合いことばにすることを提案したことなど、伝えたい情報がたくさんあります。これを短い文章でわかりやすくどのように伝えたらよいか考えて何回も書き直しました。

まず、「もったいない」の意味や使い方については「はじめに」で説明し、背景知識として役立ててもらうことにして、その部分は聞きとりテキストには含めないことにしました。また、課の最初のイラストの代わりにマータイさんの写真を載せ、そのイラストを見ながら聞いてもらうという設定にしました。また、マータイさんの略歴や活動についての詳しい説明は、最後の「ひ

とロメモ」で紹介することにしました。

　[最初の原稿]では、「もったいない」ということばが国連で3回も大合唱されたというインパクトのある主題から始め、そうなったいきさつを説明するという順序で述べようと思いましたが、この話は環境保護運動を行い、ノーベル賞も受賞したマータイさんの行動だからこそ意味があります。そこで、[書き直した原稿]では、最初にマータイさんがどのような人物か説明し、そのマータイさんが注目したのが「もったいない」であると述べて、「もったいない」ということばを強調し、国連の大合唱につなげようと考えました。しかし、下線の部分の書き方では、単に事実の説明に過ぎず、なぜ、マータイさんがもったいないということばを地球の環境保護の合いことばにしようと提案したのか、参加者たちはなぜ「もったいない」という日本語のことばを大合唱したのかをうまく伝えることができません。そこで、[完成テキスト]の波線のようにして、マータイさんが日本を訪れたことなどの余剰的情報を捨て、情報を整理して書き直しました。そして最後に、マータイさんが「もったいない」に注目した理由とマータイさんの目指すところを示し、大合唱との関連づけをしてまとめました。

[最初の原稿]
　2005年3月、ニューヨークの国連本部で6000人の女性たちが、「もったいない」という日本語のことばを3回も大合唱しました。この大合唱は、ノーベル平和賞を受賞した、ケニアのワンガリ・マータイさんが呼びかけて行われたものでした。マータイさんは演説で、「もったいない」ということばを地球の環境保護の合いことばにしようと提案したのです。
　マータイさんは1977年から30年近くアフリカの自然を守る運動を続けてきました。環境問題の会議に出席するため日本を訪れたマータイさんは、日本語に「もったいない」ということばがあることを知りました。
　「もったいない」ということばには、資源を大切にする気持ちが込められています。マータイさんは世界の自然を守るためには「もったいない」という気持ちこそが大切だと考えました。そして、このことばを世界中に広める運動をはじめようと呼びかけたのです。

↓

[書き直した原稿]

　この写真の人は2005年にノーベル平和賞を受賞したケニアのワンガリ・マータイさんです。マータイさんは30年以上アフリカの自然を守るために植林活動を続け、世界の環境保護や女性の地位向上のために活動してきました。これは、ニューヨークの国連本部で行われた会議の時の写真です。このとき、マータイさんの呼びかけで、世界中から集まった参加者たちが「もったいない」という日本語の言葉を3回も大合唱しました。マータイさんは演説で、「もったいない」ということばを地球の環境保護の合いことばにしようと提案したのです。

　その少し前に日本を訪れたマータイさんは、日本語に「もったいない」という言葉があることを知りました。「もったいない」ということばには、資源を大切にする気持ちが込められています。マータイさんは世界の自然を守るためには「もったいない」という気持ちこそが大切だと考えました。そして、この言葉を世界中に広める運動を始めたのです。

↓

[完成テキスト]

　この写真の人は、2005年にノーベル平和賞を受賞したケニアのワンガリ・マータイさんです。マータイさんは、アフリカの自然を守るために30年以上植林活動を続け、世界の環境保護や女性の地位向上のために活動してきました。そのマータイさんが注目したのが、日本語の「もったいない」ということばでした。マータイさんは、ニューヨークの国連本部での演説で、日本語の「もったいない」ということばを地球の環境保護の合いことばにしようと提案したのです。マータイさんの呼びかけに応えて、世界中から集まった参加者達が「もったいない」ということばを3回も大合唱しました。

　「もったいない」ということばには、資源を大切にする気持ちが込められています。マータイさんは、世界の自然を守るためには「もったいない」という気持ちこそが大切だと考えました。そして、このことばを世界中に広める運動を始めました。

(宮城幸枝・太田淑子・柴田正子・牧野恵子・三井昭子 著『中級日本語音声教材　新・毎日の聞きとり50日　下』(40課) 凡人社)

【例52】盆栽

　上手なプレゼンテーションは、わかりやすさに加えて、聞き手の興味や関心を引き出すための工夫があります。音声テキストもプレゼンテーションと同じです。このテキストでは盆栽の写真の効果を利用して、聞き手の注意を集め、盆栽の魅力を伝えようとしました。声優が気持ちを込めて語れるテキストであることも必要です。相手に伝えようという気持ちは音声に表れ、相手の心に届くからです。

[最初の原稿]
　写真を見てください。これは盆栽というものです。この木は松で、高さは58cmしかありませんが、約70年もたっています。盆栽の「盆」というのは、植物が植えられている入れ物を言います。盆栽の「栽」は植物を栽培する、つまり育てるという意味です。
　この写真のように盆栽は植物の性質を考えながら、小さく育てます。そのためには、枝を切ったり、針金を使って曲げたりします。高さは7cmぐらいのものから、1メートルぐらいのものまでです。何年たっても大きくならないように育てます。そして、それらの木は小さくても立派になり、小さな鉢の中に大自然の風景を表すようになります。これが盆栽の特徴です。
　盆栽を育てるのは、昔は老人の趣味でした。しかし、最近は自分の部屋や、事務所にお茶碗ぐらいの小さな盆栽を飾る若い人が増えてきました。心をこめて盆栽の世話をするのが、疲れた心を癒してくれるのだそうです。

↓

[完成テキスト]
　写真を見てください。これは約70年前に植えられた松ですが、高さは58センチしかありません。まるで大自然の中に立つ大きな松のように見えませんか。これは盆栽というものです。
　盆栽の「盆」というのは、植物が植えられている入れ物のことです。盆栽の「栽」という漢字は植物を育てるということを表します。
　このように美しい盆栽を作るには、毎日の手入れがとても大切です。植物の性質を考えながら、枝を切ったり、針金を使って曲げたりして、長い年月をかけて大切に育てます。高さ7センチメートルぐらいの小さいものから、1メー

トル以上のものまであります。小さな鉢の中に大自然の風景を表す、これが盆栽の特徴です。
　最近、自分の部屋や、事務所に小さな盆栽を飾る人たちが増えてきています。心を込めて盆栽の世話をするのが、疲れた心を癒してくれるのだそうです。

(宮城幸枝・太田淑子・柴田正子・牧野恵子・三井昭子 著『中級日本語音声教材　新・毎日の聞きとり50日　下』(36課) 凡人社)

<聞き手の関心を引きつける>

　[最初の原稿] は、単に盆栽についての説明の文になっています。これだけだと、聞く意欲があまりわかないかもしれません。聞き手に何だろう、続きが聞きたいなと思わせるようにして、聞き手を引き込むことが大切です。聞き手が目の前にいると考えて、「今から、とてもおもしろい話をするから、聞いてください」という姿勢で、完成テキストでは波線のようにテキストを書き直しました。

[最初の原稿]
写真を見てください。これは盆栽というものです。この木は松で、高さは58cmしかありませんが、約70年もたっています。

⬇

[完成テキスト]
写真を見てください。これは、約70年前に植えられた松ですが、高さは58センチしかありません。まるで、大自然の中に立つ大きな松のように見えませんか。これは盆栽というものです。

　このような順序で述べることで、70年前に植えられた古い松なのに、58センチという小ささであることを強調することができます。また、はじめに盆栽の特徴をしっかりと理解してもらうために、単純な説明ではなく、「まるで、大自然の中に立つ大きな松のように見えませんか」と聞き手に話しかける手法で、盆栽がどういうものかということを示しています。

> [最初の原稿]
> この写真のように盆栽は植物の性質を考えながら、小さく育てます。そのためには、枝を切ったり、針金を使って曲げたりします。
> ⬇
> [完成テキスト]
> <u>このように美しい盆栽を作るには、毎日の手入れがとても大切です。</u>植物の性質を考えながら、枝を切ったり、針金を使って曲げたりして、<u>長い年月をかけて大切に育てます。</u>

　[最初の原稿]では、単純に小さく育てるための説明で、心を込めて盆栽を作る人の気持ちが伝わりにくいのではないでしょうか。[完成テキスト]では、「このように美しい盆栽を作るには、毎日の手入れがとても大切です。」「長い年月をかけて大切に育てます。」という文を補って、盆栽は人々が心を込めて大切に作るものであることを示しています。そして、盆栽がどういうものか理解されたところで、最後に「小さな鉢の中に大自然の風景を表す、これが盆栽の特徴です。」という強調する文で、簡潔に盆栽の特徴をまとめています。
　[最初の原稿]よりも盆栽の特徴がはっきりと理解しやすくなったのではないでしょうか。

【例53】河童
<文と文の論理的関連性に配慮する>
　私達は、話を読んだり聞いたりするとき、文と文の論理的関連性を把握し、文章全体の理解へとつなげていきます。論理関係の明確さは理解度に影響します。文と文の論理的関連性への配慮は、音の流れに沿って聞かなければならない聴解のテキストでは特に重要です。また、聴解や読解のテキストには日本語のモデルとなるインプットとしての役割もあります。ですから、音声テキストを作成するときには、理解しやすいように話を整理して論理的な文章を組み立てることを心がけます。

[最初の原稿]
　河童は昔から川や沼など水の中にすんでいる妖怪です。体の大きさは人間の子どもぐらいですが、体の色は緑色をしています。<u>河童は頭に特徴があります。頭の上に水の入った皿を載せています。この頭の上にある皿の水のおかげで、驚くほどの力を出すことができると言われています。この皿の水がなくなると、河童は力がなくなってしまいます。</u>
　（細長い腕は伸びたり縮んだり自由にできます。）口はとがっていて、背中には亀と同じような硬い甲羅をつけています。（手と足の先には水かきがついているので、泳ぐときはたいへん早く泳ぐことができます。）
　河童はいたずらが好きで、（馬を水の中に引き込んだりして、）人間を困らせたりします。
　河童が好きなのは相撲です。人間と相撲をしたという話も残っています。人間がどうしても勝てないので、河童にお辞儀をさせてみたら、頭の皿の水がこぼれてしまって力がなくなり、人間が勝つことができたという話もあります。
　（河童が好きな食べ物は野菜のキュウリです。それで、キュウリを使った寿司に、カッパ巻きという名前がついているのです。）

↓

[完成テキスト]
　河童は、川や沼など水の中にすんでいると言われる妖怪です。大きさは人間の子どもぐらいで、体の色は緑色をしています。口はとがっていて、背中には亀と同じような硬い甲羅をつけています。頭の上には皿のようなものがついていて、その皿には水が入っています。この皿の水のおかげで、河童は強い力を出すことができます。
　ですから、人間と河童が相撲をすると、どんなに強い人でも、河童に勝つことができません。なんとか、河童に勝つ方法はないものか。あるとき、頭のいい人が、いい方法を考えました。その人は、河童と相撲をする前に、深々とお辞儀をしました。そうしたら、河童もうっかりお辞儀をして、頭の皿の水がこぼれてしまいました。すると、河童は急に力がなくなって、人間に負けてしまったということです。

> 河童はいたずらが好きで、人間を困らせることもしました。でも、親切にしてもらった人間には、魚をとって持っていったり、薬の作り方を教えたりもしました。このように、河童は人間の生活に深く結びついた妖怪だったようです。
> (宮城幸枝・太田淑子・柴田正子・牧野恵子・三井昭子 著『中級日本語音声教材 新・毎日の聞きとり50日 下』(39課) 凡人社)

[最初の原稿]には多くの情報が盛り込まれています。河童がすんでいるところ、外見上の特徴、頭の皿の水のこと、河童の性質、河童にまつわるエピソード、河童に由来するものについてなどです。しかし、これらの情報は、はっきりとした関係がないまま並べられており、テキスト全体も長く、まとまりがない感じがします。

そこで、この文章の一貫性を保つために、もっとも大切な情報だけ残し、特に必要でないと判断した情報(( )の部分)を削除し、文と文のつながりを考えて整理し直しました。まず、河童とはどのようなものかを「はじめに」で取り上げて、イラストの河童の絵とともに背景知識となる情報を与えます。本文テキストに盛り込めないものは「ひと口メモ」に追加情報として載せます。

[完成テキスト]は、河童の外見上の特徴、相撲のエピソード、まとめという三段構成としました。

第一段落では河童の外見上の特徴について述べていますが、段落の最後の方で、皿の水の外見上の説明から、その効力について述べ、次の相撲の話へと関係をつなげます。相撲が好きだという話は説明として述べるのではなく、一つのエピソードとして伝えることにより、実際の場面を思い浮かべやすくしました。

最後の段落ではまとめとして、人々が河童に親しみを感じている理由を述べました。

以上のようにさまざまな点から文章を練って聴解のスクリプトを作成するのですが、最後に必ず作成したテキストを読み上げて聞き直し、音声で聞いたときの流れや理解のしやすさを確認し、再調整を行いました。

3. タスクを作成する

『中級日本語聴解練習　毎日の聞きとり50日』、『中上級日本語音声教材　毎日の聞きとりplus40』、『中級日本語音声教材　新・毎日の聞きとり50日』の課の構成は【表2】に示したとおりです。また、課のレイアウトを【図3】に示しました。これらの構成項目の順序は、聴解活動の流れを示しています。

【表2】課の構成

『中級日本語聴解練習　毎日の聞きとり50日』	『中上級日本語音声教材　毎日の聞きとりplus40』	『中級日本語音声教材　新・毎日の聞きとり50日』	タスクの目的と聴解活動の流れ
イラスト	イラスト	イラスト	聞く態勢を作る。背景知識の活性化をはかる。
はじめに	はじめに	聞くまえに	
	ことば		新出語の意味の確認。メンタルレキシコンの関係語彙知識を活性化する。
問題Ⅰ	聞きましょうⅠ	聞きましょうⅠ	話を聞く方向付けをする。概要を把握する。
問題Ⅱ、Ⅲ	聞きましょうⅡ	聞きましょうⅡ	細かく正確な理解を促す。書くこと（文字を使ったアウトプット）により知識を定着させる。
	聞いたあとで		読むこと（文字からのインプット）や、内容について話すこと（音声のアウトプット）を通して、語彙や内容の内在化をはかる。
	ことばの練習		理解語彙を使用語彙に高めるためのタスク。
ひとくちメモ	一口メモ		話に関連する追加情報を与え、より深い理解を促す。文字インプットからの内在化をはかる。
	聞きとりのヒント		日本語の音声の特徴を示し、音声知覚の面から聞き方を指導する。

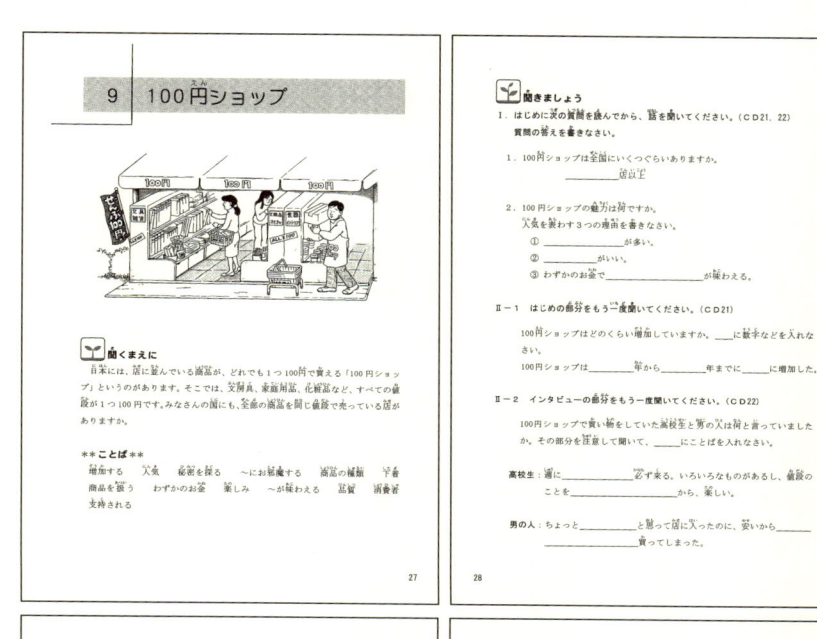

【図3】

(宮城幸枝・三井昭子・牧野恵子・柴田正子・太田淑子 著『中上級日本語音声教材 毎日の聞きとり plus40　上』（9課）凡人社）

次に項目順に、問題やタスクの作成方法について述べます。

▶1　イラスト

　イラストや絵は記憶や理解を促進するので、特にことばによる理解力が不足している学習者の役に立ちます。文化背景の異なる学習者がその言語の母語話者の心的表象、どのような状況をイメージして話しているのかを理解する手がかりにもなります。イラストの役割を以下に詳しく述べます。

①動機づけや安心感を与える。
　私たちは、常に視覚によって周囲の状況を把握し生活しています。このように視覚情報の把握に慣れているだけに、特に絵や写真などの視覚情報は学習者に安心感を与え、また、楽しい雰囲気の絵は学習意欲を高めます。「この課はこんな楽しい絵が描いてある。どんな内容なんだろう。早く聞きたいなあ」という気持ちにさせる楽しいイラストは学習の動機づけにもなります。

②新出語の意味を示し、理解を助ける。
　「コンピューターの基盤」や「かぶと」など、ことばで説明するのが難しいものでも、写真やイラストを見れば簡単に理解できる場合があります。

③既有知識を活性化させる。予測することによって聞きやすくなる。
　テキストを読む前に読み手に背景知識を与えたり、トピックに関する写真やイラストを見せたり、題名から内容を予測させたりすることは、既有知識を活性化し、聴解の負担を軽減化し、理解を促進します。

④テキストの流れや情報の関連性を整理し、わかりやすくする。
　聞きとりのテキストの内容は、聞き手の持つスキーマの範囲では推測できないタイプのものもあります。たとえば、原子力発電や波力発電のしくみなど普段見たことのない装置のシステムやしくみ、缶コーヒーの値段の複雑なからくり（【図4】）や、菜の花プロジェクトのしくみなどです。このような場合、イラストは、ことばによる説明を補い、情報を整理するという役割も

担っています。また、牛丼の作り方など料理の作り方や、「だるまさんがころんだ」などの遊びの説明は、イラストがあってこそ具象化することができ、具体的な理解が得られます。

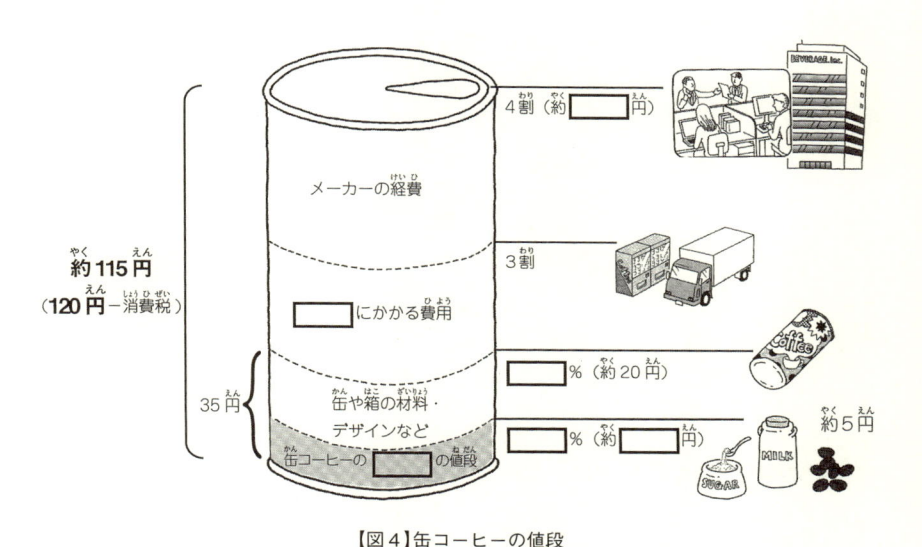

【図4】缶コーヒーの値段

（宮城幸枝・太田淑子・柴田正子・牧野恵子・三井昭子 著『中級日本語音声教材　新・毎日の聞きとり50日　下』(48課) 凡人社）

⑤表現や語の理解度を深める。

「人類はメン類」のイラストでは、インスタントラーメンを発明した安藤さんが、天ぷらを揚げる奥さんの横で、手をぽんと打って、アイデアが浮かんだときの様子が描かれています。

【図5】人類はメン類
（宮城幸枝・三井昭子・牧野恵子・柴田正子・太田淑子 著『中上級日本語 音声教材　毎日の聞きとりplus40　下』(32課) 凡人社）

　このイラストで、学習者は「天ぷらを揚げる」状況が理解できるでしょう。また、安藤さんの顔の表情と手を打つ動作から、「思いつく」という語が実感として学習者に伝わり、理解を深め、人によっては使用語彙となることもあるかもしれません。

　私たちは、新しい単語を覚えるときに、覚えやすい文の中に単語を入れて、文の意味とともに単語を記憶しようとしたり、イメージを浮かべて覚えたり、記憶に留めるためにさまざまな工夫をします。このような、記憶する際に情報を加えて覚えやすくするストラテジーのことを精緻化（elaboration）方略[15]と言います。精緻化が有効であるのは、タイプの異なった処理を行うことによって認知的操作を増やし、処理水準（level of processing）[16]を深めることになるからです。単に単語の文字を見ながら覚えるより、絵で意味を確認したり、声を出して読んだり、文を作ってみたりするなど認知的な操作

注〉
[15] イメージやさまざまな既有知識と結びつけることによって覚えやすくすることです。
[16] 処理水準とは「外界から取り込んだ情報の処理を、どの程度深いレベルにまで行うかという基準」(門田2007：259)です。処理水準の深い処理をすれば、記憶が強固に定着します。たとえば、単語を覚えるとき、単純に文字を見て覚えるよりも、自分と関係づけた例文を作るなどという深い処理を行うことによって記憶が定着しやすくなります。

を増やすことによって、記憶に深く刻まれます。イラストは、ことばの使われる文脈や状況の理解や話者の心理状態の理解などを促進し、文脈とそのイメージとともに記憶にとどめるのに役立ちます。

⑥音声情報から自己のイメージを修正し、日本語母語話者の抱くイメージを理解する。

空想上の生き物、河童の話やこま犬の話、「上総堀(かずさぼり)」という特殊な井戸の話などは、イラストや写真なしには正確にイメージすることは不可能でしょう。逆にイラストや写真を見ずに最初に音声を聞いてイメージを作り上げてからイラストや写真を見て、イメージを修正し、ことばによって伝えられる内容を正しく理解できたかどうかを確認するという活用法もあります。

⑦絵の記憶がテキストの内容、語や表現の記憶を活性化する。

記憶とは覚えること、記憶を保持すること、記憶したことを思い出すこと（検索または想起）からなります。覚えたことは記憶していても、そのことばが何だったか思い出せないという経験は誰にでもあるでしょう。長期記憶に入った語でも、思い出せなければ役に立ちません。

イラストはイメージとして記憶されやすく、そこで使われていた語や表現や話の内容を思い出しやすくするという効果もあります。

▶2　はじめに／聞くまえに

タイトルやイラスト、キーワードなどのことばの説明、トピックの背景説明などは先行オーガナイザー（advance organizer）[17]となり、既有知識や語を活性化し、話を予測したり、関心を持って聞いたり、知りたい点に焦点を合わせて聞いたりするなどの聞く態勢を整えることができます。「はじめに／聞くまえに」はこのような先行オーガナイザーとしての働きをするタスクです。作成した教材の中から、主なタスクを例とともに紹介します。

注〉
[17] 新しく導入される情報の理解を容易にするために、先行して提供される既知の知識との関連づけを促進する枠組みのことです。

①トピックについて母国との類似点、相違点などを聞く。

【例54】出前はどんなときに何を？
　あなたの国では、食べ物をお店から家まで配達してもらうことができますか。どんな食べ物を届けてもらいますか。どんなときに届けてもらいますか。
（宮城幸枝・三井昭子・牧野恵子・柴田正子・太田淑子　著『中上級日本語音声教材　毎日の聞きとりplus40　上』（3課）凡人社）

　【例54】はインフォメーション・ギャップ（information gap）を利用した活動です。学習者同士で母国のようすを思い出して紹介しあったり、関心を持って質問しあったりする、意味のあるコミュニケーション活動を行うことができます。学習者が言いたい内容を表すことばが思い浮かばないときや上手に表現できないときに、教師が支援することで気づきと習得が起こります。このように、学習者自身が自分の経験知識を想起し、発表することは聴解の準備活動としても、話すというコミュニケーション活動としても効果的です。

②トピックに関する経験を聞く。

【例55】待つ時間・待たせる時間
　友達や恋人と待ち合わせをしたとき、あなたは待つことのほうが多いですか。待たせることのほうが多いですか。
（宮城幸枝・太田淑子・柴田正子・牧野恵子・三井昭子　著『中級日本語音声教材　新・毎日の聞きとり50日　上』（7課）凡人社）

　トピックに関する自分の経験を思い起こすことによって、自分と関連する話題として関心をもって聞くことができます。自身の経験と比較しながら聞き、理解を深めます[18]。

注〉
[18] 村野井（2006）は、「題材内容と自分との関連性（relevance）が示されれば、それが内容をより深く知りたいという内因性の動機を高めることとなり、学習意欲を高めると考えられる。」と述べています。

③話を理解するための背景知識を与える。

> 【例56】小判がこわい
>   日本の民話にはキツネやタヌキ、ウサギなど、昔は人々の身近にいた動物が登場します。ここでとりあげる民話は人間とタヌキの話です。タヌキは日本では古くから親しまれてきた動物ですが、民話の中のタヌキは、しばしば人間に姿を変えて人をだましたり、悪いことをしたりして人間を困らせます。この話では、タヌキがタバコが嫌いだということが重要なポイントになります。このことに注意して聞いてください。
>   (宮城幸枝・太田淑子・柴田正子・牧野恵子・三井昭子 著『中級日本語音声教材 新・毎日の聞きとり50日 下』(32課) 凡人社)

　トピックの中には、慣習など日本の事情を理解していないとわかりにくいものもあります。そのような場合、【例56】のような説明が必要です。「読む」ことによって得た背景知識を「聞く」ために活用する統合的な言語運用です。

④やや長い話の導入部分を先に読ませて、続きを聞かせる。

> 【例57】暖かい色、冷たい色
>   色には暖かい感じを与える「暖色」と、冷たい、涼しい感じを与える「寒色」があります。(中略)「暖色」と「寒色」には、このような違いのほかに、おもしろい違いがあります。どんな違いでしょうか。これからある大学で行われた実験について聞きましょう。
>   (宮城幸枝・三井昭子・牧野恵子・柴田正子・太田淑子 著『中上級日本語音声教材 毎日の聞きとりplus40 上』(16課) 凡人社)

　「聞くまえに」で「暖色」と「寒色」の使い方の例を挙げて、色の使い方に関する情報を伝え、音声テキストではその知識をもとに、やや込み入った実験について聞かせます。すべてを聞くには長すぎるので、話の理解に欠かせない前提部分の説明を先に読ませ、理解した上で続きを聞くという方法をとりました。

⑤ クイズ形式で、背景知識や新出語を導入する。

【例58】イルカは頭がいい？

イルカについてのクイズです。どちらが正しいですか。
1. イルカは（a　魚（さかな）です／b　哺乳動物（ほにゅうどうぶつ）です）
2. イルカの大（おお）きさは（a　約（やく）1.5m〜4m／b　約（やく）4m〜6m）
3. イルカは（a　歯（は）がある　b　歯（は）がない）
4. イルカの脳（のう）はサルと比（くら）べると（a　軽（かる）い／b　重（おも）い）

（宮城幸枝・太田淑子・柴田正子・牧野恵子・三井昭子　著『中級日本語音声教材　新・毎日の聞きとり50日　下』(44課) 凡人社）

クイズに答えるための積極的な認知活動が、ことばの理解と定着を促します。答えは欄外にあるので、すぐに答えを確認することができます。

⑥ イラストを見ながら、実際に作業をしたり、音を聞いたりするなどの経験をさせる。

【例59】千羽鶴

図（ず）を見（み）ながら、折（お）り紙（かみ）で鶴（つる）を折（お）ってみましょう。

（宮城幸枝・太田淑子・柴田正子・牧野恵子・三井昭子　著『中級日本語音声教材　新・毎日の聞きとり50日　下』(29課) 凡人社）

> **【例60】合格は誰のおかげ？**
> 　警察のパトカーなどのサイレンの音は、国によって少しずつ違うようですね。日本ではどんな音でしょう。いろいろな車のサイレンの音を聞いてください。
> （サイレンの音を聞く）
> （宮城幸枝・太田淑子・柴田正子・牧野恵子・三井昭子 著『中級日本語音声教材　新・毎日の聞きとり50日　下』(30課) 凡人社）

　実際に動作をしたり、音を聞いたりする具体的な活動は、記憶に残りやすく、その課の内容の理解と定着に役立ちます。

▶ 3　ことば

　キーワードや難しいと思われる語を課のタスクシートで示すかどうかは、著者の間でも意見の分かれたところでした。比較的高い能力を持っている学習者にとっては、わからないことばがあっても文脈から類推して補って聞くというトレーニングも必要です。しかし、わからないことばが多すぎても、聞くトレーニングにはなりません。語の意味を説明してから聞かせるか、聞かせてから確認するかなど、学習者に合わせた使い分けが必要です。

▶ 4　聞きましょうⅠ

　「聞きましょうⅠ」は大意をつかむ目的のタスクです。大意をつかむといっても、音声テキストのトピック（内容）やジャンルによって聞き方が異なります。知りたい情報に焦点を絞って聞く、内容を整理し概要をつかむ、出来事の経緯を理解する、仕組みや行動のしかたなどの空間認識をしながら理解する、ことばの裏にある話者の心理を推察するなどです。このタスクのもう一つの目的は、テキストの内容理解のためにどのような姿勢で聞いたらよいか、何に焦点を当てて聞いたらよいかといった「聞く方向づけ」をすることです。

　問題の形式には答えを選択する、話の内容とイラストや図を照合させ、番号や数値などを記入する、内容を整理して表の空欄に書き込むなどがあります。

①聞き方を方向づける。

> 【例61】合格は誰のおかげ？
> 問題Ⅰ-1　この大学生の珍しい経験について2つ質問します。正しい答えをabcから1つ選びなさい。
>
> 1．いつ、どんな事故に遭ったのですか。
> 　　[a b c]
> 2．この学生はどうして試験に間に合ったのですか。
> 　　[a b c]
>
> **音声による選択肢の提示：**🔊
>
> 1．いつ、どんな事故に遭ったのですか。
> 　a．入学試験からの帰りに、乗っていたバスがトラックに追突しました。
> 　b．入学試験に行くときに、乗っていたバスがパトカーに追突しました。
> 　ⓒ．入学試験に行くときに、乗っていたバスがトラックに追突しました。
>
> 2．この学生は、どうして試験に間に合ったのですか。
> 　a．おまわりさんが試験会場に電話して、試験の時間を遅くするように頼んだからです。
> 　ⓑ．おまわりさんが彼をパトカーに乗せて、送ってくれたからです。
> 　c．おまわりさんがほかの車を止めて、彼を送るように頼んでくれたからです。
>
> (宮城幸枝・太田淑子・柴田正子・牧野恵子・三井昭子　著『中級日本語音声教材　新・毎日の聞きとり50日　下』(30課) 凡人社)

　【例61】は、高校生が入学試験会場に向かう途中で、交通事故に巻き込まれた話です。どんなときに事故にあったのか、どうやって無事に入学試験に間に合ったかという経緯がこの話の要点です。この問題では、「知りたい情報に焦点を絞って聞く」というストラテジーを使うように方向づけをして、要点を理解できるように促しています。

【例62】回転寿司
I. 次の３つの質問に答えられるように、聞いてください。
１．回転寿司の人気の理由として、どんなことが挙げられていますか。３つ選びなさい。

文字による選択肢の提示：
  a 値段がはっきりわかり、あまり高くない。
  b 店員のサービスがいい。
  c 寿司といっしょにお酒が飲める。
  d 待たないで、すぐに食べられる。
  e 魚の名前が覚えられる。
  f 魚の名前がわからなくても、食べたい寿司が食べられる。

２．回転寿司の問題は何ですか。１つ選びなさい。
  a コンベアーが速く回るので、皿が落ちてしまう。
  b どのくらい食べたかわからない。
  c 皿が、いつコンベアーの上に載せられたかわからない。

３．ある店では２番の問題を解決するために何をしましたか。
  a 30分に１回、コンベアーを止める。
  b コンベアーの上で30分回った皿を下ろす。
  c 30分に１回、コンベアーの上の皿を全部取りかえる。

（宮城幸枝・三井昭子・牧野恵子・柴田正子・太田淑子 著『中上級日本語音声教材　毎日の聞きとりplus40　下』(21課) 凡人社）

　【例62】のように選択肢が文字で与えられた場合は、音声テキストを聞くまえに、文を読んでおく必要があります。これを読むことで話の内容を予測することができ、聞く態勢を整えることにもなります。概要を理解しているかどうかを確認する選択肢は、細部まで細かく聞かないと答えられないという難しいものではいけません。また、試験のように、他者との差をつけるためでもありません。話を予測し、聞く態勢を整えることが目的ですから、複雑でないわかりやすい文にします。

【例63】100円ショップ
I. はじめに次の質問を読んでから、話を聞いてください。
　　質問の答えを書きなさい。
1. 100円ショップは全国にいくつぐらいありますか。
　　＿＿＿＿＿＿＿＿＿店以上
2. 100円ショップの魅力は何ですか。
　　人気を表す3つの理由を書きなさい。
　　① ＿＿＿＿＿＿＿が多い。
　　② ＿＿＿＿＿＿がいい。
　　③ わずかのお金で＿＿＿＿＿＿＿＿＿＿＿＿が味わえる。
(宮城幸枝・三井昭子・牧野恵子・柴田正子・太田淑子 著『中上級日本語音声教材　毎日の聞きとりplus40　上』(9課)凡人社)

　【例63】では大切なことを整理しながら聞かせるために質問でポイントを示し、空欄に答えを書き込ませる形式にしました。

【例64】名前のない手紙
I. 次の文を読んでから、起きたことの順序に注意して話を聞いてください。
　　起きた順序に番号をつけなさい。
(　)中村さんはバイクを直して、新しいヘルメットを買いました。
(　)中村さんの家のポストに、手紙と2万円が入っている封筒がありました。
(1)中村さんはバイクを壊されて、ヘルメットを盗まれました。
(　)中村さんはお金を寄付しました。
(　)盗まれたヘルメットが戻ってきました。
(宮城幸枝・三井昭子・牧野恵子・柴田正子・太田淑子 著『中上級日本語音声教材　毎日の聞きとりplus40　下』(23課)凡人社)

　【例64】の音声テキストでは中村さんが自身の経験を話しているのですが、その話の流れは時系列になっていません。どのような順序で物事が起こったかを整理しながら聞くことを目的にしています。

②イラストと照合する。

【例65】だるまさんがころんだ

1. 説明を聞いて、遊びの順番に絵を選んで、番号を書きなさい。

a / b / c / d / e

1.（ a ）→ 2.（　）→ 3.（　）→ 4.（　）→ 5.（　）

（宮城幸枝・三井昭子・牧野恵子・柴田正子・太田淑子 著『中上級日本語音声教材　毎日の聞きとりplus40　上』(15課) 凡人社）

【例65】は、動作や状況をイメージしながら聞くタスクです。はじめにイラストを見ないで想像しながら聞き、あとでイラストと照合して自分の理解が正しかったかどうかを確認するという使い方もできます。

③内容を整理して空欄に書き込む

【例66】出前はどんなときに何を？

1. 話を聞いて、下の表に書きなさい。

順番	名前	理由	払うお金
一番目	ピザ		
二番目		おいしくて、ごちそうの感じがするから	
三番目			2000円前後

第5節　中級教材の作成—具体例—　｜　179

（宮城幸枝・三井昭子・牧野恵子・柴田正子・太田淑子 著『中上級日本語音声教材　毎日の聞きとり plus40　上』（3課）凡人社）

　【例66】は、情報を整理して聞くことを目的にしたタスクです。講義を聞きながらノートをとることは、聞いた内容を理解し、整理し、あとで見たときにわかりやすいように書きとるという非常に高度な認知活動です。初級や中級の段階から、このように整理して聞く練習を行うことで、そのストラテジーを身につけることを期待しています。

▶5　聞きましょうⅡ

　1回聞いて概要を理解した後で、細かく正確に聞くための問題です。何回か繰り返して聞いた後にタスクに答えることを想定していますが、何回聞くか、CDを止めて確認しながら聞くか、スクリプトを読んで内容を確認してから聞くかなど、学習者のレベルや言語的背景（非漢字圏か漢字圏かなど）、学習の目的によって聞き方を変えることもできます。

　また、この部分では正確に聞けたかどうかを文字で書いて確認する問題が多くなっています。①質問に答える問題、②話の内容を要約した文章の空欄に適切な答えを記入する問題、③重要な数字の意味する内容について書く問題、④話の結論や結末を予測する問題、⑤物語の会話部分を読んで、誰の発話かを思い出す問題などがあります。

①質問に答える問題

【例67】車は左、人は右？
Ⅱ　もう一度聞いて、次の質問の答えを書きなさい。
1．日本で歩道がない道路を歩くときに、右側を歩くように決められているのはどうしてですか。
_____
_____

> 2. 人が左側を歩く性質がある理由として、2つの説が紹介されています。それはどんな理由ですか。
>   ① _____
>   ② _____
>
> (宮城幸枝・太田淑子・柴田正子・牧野恵子・三井昭子 著『中級日本語音声教材 新・毎日の聞きとり50日 下』(28課) 凡人社)

　上の【例67】の前に行う「聞きましょうⅠ」は、どんな調査をして、どんな結果が出たのかという話の概要理解を選択問題で確認していますが、【例67】で示したⅡは、調査内容に関する考察の部分まで正確に理解できているかどうかを問う問題です。

②話の内容を要約した文章の空欄に適切な答えを記入する問題

> 【例68】人類はメン類
>
> Ⅱ　インスタントラーメンの開発で、いちばんむずかしかった問題を安藤さんはどのように解決しましたか。その部分をもう一度聞いて、_____にことばを入れなさい。
> 　インスタントラーメンの開発でいちばんむずかしかったのは麺を_____方法でした。
> 　安藤さんは奥さんが_____のを見て、麺を_____ことを思いつきました。麺を油で揚げると、水分が_____して、たくさんの_____。これによって麺が乾燥し、また、揚げた麺にお湯を_____と、小さな穴の中にお湯が_____て、短い時間で_____。
>
> (宮城幸枝・三井昭子・牧野恵子・柴田正子・太田淑子 著『中上級日本語音声教材　毎日の聞きとりplus40 下』(32課) 凡人社)

　【例68】は音声テキストの要約文の中の空所を補充するタスクです。ディクテーションではないので、音声を聞きながら書くことは想定していません。音声テキストを聞いて十分に理解したあとに、話を思い出し、話を整理しながら空所にことばを入れて要約文を完成させます。自分の理解が正しかった

第5節　中級教材の作成―具体例―　｜　181

かどうかを要約文を書くことによって確認することと、ポイントとなる語句や表現を覚えているか、正確に表記できるかを確かめることを狙いとしています。

③数字の意味する内容について書く問題

> 【例69】駅伝
> Ⅱ-2　次の数字は何を表していますか。
> 　　217.9km →　_____
> 　　約20キロ →　_____
> 　　12時間以上 →　_____
>
> （宮城幸枝・太田淑子・柴田正子・牧野恵子・三井昭子 著『中級日本語音声教材　新・毎日の聞きとり50日　下』(37課) 凡人社）

「東京と箱根の往復の距離は何キロですか」のような問題は数字の部分さえ聞き取れればできるので、比較的容易にできます。逆に、【例69】のように数字が表すことについて説明を求める問題は、より注意深く聞いていないと答えられません。細部までの正確な理解を求めるのが、「聞きましょうⅡ」の目的なので、この形式を使いました。

④話の結論や結末を予測する問題

> 【例70】便利？不便？電子メール
> Ⅱ．次に社長の話を聞いてください。そして、最後の文、「ただし、くれぐれも…」に続く文を選びなさい。
> 　　a　くれぐれもお返事は電子メールでお願いします。
> 　　b　くれぐれもお返事は電子メールでは送らないでください。
>
> （宮城幸枝・三井昭子・牧野恵子・柴田正子・太田淑子 著『中上級日本語音声教材　毎日の聞きとりplus40　上巻』(10課) 凡人社）

私たちは、常に話の事実関係だけでなく、話し手が言いたいことは何か、その話をする意図は何かを推測しながら聞いています。【例70】の問題では、話し手の気持ち・態度、伝えたいことを話の内容や表現のしかたから総合的

に判断して推測する力を問います。

⑤ 物語の会話部分を提示し、誰の発話かを聞く問題

【例71】小判がこわい
問題Ⅱ－１　次のことばは、おじいさん〔A〕、タヌキ〔B〕のどちらですか。
　　　　　　また、a～gの（　）に番号を入れて、正しい順番にしなさい。
a　（ １ ）「寒くて寒くてたまりません。どうか、中に入れてください」〔B〕
b　（　　）「わたしは、タバコほどこわいものはありません」〔　〕
c　（　　）「ああ、苦しい、苦しいよ…」〔　〕
d　（　　）「きのうのお返しだ、もっと入れてやる」〔　〕
e　（　　）「おじいさんのいちばんこわいものは何でございますか」〔　〕
f　（　　）「娘さん、この世の中でいちばんこわいものは何だね？」〔　〕
g　（　　）「そうだなあ、わしは小判がいちばんこわいなあ」〔　〕
（宮城幸枝・太田淑子・柴田正子・牧野恵子・三井昭子　著『中級日本語音声教材　新・毎日の聞きとり50日　下』(32課) 凡人社)

　【例71】の昔話は、状況を説明するナレーションと登場人物の会話によって話が進められています。聞き手はナレーションの内容と、声優が演じ分けるおじいさんとタヌキの声を聞いて、ドラマを見ているように、登場人物の気持ちや表情を思い描きながらストーリーを理解していきます。このタスクは、だれが、どの場面で、どんな状況で言った発話かを思い出して、頭の中でドラマを再構成してもらうためのタスクです。これができれば、ストーリーの展開を理解したかどうかを間接的に確認することができます。声優が情感豊かにタヌキとおじいさんを演じているので、聞いたあとで学習者に同じように感情を込めて演じてもらうのも楽しい練習になるでしょう。

▶6　聞いたあとで・一口メモ

　「聞いたあとで」には、音声テキストの内容に関連する情報や追加情報を短い文章にまとめた読み物や、同じテーマについて話し合うタスクがあります。音声テキストを中心にして、「はじめに／聞くまえに」などの準備タス

クと、「読む」、「話す」など他の技能と関連させた活動によって、日本語を統合的に運用する能力を高めることを期待しています。

　外国語の聴解には集中力と記憶力が必要です。その負荷を軽くするために音声テキストはできるだけ簡潔に短くしました。そして、テキストに入れることができなかった追加情報を「一口メモ」にまとめました。この「一口メモ」は、聴解後の「読む」練習として使うこともできます。また、リード・アンド・ルックアップ（第3章第2節3.▶4参照）や口頭要約などの素材として活用することもできます。

✦✧✦✧✦✧✦✧✦✧✦✧　一口メモ　✦✧✦✧✦✧✦✧✦✧✦✧

「だるまさんがころんだ」の達磨さんは禅宗を始めた僧侶で、日本では絵のような達磨の人形がよく売られています。これは下のほうが重くなっていて、転んでもすぐに起き上がるようになっています。
「七転び八起き」ということばがあって、これは達磨さんのように7回転んでも8回起きる、つまり試練や失敗に負けないで立ち直ると言う意味です。このことばとともに達磨さんは縁起のよいものとされています。

✦✧✦✧✦✧✦✧✦✧✦✧✦✧✦✧✦✧✦✧✦✧✦✧✦✧✦✧✦✧✦✧

（宮城幸枝・三井昭子・牧野恵子・柴田正子・太田淑子 著『中上級日本語音声教材　毎日の聞きとりplus40　上』(15課) 凡人社）

▶7　ことばの練習

　語句の深い理解と定着をはかるため、その課の重要な語句の使い方に焦点を当てたタスクを作りました。【例72】はその一つの例です。

【例72】風呂敷
1.「シンプルな」のように外来語に「な」をつけて使うことがあります。どんな意味になるか考えながら、左の形容詞と右の名詞を線で結びなさい。

① ハードな (hard)　　　・　　・a　男の人
② ホットな (hot)　　　　・　　・b　ニュース
③ クリーンな (clean)　　・　　・c　エネルギー
④ ハンサムな (handsome)・　　・d　仕事

2．（　）の形容詞の形を変えて_____に入れ、文を完成しなさい。
①あの人は朝_____から、夜_____まで一生懸命働いています。
　　（早い　遅い）
②若者の_____が、将来に不安を感じています。（多い）
③日本で、風呂敷は_____から使われています。（古い）

（宮城幸枝・三井昭子・牧野恵子・柴田正子・太田淑子 著『中上級日本語音声教材　毎日の聞きとり plus40　上』（1課）凡人社）

▶8　聞きとりのヒント

　『中上級日本語音声教材　毎日の聞きとり plus40』では、特に日本語音声を聞くときに注意しなければならない点、知っておくとよいことがらなどを「聞きとりのヒント」のコラムにまとめました。それまで聴解に役立つ日本語の音声変化や特徴について述べられたものがあまりなかったので、学習者だけでなく、教師にも日本語音声の特徴や指導のポイントについて知っておいてほしいと考えたからです。各課の音声テキストから例を抽出し、説明しています。

【例73】聞きとりのヒント7
《聞きにくい音声・4》
　同じ母音や子音（consonant）が続くと、つながっているように聞こえますから注意しましょう。

練習　はっきり発音した場合と、速く話したときの発音とを比べてください。

① 3倍以上です（さんばい いじょうです　i→i）
② 方法を考えました（ほうほう を　かんがえました　o→o）
③ 続けられない（つ づけられない　ts→dz）[19]
④ 選ぶべきか悩む（えらぶ べきか　なやむ　b→b）
⑤ 東に進んでいます（ひがしに　すすんでいます　s→s）
⑥ 紙で包まれています（かみで　つつまれています　ts→ts）

（宮城幸枝・三井昭子・牧野恵子・柴田正子・太田淑子 著『中上級日本語音声教材　毎日の聞きとりplus40　上』凡人社）

【例73】はその1つですが、このコラムは全部で17あります。とりあげたすべてのテーマとその内容は次のとおりです。

①意味のまとまりに注意して聞く・1
意味のまとまりがイントネーション、ポーズによって示されることを指導します。

②疑問文のイントネーション
疑問文のイントネーションに、上昇調のものだけでなく、「〜でしょうか」のような下降調もあることを示しています。

③聞きにくい音声1
母音が無声化されることで聞きにくくなった音声に注意して聞けるように指導します。

④聞きにくい音声2、「〜じゃないの」のイントネーション
「しょ」と「そ」、「ちゅう」と「しゅう」、「しょ」と「しゅ」など紛らわしい音の区別に注意を促します。また、上昇調と下降調によって表現意図の異なる「〜じゃないの」を例にして、イントネーションの重要性について注意を喚起します。

⑤日本人の名字の音声的な特徴
日本人の名字には、3拍と4拍のものが多く、そのアクセント型は、3拍語と4拍語の名詞に多いアクセント型でもあります。日本人の名字のア

注〉
[19] /ts/ と /dz/ は声の有無という点で異なる子音ですが、この場合連続して発音されるので、ここで取り上げました。

クセントを知ることをとおして、日本語（東京方言）のアクセントの特徴を学び、聞きとる練習をします。

⑥**聞きにくい音声3**

　先行する文節の助詞の母音と、後続する語の語頭が同じ母音である場合、つなげて発音されるため、後続の語が明瞭に聞きとれないことを示し、注意を喚起します。

（「〜が扱っている ga・a」や「〜と思います　to・o」など）

⑦**聞きにくい音声4**

　同じ母音や子音が連続する場合、明瞭に発音されないことに注意を喚起します。

（さんばい/いじょうです i→i、ほうほう/をかんがえました o→o など）

⑧**日本のあいさつことば**

　あいさつことばには、第一音節が低く始まるものが多く、第二音節以下のアクセントが高く強く発音されることを示して、自然な発音法を指導します。

⑨**漢字の音読みの種類と漢字熟語の音の特徴**

　漢字の音読みの種類について知り、テキスト中の漢字熟語の聞き分けに音読みの音の特徴を役立てる方法について示しています。

⑩**意味のまとまりに注意して聞く・2**

　文中の「疑問詞〜か」のイントネーションは下降調になることに着目し、下降調イントネーションが意味のまとまりを示すことを確認します。

⑪**助詞の聞きとり**

　助詞には普通アクセントが置かれず、聞きとりにくいのですが、文の構造を理解するために助詞を正確に聞きとることが必要です。聞きとりにくい助詞にも注意を払って聞くよう指導します。

⑫**外来語の音声**

　和語とは異なる外来語の音声特徴を知り、テキスト中の外来語の聞き分けに役立てる方法について示します。

⑬**文の構造の聞きとり**

　文が長いときに、イントネーションや文型の知識から全体の文の構造を把握しながら聞く方法を指導します。

⑭**終助詞の聞きとり**
　終助詞「ね」と「よ」のイントネーションによって表現意図が変化することを示し、文末イントネーションの聞きとりに対する注意を喚起します。
⑮**同音異義語の聞き分け**
　文脈情報やアクセントによって同音異義語の意味を聞き分ける指導をします。
⑯**聞きにくい音声５**
　アクセントが低い第一音節は自然な発音では低いだけではなく、弱く発音されることが多いことを示し、弱化した音を正確に聞くことを指導しています。
⑰**アクセントの変化**
　複合語になることによって、もとの語のアクセントが変化することがあることに注意を喚起します。

第3章 作った後で

第1節　聴解の指導で配慮すべき点

　第1章では言語活動において音声情報がいかに重要な役割を果たしているかについて述べ、音声言語教育の大切さについて述べました。そして、聴解教材を単に聞いて理解する練習のためだけに使うのではなく、音声言語インプットのリソースとして多角的に活用し、総合的な日本語運用力の向上に役立てることを提案しました。第2章では、このような考えに基づいて作成した教材の作成プロセスと、さまざまなタスクの作り方について述べました。この章では、教師が教室で聴解教材を使って指導する際に配慮しなければならないことについて述べます。

1. 教師の役割

　教室で教えられることには限界があります。学習者の動機づけの強さ、学習スタイル、学習者自身がすでに持っている認知構造や経験知識の多寡、認知学習能力は学習の成果に影響を及ぼす大きな要因です。さらに、教室での指導では、そのクラスの構成員要因（母語や文化などの背景の違い、能力差、性格、学習意欲など）も指導成果を左右します。
　このことを考えると、教師の役割とは、学習者がうまく目的を達成することができるように、もっとも効果的な学習方法を示し、教育的、心理的に支援するということに尽きると考えられます。短期間で成果を求められる予備教育機関などでは効率性も重要な要素です。ここでは教師にできることは限られていることを認識した上で、特に音声言語を通した指導法について考えます。

2. 言語習得を促進する指導

　指導方法を考えるときには、学習者がどのようにその言語の語彙や文法システムを既有知識に結びつけ、中間言語システムを発達させていくかに注目する必要があります。

▶1　有意味受容学習

　Ausubel（1963）は、学習された項目が既存の概念体系に組み込まれて新しい概念体系や思考過程を形成することの重要性を指摘し、有意味受容学習（meaningful reception learning）を提唱しました。機械的に覚えるのではなく、学習者自身が学習する内容に親しみを持ち、自らの既有知識のネットワークに取り込むことで、知識の構造化が行われます。作成した聴解教材では、「はじめに」、「聞くまえに」という先行タスクで話に関係する話題や語を取り上げていますが、それが先行オーガナイザーとして働き、既有知識を活性化する役割を果たします。教室で新しい語や表現を導入するときには、それらが学習者の概念体系に組み込まれるように、関連する既有知識の想起を促す質問をしたり、説明を求めたりします。そして、学習者の既有知識を活性化し、聞きとりテキストの内容が学習者自身の経験や知識に関連づけられるように指導します。

▶2　リハーサル・体制化・精緻化

　記憶の面から見ると、習得とは、学習者が注意を向けた情報が短期記憶に取り込まれることによって長期記憶に送られ、自身の経験や知識のネットワークに取り込まれ、知識の構造化が行われることだと考えることができます。私たちは、記憶を定着させる（長期記憶に送る）ために、精緻化（elaboration）、リハーサル（rehearsal）、体制化（organization）などの記憶方略を使っています。

　覚えるべきことに情報を付加して、覚えやすくする記憶方略を精緻化といいます。単語を覚えるときに、その単語を使った文を作ったり、イメージを思い浮かべたりして覚えることで、自らの既有知識のネットワークへの取り込みを促進することができます。また、そのようにして記憶したことがらは、検索しやすく（思い出しやすく）なります。

　リハーサルは内語反復とも言い、心の中で復唱して覚えることです。リハーサルには維持リハーサルと精緻化リハーサルがあります。私たちは、歴史の試験の前に、できごとの年号を単純に何回も繰り返して言うことで記憶にと

どめようとすることがありますが、このように対象の項目を他との関連なしに機械的に反復するのが維持リハーサルです。一方、意味やイメージと関連づけた語呂合わせや、すでに覚えている年号や関連する出来事、絵や写真と結びつけて記憶すると、記憶の定着がよくなります。このように意味と結びつけたり、イメージを思い浮かべたりして、さまざまな情報を付加して深い認知処理をすることによって記憶を強固にするのが精緻化リハーサルです。

体制化とは、関連する情報をまとめ、整理して覚える方略のことです。たとえば、「買い込む」という新出語が出てきた場合、「飲み込む」、「取り込む」など既出の語を取り上げ、補助動詞「～込む」の意味と使い方をまとめるなどして、新しい語や知識を整理して記憶できるようにします。

このような認知心理学の知見を踏まえて、教室で行うインタラクションやタスクが言語習得にどのような意味があるのかを常に考えて指導を行うことが大切です。

▶3　気づきの必要性

学習者がインプットの中の特定の言語形式に注意を向け、気づいたものがインテイクとなり、学習者の中間言語システムと統合することによって習得が起こります。

日本の中学校の英語教育の現状について中里（2009：139）は「日本では、明示的教授の後、生徒に気づきを促すようなインプットが与えられていない現状がある。インプット理解よりも形式を学習するためのアウトプットが優先されることが多い。文法習得にとって重要な『気づき』が学習者の中で起こっていない、と言えるのではないか」と述べています。日本語教育でも、同様のことが言えると思います。

小柳（2008：32）は「SLA研究の成果から見ると、日本語の初級教科書の大きな問題点は、習得に必須とされるインプットの機会がそれほど多くないこと」であり、説明の後にすぐ文法のドリルなどの言語産出に入ってしまう傾向があることを指摘し、「インプットが習得に使われる言語データとなるインテイクに転じるプロセスなくして、すぐに産出練習を行うのは非生産的である」と述べています。

文型や文法を教える初級では、それらを使う文脈についての情報を与えるインプットが不足しています。特にインテンシブコースでは、定期的に行われるペーパーテストでよい成績をとるために学習者の意識は文法事項や文法規則を知識として覚え込むことに向けられ、それをインテイクとして自身の中間言語システムに組み入れていくことが難しいというのが現状ではないかと思います。

　一方、読解や聴解のテキストでは、場面や状況、文脈などが提供できるため、それに即した文法や表現の使い方がわかり、気づきを起こしやすいともいえるでしょう。聴解の音声テキストはそれに加え、イントネーションなどの音声表現によってより多くの情報を伝えます。また、聴解タスクに答えるためには、知覚し、記憶を保持しながら処理するという、認知資源を多く使う密度の濃い作業が求められるため、学習者はタスクで要求された部分に意識を集中せざるをえない状況に置かれます。そのため、教師と、授業参加者が一体となって一つの文節、句、文に集中して、取り組みやすいのです。

　小柳（2008：24）は、「認知的に見ると、習得とは、心理的な抽象レベルの知識構造である心的表象において、言語形式と意味／機能のマッピング（結びつき）が起き、さらにその結びつきが強化され、より分析的な表象が形成されていくことである」が、学習者が自ら Focus on Form[1] にスイッチするのは、実際には容易ではないと述べ、学習者の注意を言語形式に向けるための教師の介入の意義を指摘しています。音声テキストを聞いて、要約したりリピートしたりする教室活動では、教師が音声教材を上手にコントロールして聞かせることによって全員の注意を一つところに集め、気づきを起こさせることができます。さらに、学習者の興味を引く話題を教材に使えば、学習者は自身の経験や知識と関連づけて聞くことができ、疑問や意見など発話意識が芽生え、教師やクラスメートとのインタラクションが起こりやすくなります。そして、質問したり意見を述べたりしてアウトプットすることで、自分の表現が不自然であることや誤りに気づき、習得が促進されると考えられます。

注）
[1] 言語形式と意味／機能を同時処理するモードのことを指します（小柳 2008：24）

▶4　学習者のレベルと学習方略

　竹内（2003：201）は日本人の英語学習成功者たちの学習方略を探り、次のような方略がリスニング能力を高めるために重要であることを示しました。

　初期から中期にかけて…細部にいたるまで「深く」、「細かく」聞く
　中期以降…意味内容・情報に着目して「広く」聞く

　初期から中期にかけては、ディクテーションなどの後にスクリプトを使い、聞きとり内容を細部まで確認する学習方略で、中期以降は自然な韻律にのせて大量の外国語を聞くという方略です。音変化のデータ・ベース形成を初めとした基礎固めのためには、内容を細部まで学習する方略が有意義であり、大量の外国語を聞き、先に形成されたデータ・ベースの使用を自動化していく過程で、中期以降の「広く」聞く方略が有効であるというのです（竹内 2003：201）。
　これを日本語学習にあてはめた場合、初期と中期はどの段階にあたるのかは意見の分かれるところだと思いますが、とにかく、学習の初期段階では、細部にいたるまで、深く、細かく聞く方略で基礎力を高めることが大切であると考えられます。
　一方、同じ学習者でも読解と聴解の能力は同じであるとは限りません。読解で上級レベルの力があると評価されても、聴解力が低い学習者もいます。表現や語句が知識にとどまり、運用力が不足している学習者もいます。このように言語処理の技能や能力に偏りがある学習者に対しても、内容ある音声テキストをインプット・アウトプットの素材として使うことで基礎を補強し、バランスのよい言語運用能力を身につけることができます。学習者のレベルによって、テキストの活用法を変えることも教師の役割です。

▶5　習慣づけ

　竹内（2003：201）の調査では、リスニングに関して、活動の定期性を重

んじる学習成功者が多く、「毎日聞かないと、耳の場合は慣れだから」と答えた人が多かったといいます。『中級日本語聴解練習　毎日の聞きとり50日』の「はしがき」でも「（外国語を聞くことは多大な集中力を要するので）長い授業時間をかけて『聞きとり』の練習を行うのはあまり効果的ではないと思われます。それよりも、短時間で毎日継続して聞く練習をするほうが、外国語を聞くことに対する抵抗感を取り除き、聞く習慣がつけられ、効果的なのではないでしょうか。」と、継続して聞くことの大切さを述べています。また、『初級日本語聴解練習　毎日の聞きとり50日』の「まえがき」でも、「学習者が苦手意識を持ってしまう前に、日本語を習慣的に聞かせることによって、できるだけ早く日本語の『耳』を作ることが大切だと考え、この教材を作成しました。」と述べ、継続的なトレーニングの必要性を説いています。

　『毎日の聞きとり』シリーズは、もともとは毎日20分程度の練習のために作成したものです。学習者は日々の文型や文法の導入・練習でも、教師の説明や指示、フィードバックを聞いているのですが、さまざまな場面で応用が利く力を身につけるにはそれだけの音声インプットでは不十分です。多様な話を聞き、明確に目的を定めたタスクを行って、音声処理、意味処理の自動化、習慣的多聴による慣れの強化を図っていくことが大切です。

▶6　音声を通して学ぶことの意味

＜漢字圏学習者が音声を通して学ぶことの意味＞

　中国語母語話者は日本語と共通・類似する漢字、漢語（同根語）を持つため、日本語の文章を読むときにはその知識を最大限に利用（正の転移）できます。しかし、そのとき、必ずしも日本語母語話者と同様の音声表象を思い浮かべているとは言えません。むしろ中国語の影響を受けた中間言語音声で読んでいる場合が多いのではないかと推察されます。共通の漢字があるためにかえって中国語の干渉（負の転移）を受け、正確な日本語の音声言語の習得が妨げられていることもあります。学習歴が長くても中国語なまりの強い発音が残り、コミュニケーションに支障をきたす場合も少なくありません。

　また、話したいことは中国語で心の中に浮かんでくるが、日本語で話そうと思っても正しい発音がわからないため、話せないということをよく聞きま

す。これは、正確な日本語の音声言語データ・ベースの不足と、音声言語の情報処理に慣れていないために処理がスムーズに行われないことが原因です。

　中国語圏の受験者は、読解の成績に比べて聴解の平均点が低いという日本語能力試験の結果[2]から見ても、聴覚を通して日本語を理解するのが苦手な人が多いということがわかります。

　このような学習者には、母語の漢字の影響を最小限にするために、音声インプットを多量に聞かせて、語の発音と意味と使い方を覚えることを優先し、後で覚えたことばの漢字の形を提示するのも一つの方法だと思うのですが、ほとんどの機関で文字言語の教材を中心にして指導が行われている現状を考えると、あまり現実的ではないかもしれません。しかし、少なくとも、漢字に依存する気持ちをなくすためにも、初級のうちから音声インプットを多量に聞いて音声言語の習得に力を入れることは、音声に対する苦手意識を取り除き、結果的に習得を早めることになるはずです。

　一方、同じ中国語母語話者であっても驚くほど自然な発音を習得している人もいます。そのような学習者から、日本のアニメが大好きで特に声優の声に魅力を感じて、吹き替えでなく日本語の音声を何回も聞いて日本語を覚えたということを聞くことがあります。音声言語を聞くことが先行したため、漢字の影響をあまり受けることなく、自然な発音や表現が習得できたのでしょう。

＜非漢字圏学習者が音声を通して学ぶことの意味＞

　非漢字圏学習者の日本語習得を難しくしている理由の一つが、漢字の習得です。新しい漢字を導入するとき、文法や読解指導用の主教材に出てきた漢字を取り上げ、その漢字の書き方、発音、音・訓の読み方、意味、使い方、その漢字を使った熟語や意味用法などを板書して示すことがあります。しかし、非漢字圏学習者にとっては語の意味・用法も発音も、音・訓の読み方も

注）
[2] 日本語能力試験実施委員会・日本語能力試験企画小委員会監修（2004：53）では、2002年度の日本語能力試験の母語グループ別平均点を比較して、「国外得点に関しては、中国語系は全体で『文字・語彙』が高く、『聴解』がもっとも低い。ヨーロッパ系と太平洋系は全体で『聴解』が目立って高く、『文字・語彙』が低いという共通点がある。」としています。

書き方もすべてが新しい情報で、それらの情報をすべて一度に覚えるのは、負担が重く、ともすると非効率的な丸暗記になってしまいます。膨大な数の漢字を機械的な暗記で習得しなければならないと考えて、漢字や日本語の学習を諦めてしまう人もいるかもしれません。

　しかし、個人差もありますが、母語に漢字を持たない学習者は漢字圏学習者ほど視覚情報に依存しないからでしょうか、音声を通してことばを記憶し、音声から習得するのが得意な人が多いようです。音声を通して学ぶことが得意な学習者には、この特性を活かして、音声インプットから漢字語句の発音と使い方、意味を覚え、最後に形を学ぶという方法が効果的です。聴解教材の話やイラストに関連づけて音声から語を覚え、その語の発音や使い方を十分理解してから漢字の書き方を練習するのです。学習者自身に関連・関心のあることがらの話であれば、なおさら他の知識や経験と結びつけることが容易になり、知識の構造化が起こります。また、音声やイメージ、意味という多様なタグ付けができ、深い処理が行われることで、定着が促進されると考えられます。

　このように、漢字圏・非漢字圏、どちらの学習者にとっても、音声インプットから学ぶことは必要であり効果的であると言えます。筆者の聴解の授業では、音声テキストで学んだ漢字語句を必ず覚えるように指導し、次の授業の開始時に漢字語句のテストを行って定着を図るようにしています。

＜内容のある音声テキストを通して学ぶことの意味＞

　宮城・中村（2007）は、内容のある音声テキストの聴解指導において、漢字語句の習得が促進されるかどうかを調べるため、授業前後のテストの成績を比較しました。その結果、漢字圏・非漢字圏の学習者全員が聴解の指導後に成績が上昇し、1週間後に予告なしで行った遅延テストでも、その記憶が保持されていました。このことは、内容のある音声テキストを聞いて、文脈の中で漢字語句を習得することが効果的であることを示しています。テキストの内容を理解するためのタスクや、リピーティングや口頭要約などの教室活動によって、自然に漢字語句の意味と形式、機能が結びつき、結果的に漢字語句の習得が促進されるのだと考えられます。

インプットされた言語情報は音声・文字の両方とも音韻ループ[3]に取り込まれ、情報の蓄積、言語行動や思考活動など高次の認知活動が音韻表象によって行われます。ですから、内容のある音声テキストを聞いて、発音（音声）を認識し、文脈の中で語の意味や使い方を理解してから、形を覚える方法は、非漢字圏・漢字圏学習者どちらにとっても効果的な学習法だと言えるでしょう。

▶7　オーディオ機器の円滑な操作

　テンポのよい聴解指導には教師の巧みな機械操作が欠かせません。流れ去る音声を扱うという性格上、聴解は時間や音量などの物理的な面からの影響を強く受けます。学習者が落ち着いて音声テキストに集中するためには、音声言語の物理的性質や音声知覚の特性を理解した上での授業テクニックが必要です。教師がオーディオ機器の操作に手間取っていては、授業活動のテンポが崩れてしまい、学習者は集中して聞くことができません。ですから、教師にはCDプレーヤーなどのオーディオ機器の聞かせ方を工夫し、止めるべきところで止めたり、繰り返したりする技術が要求されます。

　また、音声言語の情報処理は、その性格上、文字言語の情報処理より記憶にかかる負担が大きく、多くの認知容量を使います。短期記憶に入った音声情報は、リハーサルをしなければ、15～30秒程度で消失してしまう（森他1995：18）と言われています。聞き手はその短い時間の中で音声表象を維持しつつ、さまざまな認知処理を行っているのですが、何かの目的を定めてリハーサルをしなければ、記憶はどんどん消え去ってしまいます。

　ですから、学習者にリピートを求める場合など、音声を聞かせ、CDを停止したら、即座に学生を指名しなければなりません。「それでは…、こんどは…リーさん。」などと、手間取っている間に学習者の頭から記憶が消えてしまうからです[4]。教師のオーディオ機器操作の技術が学習効果を大きく左

注〉
[3]　第1章第1節3. ▶1参照。
[4]　教育的目的から、あえて間をとって、積極的に音韻リハーサルを促そうという意図がある場合はその限りではありません。

右すると言えるでしょう。音声言語の特色を理解して、テンポのよい操作をすることも聴解指導の重要なポイントです。

3. 聴解の授業を行う前に―学習者に話すこと―

学習者の意欲を高め、不安を除くことを目的に、授業を始める前に、筆者は必ず以下のことを話します[5]。

- 「聞く」ことを通して文法、発音・アクセント、話し方、漢字、語彙など、総合的な日本語力を高めることができる。そのためには、教材（本冊とCD）を、嘗めるだけでなく、食べ尽くして消化・吸収するように活用してほしい。

- 「聞く」ことは非常に緊張する難しい作業なので間違えたり、わからなかったりするのは当然である。間違いを恥ずかしがらないで、集中して取り組んでほしい。

- 聞きとれなかった場合は、聞きとれるまで何回でも聞くチャンスを与えるので、周りの人に頼らず、自分でがんばること。

- 他の学習者が指名されたときに、指名されていない人は声を出さずに、心の中で答えること。指名されて答えることは学習するチャンスであるから、他人のチャンスを奪ってはいけない。また、他人が指されたときにもぼんやりせずに、自分が指名されたと思って、心の中で答える。そうしないと授業時間のほとんどを無駄に過ごすことになってしまう。

- 自分の力を高めることだけを目標に授業に臨むこと。他の学習者が自分よりできるからといって恥ずかしがる必要はないし、他の学習者が自分よりできないからといって馬鹿にしてはいけない。

注〉
[5] これは大勢の学習者を対象に行うリピーティング指導などのように、教師がコントロールする授業では特に大切です。

外国語の聴解は認知負荷の高い作業です。特にリピーティングやシャドーイングなどは集中力を要する苦しいトレーニングで、忍耐力も必要です。効果がわからないまま練習をさせられることは、学習意欲の低下につながります。ですから、指導の前に必ず、トレーニングの目的と期待される効果について説明します。リピーティングやシャドーイングのような認知負荷の高いインプット・アウトプットは、効率的に音声処理の自動化を促進することを説明し、学習者が積極的に授業に参加する気持ちになれるようにします。授業のはじめに、学習の目的・方針を明らかにすることは、学習動機を高め、メタ認知ストラテジーを使用する意識を高めることになると思います。

　また、「できなかったら恥ずかしい」というクラスメートに対する気後れから緊張が高まり、集中力が落ちてしまうことがあります。一部の学習者は間違えることを恐れて、友達に助けてもらってその場をしのごうとします。このようなことでは学習効果は期待できませんから、上記のような授業開始前の指導が必要なのです。

　学習者が安心し、集中して授業活動を行うためには、学習者の求めに応じて、繰り返し機器を操作して聞かせたり、教師がモデル音声を聞かせたりするなどして、快く学習者に協力する姿勢を示すことが必要です。学習者が自身の力を伸ばすことだけに集中して練習できるように支援します。

　元田（1999）が日本にいる初級日本語学習者98名を対象に行った調査によれば、教室内・教室外ともにもっとも高かったのは、「聴解不安」だったということです。特に学習初期で速さや発音に慣れるまで、聴解はもっとも緊張する作業です。このことを十分認識して、不安の情意フィルターが高くならないように、できるだけリラックスして課題に取り組める環境を作るなど、学習者心理に対する細かい配慮が欠かせません。

第2節　具体的な指導法と指導の意味、期待される効果

1. 教材（教科書）をどのように使うか

　教材の作成者は、自分の教えた経験や理論から導かれた信念や理想によって教科書を作ります。作成者が描く学習者像は、自らが教えた経験から作られるものです。たとえば、過去に外国語学習の経験がある学習者や、英語で説明すれば比較的容易に理解が得られる学習者が多い環境で教える教師と、外国語学習経験がなく英語も苦手で、母語の影響から抜けきれず、習得がなかなか進まない学習者たちを教えている教師とでは、教育観が異なります。
　ですから、教える学習者のニーズやレベル、指導目的に適した教材を選び、目的に合わせて活用法を考えることが大切です。教材を素材として活用し、独自の授業を展開させるという意識が必要です。

2. どのように指導するか
　　　―聴解力を高める指導―

　第1章第2節では、聞く力を高める要素について述べました。これらの要素はどこからどこまでが初級、中級というように区分できるものではなく、常にすべての要素に配慮して指導されるべきものです。しかし、やはり初級の段階では特に、ボトムアップ処理の自動化（高速化）のための基礎的なトレーニングに比重が置かれ、上級に進むにつれて、ストラテジーを駆使する応用的な聞き方の習得に比重が移っていきます。
　一方、総合的に理解すること（トップダウン的な聞き方）に慣れることも大切です。そのためには、ジャンルやスタイルの異なる多くの談話をさまざまな声で聞いて、スキーマや余剰情報などを活用して総合的に内容を把握する全体的処理の練習が欠かせません[6]。
　細かい部分の理解に焦点を当てたボトムアップ処理の指導を重視すると、理解できない部分にこだわって全体的理解が阻害されるのではないかという

意見があります。しかし、全体的理解を目的にした練習を並行して行えば、そのような心配はありません。学習者はタスクやテストの指示によって目標が示されれば、目的を優先した聞き方をするものです。

▶1 ボトムアップ処理の自動化のためのトレーニング

音声認識に影響を与える要素としては音素、拍とリズム、音韻システムと文字システムとの統合、文節・フレーズ（句）、アクセント・イントネーション、音声変化、縮約形などが挙げられます。初級では、それらの知覚・認識を、言語知識（助詞、動詞・形容詞の活用、文の構造、モダリティー表現、語彙など）に結びつけて、意味のある音として理解すること、そして、そのプロセスの自動化を促進することを目的に指導を行います。

①音素認識と語の識別

たとえば、【例1】は、命令形を聞いて理解することを求めていますが、同時に、音声を正確に知覚し、分析し、音素として認識できなければなりません。音素認識と文法や語彙知識を統合して理解することを目的にしたタスクです。

【例1】

1．正しい会話を選んでください。
例　a. 早く寝ろ。－　はい、すぐ出ます。
　　b. 早く寝ろ。－　はい、すぐ寝ます。
①　a. おーい、ちょっと待て。－　はい、ここで持ちます。
　　b. おーい、ちょっと待て。－　はい、ここで待ちます。
～～～～～
⑧　a. 太郎、この手紙を読んでくれ。－　分かりました。読みます。
　　b. 太郎、この手紙を読んでくれ。－　分かりました。呼びます。

注〉
[6] 「細か聞きとり」とか「大まか聞きとり」とも言われますが、ここでは指導の面からそれを捉え直し、目的を明確にするために、「ボトムアップ処理」と、「全体的処理」と呼びます。

（宮城幸枝・三井昭子・牧野恵子・柴田正子・太田淑子 著『初級日本語聴解練習　毎日の聞きとり50日（下）　新装版（CD付）』(30課「基本練習１」より抜粋) 凡人社）

　それぞれ、調音点の近い［n］［d］や、調音点が共通で、調音法が異なる［m］［b］を正確に知覚・認識し、命令形の意味と発音を正確に理解できるかを問う問題です。
　また、動詞の識別に特殊拍のリズムやアクセントの聞き分けが大切であることを示す、【例２】のような問題もあります。

【例２】

書きましょう
① a. シャツをきてください。　　b. リンゴをきってください。
② a. えんぴつをかしてください。　　b. 私の本をかえしてください。
③ a. さとうをとってください。　　b. あちらの道をとおってください。
④ a. あしたきてください。　　b. もういちどきいてください。

① a. シャツを＿＿＿＿＿ください。
　b. りんごを＿＿＿＿＿ください。
② a. えんぴつを＿＿＿＿＿ください。
　b. わたしの本を＿＿＿＿＿ください。
③ a. さとうを＿＿＿＿＿ください。
　b. あちらの道を＿＿＿＿＿ください。
④ a. あした＿＿＿＿＿ください。
　b. もういちど＿＿＿＿＿ください。

（宮城幸枝・三井昭子・牧野恵子・柴田正子・太田淑子 著『初級日本語聴解練習　毎日の聞きとり50日（上）　新装版（CD付）』(16課「書きましょう」より抜粋) 凡人社）

　このように『毎日の聞きとり50日』シリーズの初級教材には音声・音素の識別に焦点を当て、文法や語を認識して文全体の意味を把握するというプロセスに着目したタスクが多くあります。

②イントネーションによる文構造の聞きとり

　初級でもう一つ大切なのは、イントネーションの知覚と認識です。日本語のイントネーションは、意味のまとまりごとに、「へ」の字型のピッチ曲線を描きます[7]。そして、その後にポーズが置かれます。母語話者はこの0.5秒～1秒程度のポーズの間に意味のまとまりを理解し、前の部分との意味の関係や後続することばや文の内容を予測したりする処理を行っています。初級の段階から、このイントネーションを感じて、フレーズの後に置かれるポーズの間に統語処理や意味処理の作業をすることに慣れることが大切です。スクリプトを音読させてフレーズごとにポーズを入れて止め、意味を考えさせたり（スラッシュ・リスニング（slash listening））、リピーティングさせたりするのはこの処理作業に慣れさせる効果があります。

　イントネーションと意味のまとまりについては、『初級日本語聴解練習　毎日の聞きとり50日　下』26課の「基本練習3」や、『中上級日本語音声教材　毎日の聞きとりplus40』の「聞きとりのヒント1」[8]（【例3】）でとりあげました。文構造を意識しながら行うバックワード・ビルドアップ（backward build-up）[9]も、イントネーションとポーズからフレーズを認識するためのトレーニングになります。初級会話は、文が短く、一文が一つのフレーズになっていることも多いのですが、会話を指導するときにも【例4】のように、フレーズごとに音声を止めて意味を考えさせたり、後ろのフレーズから順々に前のフレーズを加えてリピートさせたりしながら、イントネーションが意味のまとまりを示していることを理解できるように指導します。

【例3】

練習
2. もう少し大きいまとまりは、イントネーションに現れます。今度はポーズにも注意して、大きい意味のまとまりごとに／を書きなさい。

注）
[7] 第1章第2節2 ▶1 参照。
[8] 第2章第5節3 ▶8 参照。
[9] 第3章第2節3 ▶5 参照。

「布でものを包むことは／だいぶ古くからおこなわれていたようですが、／この布が風呂敷と言われるようになったのは、／江戸時代のなかごろからだそうです。」[10]
（宮城幸枝・三井昭子・牧野恵子・柴田正子・太田淑子 著『中上級日本語音声教材 毎日の聞きとりplus40 上巻』（1課「風呂敷」聞きとりのヒント1）凡人社）

【例4】

マリア：どんなダイエットですか。
松本良子：毎日／りんごだけ食べたり、／水をたくさん飲んだりしました。
松本部長：しかし、／無理なダイエットは／体によくないですよ。（後略）

（『みんなの日本語初級Ⅰ 本冊』（第19課）スリーエーネットワーク）

③談話の特徴に合わせた聞き方

　日常会話は文が短く、文の構造も比較的単純です。しかし、会話独特の表現や語彙があり、縮約形や音声変化が多いという特徴もあります。発話速度も感情や表現意図を表す重要な要素です。会話では、当事者たちは会話の行われる場所や状況などを共有しているため、共通に持っている情報の省略が頻繁に行われます。さらに、人称代名詞、主語や目的語の省略や、「これ」、「あの件」などの指示代名詞を使った表現、倒置などが多く使われるため、聞き手は、話者の視点に立って、ことばで明示的に示されない部分を推測したり補ったりして聞かなければなりません。

　会話の聴解でもっとも重要なのは、韻律に込められた話者の感情や表現意図の理解です。「よ」や「ね」などの文末の終助詞や、モダリティーを表す表現に込められた話者の気持ちを正確に理解することも必要です。

　母語話者は、【例5】のような会話文を読んで、イントネーション、リズム、声質、声のトーンなどを心内で音声表象として再現し、二人の関係やその場の雰囲気を映像を見ているように思い浮かべることができます。しかし、学習者にとっては母語話者と同じように正確に再現するのは難しいことです。

注〉

[10] 実際には音声を聞きながら、ひらがな表記文に／を記入するように指示されています。ここでは、漢字仮名交じり文にして、／を入れました。

【例5】

A：今日は本当、ついてないよ！定期落としちゃったんだ。
B：えっ、どこで落としたの？
A：それがわかってればね〜。
B：とりあえず、定期を買った駅に連絡してみたら？　落とした定期は、そこに届くことになってるんだって。
A：でも、お金が少し入ってたんだけど、大丈夫かな。
B：う〜ん。お金が入ってたなら、出てこないかもね。

（『シャドーイング　日本語を話そう・中〜上級編』Unit 2　section 1）くろしお出版）

　【例6】は、『シャドーイング　日本語を話そう・中〜上級編』のUnit 1 section 1の会話に出ている話しことば特有の表現を筆者が抜粋したものです。ここにあるような話しことば特有の慣用表現や、縮約形、終助詞などは母語話者が日常頻繁に使う表現で、特に、家族や友人などの親しい者同士の会話によく現れます。これらは初級、中級の主教材で取り上げられることはあまりなく、会話を聞くことを通してしか学ぶことができません。会話情報の重要な要素は音声表現に含まれていますから、音声インプットを通して学ぶことが不可欠です。

　日常会話やビジネス場面をはじめ、多様な場面・状況で多様な人を相手に行われる会話表現には、さまざまなバリエーションがあり、それらに対応して聞いたり話したりする力を身につけるためには、多くの会話を聞かなければなりません。話し手の気持ちや表現意図がどのように表されるかなど、モノローグとの違いに配慮した指導も必要です。

　筆者が上記のテキストの初級編[11]を使って上級レベルの学習者に音声表現の指導を行った経験から言えることは、発音やプロソディーなどの習得のためには、学習の早い段階から習慣的、継続的、そして意識的に（どのようなプロソディー表現がどのような感情を表現するかなどを理解しながら）、大量に聞いて、メロディーを覚えるように体に染み込ませなければならないということです。上級レベルの学習者であっても、自分なりの中間言語が確

注）
[11] 『シャドーイング　日本語を話そう！　初級編』

立された後に、イントネーションや発音を修正するのは容易なことではありません[12]。教師は音声教育の重要性を理解し、初級の1日目から日常の授業で発音やイントネーションの指導を行ってほしいと思います。

【例6】

※下線と（　）内の注は筆者
- わかって<u>る</u>って。
- 今やろう<u>って</u>、思ったのに。
- いつもそう<u>言う</u>だけじゃない。
- <u>だって</u>…<u>から</u>。（もの）
- 傘持っ<u>てったら</u>？
- いい<u>よ</u>。めんどうくさい<u>し</u>。
- <u>ほら</u>、<u>折</u>りたたみ<u>だから</u>。（渡すよ。受け取って！）
- <u>お金があればいってもんじゃないでしょ</u>〜。
- <u>さすが</u>、一流ホテル<u>だけのことはある</u>ね。
- 見て<u>よ</u>。あのシャンデリアの大きさ！（倒置）
- <u>直径5メートル</u>はあるね。
- <u>ぐずぐず</u>してないでさっさと出かけなさい。（擬音語・擬態語）
- ちょっとおなかが痛く<u>て</u>…。
- <u>違</u>(ちが)うって<u>ば</u>〜。
- <u>ねー</u>、この CM の人、<u>中田友美恵</u>(なかたゆみえ)だ<u>よね</u>？
- うん、<u>印象</u>(いんしょう)<u>違</u>(ちが)うもんね。
- えっ、そう<u>だっけ</u>。
- <u>やだー</u>、しっかりしてよ。
- だけど、五つももらった<u>にしては元気がない</u>んじゃない？
- <u>まー</u>、そう<u>言われれば</u>、そうなんだけど。
- <u>よかったじゃない</u>。
- えっ、<u>もう</u>そんな時間？

注〉

[12] 逆に上級レベルまで適切な音声教育を受けずに、何年も不正確な中間言語を使って日本語を学習してきた結果であるとも言えます。

- あ～あ、一日があっという間に過ぎちゃった…。
- グダグダ言ってる暇があったら、さっさとやったら～？
- 来週、車の免許、更新に行かなくちゃ。
- 年末だから、混むかもね。
- あ、そうかもね。
- まー、いいじゃないか。

(『シャドーイング　日本語を話そう・中～上級編』(Unit 1　section 1 より抜粋) くろしお出版)

④文の構造・文法と意味との関連づけを促す指導

　内容のある談話を聞いたり読んだりすることによって、コンテクストの中で気づきを起こし、それを効果的に処理し内在化することが第二言語の効果的習得プロセスだと言えます。聴解や読解の力を高めるための最初のプロセスは、音声や文字のインプットを正確に処理することです。

　VanPatten (1996) は、この最初のプロセスを重視し、そのメカニズムを明らかにしようとする「インプット処理 (input processing)」というアプローチを提唱しました。学習者が聞いたり読んだりすることによって入力されたインプット情報は、インプット処理をすることによって、学習者の第二言語体系の中に取り込まれ、インテイクとなります。インプット処理とは、インプットを構成している文法形式とその形式が担う意味との関連づけを行うプロセスのことです。形式と関連づけて意味を理解することによって、インプットをインテイクにすることができるのです。

　VanPatten (1996) によると、第二言語習得のプロセスは【図1】のようになります。

　　　　　　　　Ⅰ　　　　　Ⅱ　　　　　　　Ⅲ
　　　　input → intake → developing system → output

　　　　　　　Ⅰ＝input processing
　　　　　　　Ⅱ＝accommodation, resting
　　　　　　　Ⅲ＝access

【図1】第二言語習得のプロセス[13] (VanPatten 1996)

注〉
[13]　developing system は学習者がインテイクを調整し、長期間かけて構築する中間言語体系と考えられます。

機械的な文型練習では、ⅠとⅡのプロセスを経ずにⅢの部分だけを指導することになってしまい、効果的ではありません。VanPatten（1996）によると、言語習得でもっとも重要なのはⅠのプロセスで、このプロセスで学習者がインプットをうまく処理して自身の体系に取り込み、インテイクにすることが大切です。そして、この処理が効果的に行えるように教師が手助けをすること（処理指導 processing instruction）が、習得を促進するというのです。

　インプット処理によって内在化された形式は、次の機会に同様の形式が出現した場合、自動的に意味処理ができるようになると考えられます。学習者は規則的な知識を積み重ね、既有知識を発達させ、自らの中間言語にこれらの知識を組み込み、再構成、再体系化を行い、習得を進めていきます。

　音声教材を用いた指導では学習者の注意を一点に集中させることができるため、教師が音声をコントロールしながら、リピートさせたり、フィードバックをしたりすることによって、文法形式に気づくように促しやすく、学習者からのアウトプットも求めやすいと言えます。

　次の指導例は、【例7】を用いて二人の学習者を対象にして教室で行った指導を再現したものです[14]。全体の内容がひととおり理解できた後に、形式に気づかせ、語句の定着を図ることを目的として、このような指導を行います。この例は、対象者が2名と少ないのですが、多人数を対象とした通常の授業でも同様に進められます。

　ここでは、学習者の発音の不自然な部分を記していませんので、文字で見ると、くどく繰り返しを求めていると思われるかもしれませんが、実際は発音もあまり正確ではないので、発音の修正という目的からも何回も繰り返して練習しています。Aは台湾、Bはタイの学習者で、いずれも日本語能力試験N2レベル、🔊はCDの音声、他は肉声、矢印の左側の太字は教師、右側は学習者です。学習者の発言は、言ったとおりをそのまま記していますので、日本語として正確でない部分もあります。

注〉

[14] 実際の指導を録音し、書き起こしたものです。

【例7】車は左、人は右？

音声テキスト（抜粋）　※下線は筆者

　日本では、車は道路の左側を走ります。そして、歩道のない道路では、人は原則として右側を通るように法律で決められています。それは、歩いているときに、後ろから来る車より前からの車のほうが気づきやすいからです。「車は左、人は右」と幼稚園や小学校のころから教えられています。
　ところが、大学教授の渡辺さんによると、人は大勢集まると、自然に左側を通る性質があるそうです。（以下省略）

（宮城幸枝・太田淑子・柴田正子・牧野恵子・三井昭子　著『中級日本語音声教材　新　毎日の聞きとり50日　下』(28課) 凡人社）

指導例

日本では車は道路の左側を走ります。 ➡ 日本では車は道路にひがしがわを走ります。（A）

走ります。 ➡ 走ります。（A）

左側を走ります。 ➡ ひだりがわを走ります。（A）

道路の左側を走ります。 ➡ ひだ？（A）

（教師は学習者が「左側」ということばを理解していないことに気づく。）

右、左（ジェスチャーで示しながら）**左側です。** ➡ （うなずく）（A）

（「左側」ということばの理解を促し、定着させるための練習を考えて）

Bさんはあなたのどちら側にいますか。 ➡ Bさんは私の左側にいます。（A）

Bさんの左側に何がありますか。 ➡ テレビがあります。（A）

左側 ➡ 左側にテレビがあります。（A）

では、「道路の左側を走ります。」 道路の左側に走ります。（A）

左側に？ ➡ 「を」。　左側を走ります。（A）

（教師は助詞「を」が定着していないことに気づき、通過点の「を」の使い方を確認する練習を行う。）

廊下の左側を歩きます。 ➡ 廊下の左側を走ります。、を、歩きます。（A）

人は、道の右側を歩きます。 ➡ 人は道の右側を歩きます。（A）

橋を渡ります。 ➡ 橋を渡ります。（A）

公園を散歩します。➡　公園を散歩します。（A）
助詞は「を」です。わかりますね。➡　はい。（A）
道路の左側を走ります。➡　道路の左側を走ります。（A）
日本では？➡　日本では道路の左側を走ります。（A）
日本では車は道路の左側を走ります。➡　日本では車は道路の左側を走ります。（A）

〰〰〰（中略）〰〰〰

🔊　歩道のない道路では、人は原則として右側を通るように法律で決められています。
法律で決められています。➡　法律で決められています。（B）（A）
右側を通るように決められています　➡　右側を通るように決められています。（B）
台湾ではどうですか。➡　右側を通るように決められています。（B）
タイではどうですか。➡　決められていません。（A）
そうですか。「日本では人は右側を通ります。」➡　日本では人は右側を通ります。（B）
それはどうしてだと思いますか。➡　歩道がないとき？（B）
はい、歩道は、あるくみちと書きます。➡　ああ（B）（漢字を思い浮かべてわかった様子）
日本では歩道がない道路では、人は右側を通ります。それはどうしてだと思いますか。➡　あんぜんするために。（A）
え、安全のために？　➡　はい。（A）
どうして安全ですか。➡　反対側に、ある…（助詞の間違いに気づく）反対側を歩けば走っている車が見えます。（A）
ああ、右側を歩いていると、来る車が見えますからあぶなくない。そうですか。➡　それはちょっとおかしいと思います。（B）
おかしいと思います？どうしてですか。➡　台湾では車は右側を走ります。そして、人も右側を歩きます。ですから、日本はおかしいと思います。（B）
へえ。どうしてそういうふうに決めたんでしょうね。台湾では。
➡　んん。たぶん、車といっしょに同じ道路を歩くなら安全だと思います。（B）

〰〰〰（中略）〰〰〰

🔊 「車は左、人は右」と幼稚園や小学校の頃から教えられています。

➡ 「車は左、人は右」と教えられています。（B）

台湾では、何と教えられていますか。

➡ 「車は右、人も右」と教えられています。（B）

タイでは？ ➡ タイでは教えられていません。（A）

小学校でどんなことが教えられていますか。「お母さん、お父さんを大切にしましょう」と教えられていますか。 ➡ 教えられていません。（A）

王様を大切にしようと教えられていますか。 ➡ はい、教えられています。（A）

台湾ではどうですか。 ➡ おやや、…両親や先生の話したことをよく聞くと教えられています。（B）

うん、そう。「聞くようにと教えられています。」とか、「聞きなさいと教えられています。」と言いますね。Bさんは子どものときお母さんに何と教えられましたか。 ➡ 遊んだ後に、ちゃんと片付けな、…片付けるように教えられました。（B）

Aさんはどうですか ➡ 宿題をしてから遊ぶように教えられました。（A）

〰〰〰（中略）〰〰〰

🔊 ところが大学教授の渡辺さんによると、人は大勢集まると自然に左側を通る性質があるそうです。

じゃ、この文の一番大切な部分は何ですか。

➡ 「人は」が主語。最後のせんつ。ひだりがわのせんつがある、左側のせんつがあるそうです。

性質 ➡ せいつ？　せいつ（A）

性質がある ➡ ？？？（A）（B）

人は左側を通る性質があるそうです ➡ せんす、せんす？せんすじゃない。（わからない様子）漢字わかんない（A）（小声で）

それじゃ、たとえば、光はまっすぐ進む性質があります。せいしつ

➡ ？？？（A）（B）

性質（板書する）「**あの人は性質が優しいです」の性質です。**

➡ ああ。せいしつ、（A）（B）

> ➡ 特徴…（B）

初めてのことばですか。

> ➡ いえ、知っています。（B）もう知っている。（A）

知っているのに聞いてもわからなかったんですね。

> ➡ （うなずく）（A）（B）

じゃ、ネコはどんな性質がありますか。

> ➡ ネコは自由な性質かな？（A）

そうですね。ネコは自由な性質がありますね。
人は大勢集まると自然に左側を通る性質があるそうです。
どんな性質がありますか。

> ➡ 人が大勢集まると左側を通るという性質があるそうです。（B）

そうですね。左側を通る性質があるそうですと言っていますね。

　この例は、指導のごく一部ですが、以下のような点に配慮しています。
・理解していないと思われることばをとりあげ、学習者の視点からそのことばを使って答えられるような質問をして、使用を促し定着をはかる。（「左側」）
・助詞の誤りを暗示的に示し、訂正を促す。（通過点の「を」）
・漢字から意味を推測させる。（「歩道」）
・聞きとれない語の音声変化（無声化）に気づかせる。（「性質」）
・バックワード・ビルドアップによって、後部から順に組み立て、リピートさせて、文の構造を理解させる。
・常に、学習者自身の立場からの発話を促し、意味のあるコミュニケーション活動となるよう心がける。

⑤漢語や外来語の語形認識と漢字の形態情報の活用

　日本語には借用語が多く、その語形も出自によって特徴があります。たとえば、ニュースには多くの漢語や外来語が出てきますが、日本語母語話者は、ニュースの音声の中で、あまり頻繁に使われない専門用語などが出てきたとき、文脈と漢語の音から漢字の字形を想起し、意味の把握に役立てていると考えられます。

　第1章第2節2▶3の③で述べたように、漢字音の種類も限られているので、この音の特徴を頼りに漢字の形態を連想し、そこから語の意味を特定することができます。これは、日本語独特の聴解ストラテジーです。【例8】のような文を聞いて、私たちは文脈を手がかりに「海底」や「体長」、「食用」などの漢字の形態を想起し、文の意味理解に役立てることがあります。

【例8】

🔊
　「ひらめ」は目（め）が2つとも体（からだ）の左側（ひだりがわ）にある、平（ひら）たい海（うみ）の魚（さかな）です。砂（すな）や泥（どろ）のある海底（かいてい）に住（す）んでいて、体長（たいちょう）は80cmくらいです。たいへんおいしいので食用（しょくよう）にされます。
（太田淑子・柴田正子・牧野恵子・三井昭子・宮城幸枝 著 『中級日本語聴解練習　毎日の聞きとり50日　上』(基本練習) 凡人社)

　教師は、「たいちょうは80cmぐらいです。80cmは長さを表しますね。たいちょうはどう書きますか」などと質問して、漢字音から漢字を想起し意味の理解に役立てるストラテジーに気づかせます。

　このストラテジーを使うためには、漢語の語彙を豊富に持っていること、音を聞いて同音の漢字を想起できること、漢字の意味を理解していることが前提になります。そのためには、漢字の読み方、発音を正確に習得させ、同音の漢字を使った漢語（しゅう：習慣、一周、集中、修了、収入、就職など）を音声を聞いて思い浮かべるなど、漢字の形態と発音、意味を結びつける練習を普段から行うことが大切です。漢字の音声的側面に注目した指導は、漢字力・聴解力の両方の向上に役立ちます。

　【例9】の「聞き方のヒント9」では漢語、【例10】の「聞き方のヒント

12」では外来語の語形の特徴を示し、聞きとりに役立てるよう指導しています。

両方ともこの説明の後に、音声を聞きながら、漢語や外来語を聞きとり、ひらがなで書かれた文章の中から該当部分をマークするという練習があります。

【例9】

《漢字の音》
日本語の漢字の音は①う段、え段、お段の長い音節のもの(例 空：くう、計：けい、高：こう)、②「ん」で終わるもの、③「い」「き」「く」「ち」「つ」で終わる2音節のものと、④1音節のものに限られています。この特徴を知っておくと、漢字熟語を聞き分けるのに便利です。

（宮城幸枝・三井昭子・牧野恵子・柴田正子・太田淑子 著『中上級日本語音声教材 毎日の聞きとりplus40 上巻』(聞き方のヒント9) 凡人社）

【例10】

《外来語の音声》
外来語はもともと日本語ではないので、日本語らしくない音が入っています。「ファ」、「フィ」、「ティ」、「ディ」、「パピプペポ」の音、「ニャ」、「ニュ」、「ニョ」、「ア段」・「イ段」の長音（[aa] [ii]）などです。

（宮城幸枝・三井昭子・牧野恵子・柴田正子・太田淑子 著『中上級日本語音声教材 毎日の聞きとりplus40 下巻』(聞き方のヒント12) 凡人社）

▶2　全体処理能力アップのための指導

背景知識、社会文化的知識や経験知識といったスキーマを活用し、ストラテジーを使うことによって全体的な理解を促進する指導です。

①スキーマ知識を増やす

『毎日の聞きとり50日』シリーズで日本に関するさまざまなトピックを

扱ったのは、日本の文化・社会知識を少しでも増やしてもらいたいと考えたからです。また、イラストや写真によって状況をわかりやすく示しました。イラストは話の内容をわかりやすくするだけでなく、記憶のタグとして話の情報を脳裏にとどめる働きをします。

聞く前にイラストやビデオの映像を見て、事前にどんな話かを予測させたり、なぜこのような表情をしているのかを話し合わせたり、自分の国の状況と比較したりします。話の背景知識や語彙知識を活性化させ、話を聞く準備をします。

②ストラテジー使用を促進する

『中上級日本語音声教材　毎日の聞きとりplus40』の「この教材のねらい」には、「聞きとりのストラテジーを学習者自らが発見し、身につけることができるようにする」と書きました。「聞きましょう」の問題Ⅰは、聞き方の方向づけをするタスクです。聞く目標を示すことで、注意の焦点がはっきりと定まり、聞きやすくなります。また、学習者自身が計画を立てて聞く姿勢を養うこともできます。必要な情報を聞きとる（不要な情報を捨てる）、できごとの順番や、手順を理解する、要点を理解する、キーワードを見つける、話を予測する、動作や形を想像しながら聞く、整理しながら聞く、などのタスクがあります。

要約する、キーワードを見つける、整理をしながら聞くというストラテジーには、言語能力だけでなく、高度な認知処理能力が必要です。この力を身につけるためには、テキストの内容構成を示したコンセプト・マップ（concept map）[15]を見ながら聞かせたり、聞きながらコンセプト・マップの空欄を補充させたりする練習が効果的です。他にも、イラストを見ながら、話を予測させたり、CDを途中で止めて後の展開がどのようになるか予測させたり、後続の話を作らせたり、絵や地図を書かせて後でそれを見ながら発表するなど、多様な指導法・練習法が考えられます。教材で提供されたタスクだけで

注）
[15] 内容上重要な語句をフロー・チャートのような形式で並べたもの。このコンセプト・マップによって、要約で取り上げるべき項目を示し、要約の書き方を誘導することができます。（村野井2006：80）

なく、教師が学習者のレベルやニーズによってタスクを作り替えることによって、一つの教材を多角的に活用することができます。このような活動を通して、学習者自身が言語学習のメタ認知能力を高めていくことを期待しています。

③余剰情報を活用する

　漢語や外来語の語形、イントネーション、声のトーンや、背景知識の活用の他に、話し手のボディーランゲージや顔の表情を読むストラテジーがあります。これは、対面会話の聞きとりのときには大切ですが、特に文化的な違いによってその表現の仕方が異なる点に注意が必要です。会話場面を見ながら話し手の気持ちや態度について意見を述べるなどの練習が考えられます。

④行動しながら聞く

　図やグラフ、文などの視覚情報を見ながら聞く、聞きながら書くなど、2つ以上の情報処理を同時に行うことは、注意を分散しなければならず、認知負荷が高い作業となります。表や図、グラフなどの視覚情報を処理しながら聞く、電話の伝言メモを書く、表中の空欄に記入する、話の内容をわかりやすく整理して書く、メモやノートをとる（ノート・テイキング）などがあります。これらの能力を問う問題は日本語能力試験の聴解や日本留学試験の聴読解に多く出されますが、視覚と聴覚の情報処理に対してどのように注意を配分するかなど、自分に適したストラテジーを見つけるためには、さまざまな問題に数多く取り組むのがもっともよい方法なのかもしれません。

⑤カスタマイズしながら聞く

　対面会話の場面では、私たちは、聞き返す、疑問点について問う、より詳しい説明を求める（明確化要求）、理解したことを整理して反復したり確認したりする（理解確認）、話を促すための相づちを打つなどのストラテジーを使って自分が理解しやすいようにしたり、話の方向を操作したりしています。このようなインタラクション場面での聴解は意味交渉（negotiation of meaning）が行われることにより、特定の言語項目に選択的注意が向けられ、相手からのフィードバックで理解が促進されたり、自己の発話を修正したり

できるという点で効果的です。こうした自然な対話は、学習者が日本語でコミュニケーションをする自然な環境に置かれなければできません。教室で対面聴解を指導するのは難しいのですが、クラスメート同士ペアになって一方がスクリプトや絵などを見ながら説明し、他方が質問したり確認したりする（たとえば、母語背景が異なる学習者同士で母国のことについて情報を交換しあう）など、インフォメーション・ギャップのある状況を作り出すことによって、対面聴解に近い活動ができると思います。

3. さまざまな指導法の意味すること

▶1　シャドーイング（shadowing）

　シャドーイングとは、「聞こえてくる音声を、遅れないように、できるだけ即座に声に出して繰り返しながら、そっとついていくこと」（門田・玉井2004：16）です。

　シャドーイングは、発音やプロソディー、発話速度、リスニングやスピーキング能力などの向上に効果があるとして、近年注目されるようになり、日本語の指導にもさかんに取り入れられるようになりました。日本語シャドーイングの効果や記憶力との関係に関する研究も行われ、迫田・松見（2004, 2005）は、シャドーイングの継続的訓練が第二言語での作動記憶容量を増大させること、シャドーイングが意味処理までを含めた言語情報処理を促進する可能性があるという結果を報告しています。また、倉田（2008）、倉田・松見（2010）では、第二言語学習者の日本語シャドーイングの遂行に作動記憶容量（ワーキングメモリ容量）の大きさが影響を及ぼすことが示唆されています。

　一方で、シャドーイングがどんな認知メカニズムに作用してこれらの能力を向上させるのか、プロソディー・シャドーイング（prosodic shadowing）、コンテンツ・シャドーイング（content shadowing）などのさまざまなシャドーイング訓練法やシャドーイングを行う学習者の日本語学習期間や習熟度の違い、シャドーイングの素材となるテキストの内容やレベルなどが、どのようにシャドーイングの効果に影響を及ぼすのかなど、検証・解明されなけ

ればならない点も多くあります。

　門田（2007：34-37）はシャドーイングの効果について、音声知覚の自動化機能と、新規学習項目の内在化機能の2つを挙げています。文字で書かれたテキストを見ないで、音声をありのままに、正確に忠実に模倣するというシャドーイング本来のトレーニング法は、プロソディー・シャドーイングと呼ばれます。プロソディー・シャドーイングは、自分の中間言語の発音を介入させることなく、母語話者の発音・リズム、イントネーションなどをそのまま模倣することで、自然な音声の語彙や表現を長期記憶に蓄えることができるという点で効果があるとされます。正確な音声情報を伴った語彙や文法が記憶・蓄積されるので、学習言語の音声の認識・処理が自動的に行われるようになり、聴解力向上に役立つとされます。

　プロソディー・シャドーイングに対し、話の意味の把握に焦点を当てて行うのがコンテンツ・シャドーイングです。プロソディー・シャドーイングが十分にできるようになってから総仕上げという形で実施（門田 2007：229）したり、教室指導で、十分にテキストの内容や語の意味を理解してから行うもので、音声知覚の自動化とともに、学習項目の内在化を促進する点で効果的だとされます。コンテンツ・シャドーイングは、事前に文章全体の意味を理解する教室活動などの作業が入るので、そのときに自分なりの中間言語の発音で語を認識して覚えてしまい、その結果、不自然な中間言語の発音が介入する可能性があります。母語話者の自然な発音を聞いて、音声知覚そのものを鍛える（門田・玉井　2004：44）という本来のシャドーイングの目的からいうと、プロソディー・シャドーイングを優先させるのが望ましいと言えるでしょう。しかし、語の意味や文法構造を理解しないまま、プロソディー・シャドーイングを行うのが効果的かどうかという点については意見の分かれるところです。

　もう一つ、シャドーイングの一種のトレーニング法として、文字を見ながらシャドーイングするシンクロ・リーディング（synchronized reading）[16]という方法があります。情報処理の面から考えると、まったく異なった処理が行われることになります。文字と音声の処理を同時に行わなければならないという認知負荷がかかるということ、文字を見ると文字の読み方を学んだと

注）
[16]　パラレル・リーディング（parallel reading）とも言います。

きの中間言語の発音が介入することが考えられます。

このように、指導方法によって、処理のプロセスが異なります。また、行う回数や時間的長さ、速さ、素材の難易度、導入の時期などによっても効果が異なります。どんな効果を求めて行うのかを見定めて、教材や指導法を選択する必要があるでしょう。

▶2　リピーティング (repeating)

リピーティングはシャドーイングと違い、文節やフレーズ、文などの後にポーズを置き、その間に繰り返すというトレーニングです。音声を聞いてから発話までタイムラグがあるので、その間に、聞いた音声を母語のフィルターを通して認識し、中間言語の発音に変換してしまうことが起こりがちです。母語話者の発音や韻律を正確に捉え、中間言語の干渉を受けることなく音声知覚が鍛えられるという点では、シャドーイングのほうが効果的かもしれません。しかし、リピーティングにはリピーティングの目的と期待される効果があります。

リピーティングをするときの学習者の脳では、以下のような認知活動が行われていると考えられます。

①音声を知覚し、音素を識別し、音素の組み合わせとして認識する。
②語や文を認識し、リハーサルによって音韻表象を記憶する。
③長期記憶のデータ・ベースを検索し、語彙知識や文法知識、スキーマと照合して意味の解析を行う。
④理解した意味と、記憶した音韻表象をもとに、日本語の文法規則に則って文を再構築する。
⑤音声器官を動かして、声を出してことばや文を産出する。

このようにリピーティングは非常に認知負荷の高い、集中力を要する作業です。このような密度の濃いトレーニングに意欲的に取り組ませるには、このトレーニングの目的と効果についてきちんと説明し、過度に緊張をしないように、精神的な不安を和らげる配慮が必要です。

一方、情意フィルターを低く保つことも大切ですが、集中力を維持する工

夫も必要になります。指名のしかたやテンポによって、学習者に適度の緊張感をもたせることができ、集中力を高めることができます。席や名簿の順番に指すと、次に指名される学習者以外は集中して聞かない傾向があるので、それを防ぐために、リピートするフレーズを聞かせて、音声を止めてから、記憶が消え去ってしまう前に即座にランダムに指名することが必要です。最初の学習者が答えた後にクラス全体で復唱し、その後にさらにもう1名指名するようにすると、学習者全員が集中してリピーティングに取り組むようになります。教師は常に文の構造を理解し、ポーズの位置を決め、自らも記憶し、学習者に合わせた効果的なフィードバックなどを考えながら、リズミカルに練習を行うようにします。

　リピーティングにはどのような効果があるのでしょうか。上記のような、リピーティングを行う際の認知活動を繰り返し行うと、記憶し、繰り返すことができる文の長さが徐々に長くなっていきます。つまり、リスニングスパン（listening span）が大きくなっていきます。そうすると、一度に保持できる量が増えるので、より多くの認知資源を処理に使うことができ、聞きとる力が増すと考えられます。最初は、文節や短いフレーズごとに区切りますが、学習が進むにつれて徐々に長くしていきます。最初は短いフレーズしかリピートできなかった学習者も、練習を重ねるにつれて、長い文全体をリピートできるようになります。実際にリピーティングを取り入れた授業を1学期間続けると、リピートできる文の長さが徐々に長くなり、聞く力が伸びるのを実感することができます。

　聴解の第一ステップは、語や意味のまとまりであるフレーズを聞きとることですが、教師がフレーズごとにポーズを置いてリピートさせることで、学習者はフレーズによって表される意味のまとまりを意識して聞けるようになります。リピーティングではフレーズを繰り返しながら語順に従って意味処理をしなければならないので、母語話者が理解するのと同じ順序で考え、理解するプロセスに慣れることができます。また、教師はただ単に前から順番にフレーズで止めてリピーティングさせるだけではなく、本節 3. ▶ 5 に示すように、バックワード・ビルドアップの方法で文の構造に注意を向けさせたり、スラッシュ・リスニング（slash listening）[17]をしたり、複雑な構造を

注 ）

[17] イントネーションなどの韻律表現を聞きとりながら、意味のまとまり（フレーズ）ごとに斜線を書き込む練習法です。

持つ文の場合には、板書したりして、文の構造を意識して聞く習慣をつけるように指導します。

　リピーティングをするとき、学習者はその意味内容を考えながら、記憶に残っている音韻表象を頼りに、正確な文を構築する努力[18]をします。そのとき、言いたいことと言えないこととのギャップに気づき、自身の中間言語を検証・修正する機会が与えられるのです。また、教室全体が一つの文やフレーズに注意を向けて聞いているため、全員がその部分の意味や内容の概念を共有しています。ですから、1人が指名されるまでの時間に、全員が、どのように表現したら正確な表現になるかを考えています。『毎日の聞きとり』シリーズのような内容ある音声テキストを使って行うリピーティングは、心の中に想起した概念を声に出して表現するトレーニングとなり、「話す」力の向上にも役立ちます。

　シャドーイングは、音声知覚の自動化を促進することに重点が置かれますが、リピーティングは、より高次の言語産出の一連の処理の自動化を促進する作業であるということができるでしょう。

▶ 3　音読 (oral reading)

　シャドーイングが音声知覚の自動化を通して「リスニング」能力の向上に効果的であるのに対し、音読は書かれた文字や語を音韻情報に変換（音韻符号化）するプロセスを高速化、自動化するために行うものです。リーディングの低次処理過程[19]の効率化に貢献するとされる音読を、なぜリスニングの指導法として挙げるのか疑問に思われるかもしれません。

　音読が特に日本語聴解の処理過程の効率化・自動化を促進するトレーニングになる理由は、表意文字である漢字と表音文字であるひらがな・カタカナで構成される複合表記システムという特質にあります。

　先に述べたとおり、ニュースや講義などには漢語や外来語が多く含まれ、

注〉

[18] リピーティングのような強制的アウトプット (pushed output) によって、意味を中心に言語を処理する意味的処理から、語をどのような順序で並べるか、アスペクトや時制はどうするかなどの統語的処理への移行が行われます。

[19] 意味処理の前段階として、書かれた単語や文を見て、音韻符号化するプロセスを指しています。

母語話者でもその音声的特徴から字形を想起し、意味の理解に役立てることがあります。それを行うには、音韻情報、文字形態情報を含めた豊富な語彙のデータ・ベースが必要です。文字と発音がほぼ一致するひらがなと異なり、表意文字である漢字、漢語の読み方は一つ一つ覚えなければなりません。音韻情報も含めた全体的な語のデータ・ベースを持つには、音読によって文字（特に漢字で表記される語）と音韻の結びつきを強化し、リスニングにも役立つ語彙を蓄えることが大切なのです。

▶4　リード・アンド・ルックアップ (read and look up)

　リード・アンド・ルックアップも音読の一つの形態です。フレーズや文を黙読し、次に、書かれたものを見ずに声に出して言うというものです。この間に、文字を読んで意味を理解し、それを記憶し、その記憶を頼りに再構築し、発話するという認知活動が行われます。これはリーディングからスピーキングへの橋渡しになる練習であるとされ、リスニングとは直接的に関係があるわけではありませんが、語の意味や文の構造を意識的に解析し記憶することが言語処理の効率化につながり、言語能力を高め、間接的にリスニング能力も高めることになります。音声、文字のインプットを使ってオールラウンドな力をつけることが、実はリスニング力向上の近道だからです。

　リード・アンド・ルックアップは、文字入力のリピーティング活動であるとも言えるでしょう。文章を読むときにはどうしても意味を理解することに意識が向けられます。ですから、テキストを見ながらタスクをしたり、質問に答えたりするだけでは文の構造や助詞などの文法に対する注意が疎かになります。リード・アンド・ルックアップでは、テキストから目を離して文を再生したり、要約したりしなければなりませんから、言語形式の正確さにも注意が向けられるようになります。文字インプットによるリード・アンド・ルックアップや音声インプットによるリピーティングなど、認知負荷の高い、深い処理を必要とするトレーニングで、言語形式の内在化や中間言語の構造化を促進します。

▶5　バックワード・ビルドアップ（backward build-up）

　なかなか正確に文を再構成できない学習者には、バックワード・ビルドアップの手法で、文の構造を確認させながら全体の文を作り上げるという指導を行います。たとえば、「野口さんが初めてエベレストに登ったとき、世界中の登山家が捨てていった大量のゴミが山のいたるところに残されていました。」のようなやや長い文を指導するときの例を以下に示します。太字は教師の発言、➡の右側は学習者に発言してもらう部分です。

　文の最後に何と言っていますか。➡　残されていました。
　何が残されていましたか。➡　大量のゴミが残されていました。
　いたるところに大量のゴミが残されていました。
　➡　いたるところに大量のゴミが残されていました。
　どんなゴミですか。➡　世界中の登山家が捨てていったゴミです。
　世界中の登山家が捨てていった大量のゴミがいたるところに残されていました。
　➡　世界中の登山家が捨てていった大量のゴミがいたるところに残されていました。
　いつですか。➡　野口さんが初めてエベレストに登ったときです。
　野口さんが初めてエベレストに登ったとき、世界中の登山家が捨てていった大量のゴミが山のいたるところに残されていました。
　➡　野口さんが初めてエベレストに登ったとき、世界中の登山家が捨てていった大量のゴミが山のいたるところに残されていました。

　日本語は述部が文の最後にあり、それを説明・修飾する形で文が作られています。述部から順番に文節やフレーズごとに文を長くしていって繰り返して読ませたり、リピートさせたりすることは、日本語の文構造を理解し、助詞と動詞の関係にも注意を向けさせることができる効果的な練習方法です。意味内容を把握しやすいように、質問をしながら、何回も繰り返しながら聞いていきます。そして、最後に、できれば文全体の意味を考えながら再構成させます。このような長い文でも、文の構造と意味が理解できた後にはほと

んど全員が再生できるようになります。

▶6　ストーリー・リテリング (story retelling)

　リスニングやリーディングの後に理解した内容をイラストやキーワードを見ながら、あるいは何も見ずに話を再構成することです。一人が全部を言うのは負担が大きい場合は、順番に言うか、あるいは、グループで協力しあって発表したりする方法で行います。暗記するのではなく、テキストの表現を思い出しながら自分のことばで再生する方法は、リード・アンド・ルックアップやリピーティングよりも自由に文を作れるという点で、自然な発話行為に進む前段階のトレーニングになります。リスニングやリーディングのテキストを使って同時にスピーキング力も高める方法です。

▶7　ディクテーション (dictation)

　ディクテーションは方法によって、効果が異なります。文節ごとにポーズを入れて、書く時間を与え、ひらがなで書かせるディクテーションは、音素の識別力とひらがな表記の正確さを高めるために行われます。一方、フレーズや文全体を最後まで聞いた後で、漢字仮名交じり文で書くディクテーションでは、フレーズや文全体を理解・記憶し、音韻表象の記憶と文法・語彙知識によって文を再構成し、漢字を含めて正確に表記しなければなりません。音声と文字という違いはありますが、リピーティングと同様に記憶力や語彙・文法知識まで求められる認知負荷の高い練習だと言えるでしょう。

▶8　ディクトグロス (dictogloss)

　ディクトグロスは、教師などが読み上げる短いテキストを聞いて、学習者が聞きながらメモをとり、そのメモを見ながら、もとのテキストを復元して書く活動です。一般的に復元はペアまたはグループによる協働作業で次の①から④の手順で行われます。

① 教師は比較的短くまとまった文章を数回読み聞かせる。
② 学習者はキーワードなどメモをとりながら聞く。
③ 学習者はそのメモをもとに、ペアまたはグループによる協働作業で文法や内容などをできるだけ正確に復元してテキストを書く（メモとディスカッションは母語でもよい。テキストとまったく同じ文にする必要はない）。
④ もとの文章と復元した文章を照合し、聞きとれなかった部分や文法の誤りなどを修正する。教師は必要に応じてフィードバックと指導を行う。

聞かせる回数や、聞かせ方（単に聞くだけ、シャドーイングしながら聞くなど）、聞かせる素材（既習か未習か）や素材のレベルには、さまざまなバリエーションがあります。日本の中学生、高校生に対する英語のディクトグロスでは、復元する文は日本語で書く場合もあります。

ディクトグロスは文の構造や文法の正確さに焦点が置かれる Focus on Form の考え方にのっとった訓練法です。もとの文章を復元しようとして、学習者は自身の中間言語と目標言語のギャップに気づくことができます。また、学習者同士のインタラクションを通した協働学習であり、音声と文字のインプットとアウトプットを通して学ぶ統合的な学習法です。

ディクトグロスには以下のような教育効果があると考えられます。

① 文の構造や、文法に注意を向けさせ、内容語だけでなく、機能語も正確に聞きとる訓練になる。
② 学習者間でディスカッションを行うので、インプットの理解だけでなく、アウトプット活動にもなる。
③ 自らの中間言語を見直すメタ認知能力を高める。
④ 漢字や表記に注意を向けることができ、語句を正確に書くトレーニングになる。
⑤ 音声を聞く、文字を書く、クラスメートとディスカッションするなどが多くの記憶のタグとなり、学習項目が定着しやすい。
⑥ 教師主導の授業形態に比べて、自律的に学ぶことができる。

ディクトグロスは、聞かせるテキストの選び方が学習効果を左右します。難しいテキストだと、学習者は音声を追いかけて理解することで精一杯になり、何が大切なのか、何をメモしたらいいのかを判断することができなくなってしまいます。内容や文法に注意を向けることもできなくなってしまいます。

　初級・中級ではディクトグロスの前段階として、十分に内容を理解している既習のテキストを聞かせ、それを使ってメモのとり方の指導をしたり、既習の文法事項の習得の定着を確認したりすることから始めるのがよいでしょう。未習のテキストを聞かせる場合は、読んで理解できるレベルより、１段階も２段階も易しいテキストを選びます。また、理解しやすく、構成がしっかりしたテキストを選ぶことも重要なポイントです。

　利点が多いディクトグロスですが、問題点もあります。ディクトグロスは「メモをとる」ことが前提となっています。母語話者がキーワードを選んだり、メモをとったりするのはそれほど難しくないと思われますが、学習者がメモをとるのはたいへん難しいことです。メモが上手にとれないためにディクトグロスの活動がうまく進まないということがしばしば起こります。筆者の経験では、上手にメモをとれる学習者は少なく、聞こえてきた文章を片端から書きとってしまう者が多くいました。

　キーワードを選んだり、メモをとったりできるのは、話を正確に理解していることが前提になります。また、上手にメモをとるためには、話を整理して聞かなければなりません。

　ディクトグロスで十分な教育効果を得るためには、普段から、読解や聴解のテキストを使って、話を整理・要約する練習を行ったり、教師がテキストのメモやコンセプト・マップを作成して提示し、それをもとにテキストを復元したりする練習を習慣的に行って、メモをとるための基礎力を養うことも大切だと思います。

　ペアやグループのメンバーの能力や性格（積極的か、消極的か、協力的かなど）によって、学習効果が変わるのもグループ学習の特徴です。ディクトグロスの指導方法やテキストの内容・長さと効果などについては、解明しなければならないことがまだ多いようです。

　ここに挙げた指導法は、音声言語と文字言語のインプット・アウトプット

を組み合わせて統合的に行われるものです。このような指導によって、4つの技能の基礎となる言語能力が高められ、結果的に4技能の運用能力の向上へと発展していくのだと思います。

第3節　IT を利用した教材開発など

1. CALL 教室用マルチメディア教材の制作

　インターネットの普及は教育に大きな影響をもたらしました。日本でも2000 年初頭から始められた e-Japan 構想[20]を機として超高速インターネットの整備、インターネットサービスの低廉化や利便性向上が進み、e-learning が教育の一形態として盛んに導入されるようになりました。

　筆者の勤務する大学でも、2005 年に LL 教室が CALL 教室に改装されました。これを機にコンピューターの特性を生かし、文字と音声インプットを融合した聴解教材を作りたいと考えていたところ、スクリプトの文字に連動して音声を聞かせることができるプレーヤーミントというソフト[21]があることを知り、その開発者の協力を得て、『毎日の聞きとり 50 日』シリーズをコンテンツとして、CALL 教材を制作しました（宮城・外崎 2008）。CALL教室への改装を機会にその教材をコンピューターにインストールし、印刷された教材と並行して、CALL 教室での自律学習に活用しています。

　プレーヤーミントの基本動作は、テキストのスクリプトが画面に表示され、音声に対応して、文または句ごとに、アンダーラインが引かれ、それが音声の流れに従って順次移動していくというものです。再生スピードをコントロールしたり、文字の提示なしに音声だけを聞いたり、スリービート・リスニング[22]をしたりすることができます。

　この機能を活用して、スクリプトの文字を消してシャドーイングをしたり、ポーズボタンを押しながらリピーティングをしたり、文字を表示して音読や速読の練習をすることもできます。また、この教材のコンテンツを深く理解

注〉
[20]　日本政府が掲げた IT 社会の実現を目指す構想、戦略。
[21]　ミント音声教育研究所（http：//www5b.biglobe.ne.jp/~mint_hs/）の田淵龍二氏が開発した学習ソフト。英語教育での指導例は神田・湯舟・田淵（2010）を参照してください。
[22]　最初に、音声とともに空欄が示され、音声を頼りに意味を理解した後、2 回目に音声とともに文字が示されて、内容と文字を確認し、3 回目に文字提示なしで音声を聞いて理解を確認するという練習法。

し、文法や文構造、漢字の定着を図ってもらうために、以下のような練習問題もつけました。それぞれ、正答を確認しながら個別学習ができるようになっています。練習機能は以下のとおりです。
① さまざまな聞きとり
　(i) 基本的な再生（テキストが表示され、音声の該当箇所の句にアンダーラインがつく。音声の流れに合わせ、文字上をカーソルが移動する）、(ii) 再生スピードをコントロールできる、(iii) リピートアフター（1回目は音声の流れに沿ってテキスト上をカーソルが動く。2回目は無音でテキスト上をカーソルが動くので、それに合わせて学習者がリピートする）、(iv) スリービート・リスニング、他。
② 語順整序
　文や句単位の音声を聞き、画面上でランダムに表示された語を音声のとおりに並べる。正誤の判定と正答表示があり、音声が流れる。
③ ディクテーション
　音声が流れ、聞きとったことを画面上の所定位置に日本語で打ち込む。正誤の判定と正答表示があり、音声が流れる。
④ 助詞の穴埋め
　スクリプトの助詞の部分が黒丸（●）になっているもので、音声の流れとともにスクリプトの下段に解答が表示される（【図1】）。
⑤ 助詞練習
　音声なしでテキストのみが表示され、空欄になっている助詞の箇所に、選択肢から適当なものを選ぶ。正誤の判定と正答表示があり、音声が流れる（【図2】）。
⑥ 漢字書きとり
　音声が流れ、テキストも表示される。該当漢字箇所で音声のみが流れ、テキストは表示されない。学習者は漢字を紙に書きとった後、答え合わせのボタンを押すと、正解が表示される。文脈に沿った漢字練習ができる。

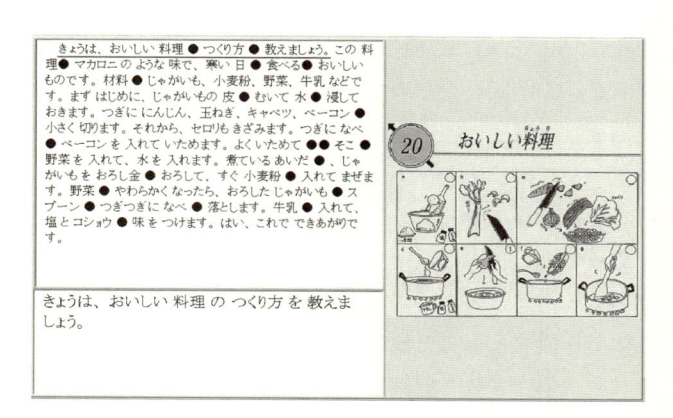

【図1】助詞の穴埋め

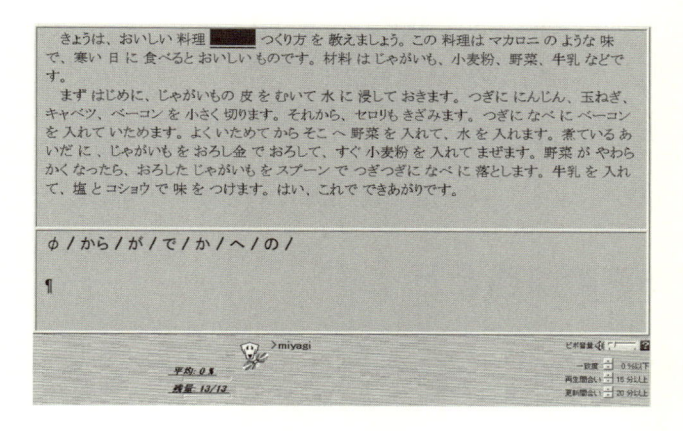

【図2】助詞の練習

　マルチメディアソフトでは、システム上、自由に練習形式を決めることはできず、ソフトの機能でできる範囲内での問題作成になりました。問題の提示の方法や練習形式は、問題の妥当性や、学習者の取り組みやすさ、最終的には教育効果に大きな影響を与えます。そのため、問題コンテンツの作成者とソフトの制作者との間で何回も話し合いや意見のすり合わせを重ねて、問題を解決しなければなりませんでした。特に、助詞練習の作成には、特別な工夫が必要でした。練習対象と決めた14種類の助詞の中から6つの選択肢を提示し、その中から1つを選ばせるという形式で問題を作成するのですが、

第3節　ITを利用した教材開発など　｜　231

すべての問題に対して、その都度選択肢を作るのは膨大な時間がかかります。学習者が判断を迷う助詞を入れつつ、正解が2つにならない助詞の組み合わせを考えた結果、選択肢の組み合わせは必要最小限で5パターンになることがわかりました。この5つの選択肢の組み合わせによって、すべての文中の助詞に対応することができるようになりました。選択肢をこのように設定することで、機械処理の利点を活かしつつ、学習効果の高い問題を作成することができたのです[23]。このように、コンピューターソフトを使った問題作成には、紙媒体で作成する場合と異なる苦労があります。

このソフトは、学習者にも好評で、自宅でもぜひこの練習を行いたいという希望が多く出されました。実は、このソフトをぜひ多くの人に使ってもらいたいと考え、インターネット上に公開するか、少なくとも大学のサーバーに入れて学生たちが自宅から自由にアクセスして利用できるようにしたいと思ったのですが、著作権の保護という点から断念せざるを得ませんでした[24]。コンピューター用マルチメディア教材の作成は、著作権の問題に加え、OSのバージョンアップやシステムとソフトの互換性などの問題があり、苦労して作成したわりに、利用範囲が狭く難しいと痛感しました。

2. 著作権の問題など

著作権の保護は教材を作る上で非常に厳しい障害になっています。各大学で作成したe-learning教材のコンテンツには書き下ろしの会話が多く、『毎日の聞きとり』シリーズのように、現代社会を反映した話題性のあるコンテンツが少ないのは、著作権の制限があるのも理由の一つだと思われます。『毎日の聞きとり』シリーズでも1作目の1992年当時に比べて、2作目、3作目と次第に著作権上の使用許可を得るのが難しくなっていくのを感じました。許可がとれなかったために問題全体を差し替えなければならなかったこともあります。

注〉
[23] この助詞の組み合わせパターンを考案したのは、共同研究者の外崎淑子氏です。詳しくは、宮城・外崎 (2008) を参照してください。
[24] 出版社や著者には、東海大学の1か所のCALL教室に限り、使用を許可してもらいました。

このように著作権の保護が教材を作りにくくしている一方で、教材の無断複製は、広く行われています。コンピューターをはじめコピー機やスキャナー、録音・再生機器などの技術は、私たちに便利さという恩恵を与えましたが、逆に、教材作成・出版などのコンテンツ制作者にとっては頭を悩ます問題となっています。教材をコピーして使うことだけでなく、海外では海賊版の教材が出版され、スクリプトやCDの音声までWeb上にアップロードされてしまう時代となり、著作権が侵害されています。筆者も海外の書店で、ある大学の先生方が編集したという聴解の本を開いたところ、筆者が作成に関わった教材の大部分が他の日本の教材と組み合わされ、並べ変えられた状態で印刷されており、驚いた経験があります。

　困るのは単に著作権者や出版社の権利が侵害されていることだけではありません。よりよい教材を作成して出版したいと思っても、出版社はコピーして使われることを考えて、出版を控えることもあるといいます。特に、聴解教材はタスクシートとなる本冊が薄く、簡単にコピーできます。また、CDも簡単にパソコンにダウンロードでき、技術的には簡単にインターネット上にアップロードできてしまいます。そのため、使用者数に比べて本が売れないと予測して、出版社は発行を躊躇してしまうこともあるようです。これは、日本語教育の発展にとって、非常に残念なことだと思います。

3. IT化の中での教材

　音声を使った指導は、技術の進歩によって大きく影響を受けます。時代はLL教室からCALL教室へと移行し、アナログテープだけでなくデジタルメディアのMDも使えなくなり、現在はCD、ICレコーダー、コンピューターを使って聴解指導や練習を行う時代になりました。聴解担当の教員はメディアが進化するたびに機器の使い方を習得し、教材を作り替えてきました。

　現在、多くの大学にはCALL教室が設置されていますが、コンピューターの特質を活かした日本語CALL教材は、まだまだ十分とは言えません。東京外国語大学留学生日本語センターと情報処理センターとの共同開発による日本語を学ぶためのe-learning教材『JPLANG 日本語を学ぶ』や名古屋大学留学生センター日本語メディア・システム開発部門開発の『現代日本語コース

中級　聴解』をはじめとするオンライン教材、広島大学『聴解：日本の生活「私の年中行事」』、国際交流基金日本語学習 e ラーニングサイト『WEB 版エリンが挑戦！にほんごできます。』など、国立大学の日本語教育部門や国際交流基金で制作された CALL 教材などが公開されています。出版社が制作したコンテンツを導入している大学[25]もあります。それぞれ、工夫を凝らした教材ですが、学習者のレベルやニーズに合わせて選択できるほど、コンテンツは充実していないので、CALL 教室の機能を活用する授業のための教材作成は、各機関や教師の工夫と努力に負っているところが多いのではないでしょうか。

　最近注目されている Moodle はコース管理システムと呼ばれるソフトウエアの一つです。教師が講義資料を配付したり、テストをしたり、学生が課題を提出したり、教師と学生、学生同士が意見を述べ合ったりすることができます。Moodle は、このような「従来から教室その他の教育現場で行われている活動をコンピューターとネットワークの力で支援することによって対面授業を補完・補強するためのシステム」（井上・奥村・中田 2006：ⅰ）です。このシステムで作成された教材や教授法などのリソースを蓄積し、学内外を問わず必要な時に検索して利用できるようにするプロジェクトも盛んに行われているようです。（井上・奥村・中田 2006：4）

　今後は、教室での対面授業と e-learning のコンテンツの両方のメリットを活かした指導法の開発が行われていくでしょう。コンテンツの共同利用が進んで、良質の教材が蓄積されていくことを期待したいと思います。

注〉
[25] 東北大学ではアルクの「ALC Net Academy 日本語コース」コンテンツを導入しています（佐藤 2012）。

あとがき

　音声は流動的で、目に見えない物理的な刺激で捉えにくい上に、外国語の音声を聞くときには、音声情報入力（認識）の段階で母語や既習の言語音声の干渉を受けやすいという特質があります。学習者の中には、音声認識力が高く、外国語の音声を難なく習得してしまう者もいますが、多くの学習者にとって、音声認識は、乗り越えなければならない言語学習の最初の壁であると言ってもいいでしょう。音声が正しく認識できないと、ことばを正確に覚えることができず、学習したことの積み重ねがうまくできません。そうならないように、できるだけ早い時期から的確な指導をして、音声言語に習熟させることが大切です。聴解の情報処理プロセスを理解し、タスクや指導によって大切な点に気づかせること、学習者がメタ認知能力を高め、主体的に学習できるように手助けすることが教師の役割ではないかと思います。

　本書では、聴解教材作成について述べるとともに、それを音声言語教材として活用し、音声言語と文字言語を統合的に学ぶことの大切さについて述べました。最近では、会話やモノローグなどの音声テキストを多く組み込み、統合的に日本語力を高めることを目的に作られた総合教材が次々に出版されるようになりました。WEB上で音声を聞いて自習に活用できる教材も作成されています。文型や文法を下敷きにしながらも音声コミュニケーションを重視するというコンセプトを掲げた教材もあります。脇役のように扱われていた音声言語に、徐々に光が当たってきたように感じます。

　しかし、音声インプットを多く含む教材を使っても、指導のしかたによって、学習効果が大きく変わります。学習者に気づきを起こさせるためには、まず教師自身が音声言語としての日本語の特徴を知り、日本語の豊かな表現力に気づき、それを伝える努力をしなければなりません。音声は取っつきにくいとか、聴解をどうやって教えればいいかわからないと苦手意識を持たずに、音声言語としての日本語のおもしろさを発見し、学習者とともに学び合うという気持ちで音声についての知識を深めていただきたいと思います。

　最後になりましたが、この本を書くに至るまで、多くの方々のご指導やご協力があったことについてお話しし、感謝の気持ちをお伝えしたいと思います。

筆者は、自身の英語学習の経験から、テキストを何回も音読することによってセンテンスパターンや表現を覚える練習法が効果的だったこと、中学校の英語の教科書の「雪女」や「ムジナ」の朗読のソノシートを聞いて鳥肌が立ち、その文章をイントネーションを含めて丸ごと覚えてしまった経験などから、言語学習における音声の重要性を痛感していました。しかし、外国語学習において、それがなぜ大切なのか、どのように指導したらよいかわかりませんでした。

　そんなとき、同じ大学の講師であった先輩の土岐哲先生（故人）の授業を見学させていただく機会がありました。その授業は、外国人学習者が日本語の音声を聞くときの難しさ、日本人母語話者が意識していない日本語音声の特徴、それを外国人学習者が聞くときの難しさはどういうことか、ということに開眼させてくれるものでした。教材はビートルズの音楽が BGM として効果的に使われていた『わが美わしの友』（国際交流基金映像教材）というドラマでした。土岐先生は、母語話者が無意識に見落としてしまうことを学習者の視点から取り上げ、語句や表現の指導だけでなく、韻律や顔の表情、動作に至るあらゆる視点から教材を活用し、指導されていました。私はこの授業から、聴解の指導や聴解教材作成の基礎となる多くの教えを受けました。土岐哲先生が大学を移られてからも、教材収録の現場に同席させていただき、質のよい録音教材の作成方法や、音声教育についてさまざまなご指導をいただきました。私が音声教育や聴解教育を専門とするようになったのは、土岐先生がいらっしゃったからです。

　そして、牧野恵子、三井昭子、太田淑子、柴田正子の諸先生方とは 20 年以上も共同作業を続けてまいりました。苦しいはずの教材作成も、5 人集まって行う検討会が楽しみで、次々に教材を作ってしまったというのが本当のところです。この本は、4 人の先生方の快諾を得て、書かせていただきました。三井先生、柴田先生には原稿にも目を通していただき、細かく修正箇所をご指摘いただきました。

　私たちの聴解教材、第一作目の『中級日本語聴解練習　毎日の聞きとり 50 日上・下』の監修を担当し出版社に紹介してくださったのが、やはり同じ大学に勤務していた先輩、河原崎幹夫先生です。河原崎先生のご指導と、すばらしい共著者の先生方がいらしたからこそ、このシリーズを続けて作る

ことができました。
　そして、この『日本語教育叢書つくる　聴解教材を作る』を書く機会をくださったのが、関正昭先生と平高史也先生です。お二方には、読みにくい原稿を本当に丁寧に読んでいただき、貴重なご指摘、ご教示をいただきました。また、スリーエーネットワークの佐野智子さんと柿沼市子さんにもたいへんご苦労をおかけしました。
　お世話になったみなさまに、心より御礼を申し上げます。

◆参考文献

井上博樹・奥村晴彦・中田平(2006)『Moodle入門』海文堂出版

ウィドウソン、H.G.(1991)『コミュニケーションのための言語教育』東後勝明・西出公之訳　研究社出版

宇佐見洋(2004)「意見を伝えるテクニック―説得力を生み出すための文章構成―」『日本語学』23　8月号　46-55.　明治書院

卯城祐司(2009)『英語リーディングの科学―「読めたつもり」の謎を解く―』研究社

大石晴美(1999)「言語情報処理の多次元的プロセスの探求―ListeningとReadingにおける情報処理方法について―」『ことばの科学』第12号　93-112.　名古屋大学言語文化部言語文化研究会

大石晴美(2006)『脳科学からの第二言語習得論』昭和堂

苧阪満里子(2000)「第8章ワーキングメモリと言語理解の脳内機構」苧阪直行編『脳とワーキングメモリ』157-180.　京都大学学術出版会

苧阪満里子(2002)『脳のメモ帳　ワーキングメモリ』新曜社

門田修平(1987)「日本語の読解と心理的音声化現象」『被昇天女子短期大学紀要』13・14合併号　83-102.

門田修平(1997)「視覚および聴覚提示文の処理における音声的干渉課題の影響」ことばの科学研究会編『ことばとコミュニケーション』第1号　32-44.　英潮社

門田修平(2002)『英語の書きことばと話しことばはいかに関係しているか―第二言語理解の認知メカニズム―』くろしお出版

門田修平(2003)『英語のメンタルレキシコン―語彙の獲得・処理・学習―』松柏社

門田修平(2007)『シャドーイングと音読の科学』コスモピア

門田修平(2009)「ボトムアップ・シャドーイング　vs.　トップダウン・シャドーイング」『英語教育』2月号　24.　大修館書店

門田修平・野呂忠司編(2001)『英語リーディングの認知メカニズム』くろしお出版

門田修平・玉井健(2004)『決定版 英語シャドーイング』コスモピア

金庭久美子(2011)「日本語教育における聴解指導に関する研究―ニュース聴解の指導のための言語知識と認知能力―」『日本アジア研究：埼玉大学大学院文化科学研究科紀要』第8号　1-31.　埼玉大学文化科学研究科

神田明延・湯舟英一・田淵龍二(2010)『英語脳を鍛える！チャンクで速読トレーニング』国際語学社

倉田久美子(2008)「日本語シャドーイングにおける文の音韻・意味処理に及ぼす記憶容量、文の種類、文脈性の影響―日本語母語話者を対象として―」『広島大学大学院教育学研究科紀要』57　229-235.

倉田久美子・松見法男(2010)「日本語シャドーイングの認知メカニズムに関する基礎研究―文の音韻・意味処理に及ぼす学習者の記憶容量、文の種類、文脈性の影響―」『日本語教育』147　37-51.　日本語教育学会

小池生夫(編集主幹)井出祥子・河野守夫・鈴木博・田中春美・田辺洋二・水谷修(編集委員)

（2003）『応用言語学事典』研究社

河野守夫（1997）「第3章音声と心理3-1リズムの知覚と心理」『日本語音声［2］アクセント・イントネーション・リズムとポーズ』91-139. 三省堂

河野守夫（1998）「モーラ、音節、リズムの心理言語学的考察」『音声研究』第2巻第1号 16-24. 日本音声学会

河野守夫（2001）『音声言語の認識と生成のメカニズム―ことばの時間的制御機構とその役割―』金星堂

小林尚美・李友娟（2001）「韓国語母語話者の聴解行動における漢語の役割―聴解・漢字・発音クラスの枠を超えた指導法への提言―」『2001年度日本語教育学会秋季大会予稿集』97-102. 日本語教育学会

小柳かおる（2002）「展望論文：Focus on Form と日本語習得研究」『第二言語としての日本語の習得研究』第5号 62-96. 第二言語習得研究会

小柳かおる（2004a）「言語学習のメカニズムと Focus on Form」『日本語・日本語教育を研究する』第23回 9-10. 国際交流基金日本語教育通信

小柳かおる（2004b）『日本語教師のための新しい言語習得概論』スリーエーネットワーク

小柳かおる（2008）「第二言語習得研究から見た日本語教授法・教材―研究の知見を教育現場に生かす―」『第二言語としての日本語の習得研究』第11号 23-40. 第二言語習得研究会

迫田久美子（2010）「日本語学習者に対するシャドーイング実践研究―第二言語習得研究にもとづく運用力の養成を目指して―」『第二言語としての日本語の習得研究』第13号 5-21. 第二言語習得研究会

迫田久美子・松見法男（2004）「日本語指導におけるシャドーイングの基礎的研究―「わかる」から「できる」への教室活動への試み―」『2004年度日本語教育学会秋季大会予稿集』223-224.

迫田久美子・松見法男（2005）「日本語指導におけるシャドーイングの基礎的研究（2）―音読練習との比較調査からわかること―」『2005年度日本語教育学会秋季大会予稿集』241-242.

佐藤勢紀子（2012）「日本語教育における e-learning 利用の可能性―ALC NetAcademy 導入の事例から―」『ウェブマガジン留学交流』2月号 vol.11 1-8. 独立行政法人日本学生支援機構

塩澤大輔（2007）「意味を表現する」日本放送協会・日本放送出版協会編『NHKアナウンサーの はなす きく よむ「声の力を活かして 編」』78-87. 日本放送出版協会

白畑知彦・若林茂則・村野井仁（2010）『詳説 第二言語習得研究―理論から研究法まで―』研究社

高橋秀夫・椎名紀久子・竹蓋幸生（1988）「ヒアリングの理論と指導に関する基礎的研究」『Language Laboratory (25)』3-13. 外国語教育メディア学会

竹内理（2000）『認知的アプローチによる外国語教育』松柏社

竹内理（2003）『より良い外国語学習法を求めて―外国語学習成功者の研究―』松柏社

チョムスキー、ノーム（1970）『文法理論の諸相』安井稔訳 研究社出版

津田元紀（2006）「第5章CALLシステム開発の舞台裏」神田明延編著『CALL導入と運用―より良い語学教育環境を目指して』111-119. 国際語学社

土岐哲（2010）『日本語教育からの音声研究』ひつじ書房

外崎淑子・宮城幸枝（2012）「日本語マルチメディア教材による自律学習の効果（その2）リスニングスパンテストと日本語能力試験による検証」『東海大学紀要 国際教育センター』2 41-51.

中川千恵子・中村則子(2010)「視覚的補助による韻律指導法の紹介と提案」『日本学刊』第13号　5-15.　香港日本語教育研究会

中里好江(2009)「日本人中学生の英語習得における Processing Instruction の効果に関する研究」『言語文化学研究(言語情報編)』第4号　137-165.　大阪府立大学人間社会学部言語文化学科

日本語能力試験実施委員会・日本語能力試験企画小委員会監修(2004)『平成14年度日本語能力試験分析評価に関する報告書』国際交流基金・日本国際教育支援協会

福田倫子(2005)『第二言語学習者における聴解と記憶—ワーキングメモリ理論を枠組みとして—』広島大学大学院教育学研究科文化教育開発専攻学位論文

松見法男・福田倫子・古本裕美・邱兪瑗(2009)「日本語学習者用リスニングスパンテストの開発—台湾人日本語学習者を対象とした信頼性と妥当性の検討—」『日本語教育』141号　68-78.　日本語教育学会

水野りか(1997)「漢字表記語の音韻処理自動化仮説の検証」『心理学研究』68　No.1　1-8.　日本心理学会

宮城幸枝(1998)「初級からの聞きとりの指導—『初級聴解練習毎日の聞きとり50日』の開発をとおして」『東海大学紀要　留学生教育センター』18　27-38.　東海大学出版会

宮城幸枝(2002)「総合日本語力を高めるための『音声教材』の活用 —中級レベルの指導を中心に—」『東海大学紀要　留学生教育センター』22　41-53.　東海大学出版会

宮城幸枝(2005a)「第4章第2節聞くことに焦点を当てた指導の理論と実践」東海大学留学生教育センター編『日本語教育法概論』175-199.　東海大学出版会

宮城幸枝(2005b)「音声言語能力向上を目指した聴解指導シラバス」『東海大学紀要 留学生教育センター』25　47-55.　東海大学出版会

宮城幸枝・外崎淑子(2008)「日本語マルチメディア教材による学習効果について—プレーヤーミント利用による聴解練習と助詞の習得を中心に」『東海大学紀要　留学生教育センター』28　37-55.　東海大学出版会

宮城幸枝・外崎淑子(2010)「日本語マルチメディア教材による自律学習の効果—リスニングスパンテストとリピーティングテストによる検証」『東海大学紀要　留学生教育センター』30　1-16.　東海大学出版会

宮城幸枝・中村フサ子(2007)「聴解指導を通して促進される漢字語彙の習得」『東海大学紀要 留学生教育センター』27　31-42.　東海大学出版会

村野井仁(2006)『第二言語習得研究から見た効果的な英語学習法・指導法』大修館書店

メイナード, 泉子・K.(2005)『[日本語教育の現場で使える] 談話表現ハンドブック』くろしお出版

元田静(1999)「初級日本語学習者の第二言語不安についての基礎的調査」『日本教科教育学会誌』21(4)　45-52.　日本教科教育学会

森敏昭・井上毅・松井孝雄(1995)『グラフィック　認知心理学』サイエンス社

山本富美子(1994)「上級聴解力を支える下位知識の分析—その階層化構造について」『日本語教育』82　34-46.　日本語教育学会

Asher, J.J. (1977). *Learning another language through actions*. California: Sky Oaks Productions.

Atkinson, R.C., & Shiffrin, R.M. (1971). The control of short-term memory. *Scientific american*, 225

(2), 82-90.

Ausubel, D.P. (1963). *Psychology of meaningful verbal learning*. Oxford: Grune & Stratton.

Bachman, L. F. (1990). *Fundamental considerations in language testing*. Oxford, UK: Oxford University Press.

Baddeley, A.D. (1986). *Working memory*. Oxford: Oxford University Press.

Baddeley, A.D. (2000). The episodic buffer: a new component of working memory? *Trends in cognitive sciences*, 4, 417-423.

Baddeley, A.D. (2002). Is working memory still working? *European psychologist*, vol.7, No.2, 85-97.

Baddeley, A.D. (2003). Working memory: looking back and looking forward. *Nature reviews neuroscience*, 4, 829-839.

Baddeley, A.D., & Hitch, G.J. (1974). Working memory. *The psychology of learning and motivation*, 8, 47-89. New York. Academic Press.

Canale, M. (1983). From communicative competence to communicative language pedagogy. In J.C. Richards & R. Schmidt (Eds.), *Language and communication*. 2-27. London, UK: Longman.

Canale, M. and Swain M., (1980). Theoretical bases of communicative approaches to second language teaching and testing. *Applied linguistics* 1 1-47.

Chomsky, N. (1965). *Aspects of the theory of syntax*. Cambridge, MA: MIT Press.

Collins, A.M., & Loftus, E.F. (1975). A spreading-activation theory of semantic processing. *Psychological review*, 82 (6), 407-428.

Daneman, M., & Carpenter, P.A. (1980). Individual differences in working memory and reading, *Journal of verbal learning and verbal behavior*, 19 (4), 450-466.

Gathercole, S.E. & Baddeley, A.D. (1993). *Working memory and language*. Psychology Press.

Horodeck, R. A. (1987). *The role of sound in reading and writing Kanji*, A thesis presented to the Graduate School of Cornell University.

Hymes, D. (1972). On communicative competence. In Pride, J.B and Holmes, J. (Eds.), *Sociolinguistics*: Selected Readings. Harmondsworth: Penguin Books. 269-293.

Miller. G. A. (1956). The magical number seven, plus or minus two: Some limits on our capacity for processing information. *The psychological review*, vol. 63, 81-97.

Nation, I. S. P. (2001). *Learning vocabulary in another language*. Cambridge: Cambridge University Press.

O'Malley, J. M., & Chamot, A. U. (1990). *Learning strategies in second language acquisition*. Cambridge: Cambridge University Press.

Paivio, A. (1990). *Mental representations: A dual coding approach*. Oxford, England: Oxford University Press.

Schmidt, R. W. (1990). The role of consciousness in second language learning. *Applied linguistics*, 11 (2), 129-158.

Schmidt, R. W. (1995). Consciousness and foreign language learning: A tutorial on the role of attention and awareness in learning. In Schmidt, R. W. (Ed.), *Attention and awareness in foreign language learning*. 1-63. Honolulu, HI: University of Hawai'i Press.

Suzuki, J. (1999). An effective method for developing students' listening comprehension ability and their reading speed: An empirical study on the effectiveness of pauses in the listening materials. In O. J. Micholas and P. Robinson (Eds.), *Pragmatics and pedagogy: proceedings of the 3rd pacific second language research forum Vol. 2*, 277-290. Tokyo: PacSLRF.

Swain, M. (1985). Communicative competence: Some roles of comprehensible input and comprehensible output in its development. In Gass, S., & Madden, C. (Eds.), *Input in second language acquisition* 235-253. Rowley, MA: Newbury House.

Van Orden, G. C. (1987). A ROWS is a ROSE: Spelling, sound, and reading. *Memory and cognition*, 15, 181-198. Springer-Verlag.

VanPatten, B. (1996). *Input processing and grammar instruction in second language acquisition*. Norwood, NJ: Ablex. Publishing Corporation.

Widdowson, H. G. (1978). *Teaching language as communication*. Oxford: Oxford University Press.

◆参考教材

川口さち子・桐生新子・杉村和枝・根本牧・原田明子(2003)『上級の力をつける　聴解ストラテジー　上・下』凡人社

河原崎幹夫監修　太田淑子・柴田正子・牧野恵子・三井昭子・宮城幸枝(1992)『中級日本語聴解練習　毎日の聞きとり50日　上・下』凡人社

国際交流基金(1981)『日本語教育ビデオシリーズ〈1〉わが美わしの友―国際交流基金ビデオ教材』国際交流基金

国際交流基金(1983)『ヤンさんと日本の人々：国際交流基金ビデオ教材』ビデオ・ペディック

国立国語研究所日本語教育センター(1974～1983)『日本語教育映画基礎編1～30巻』日本シネセル

小林典子・フォード丹羽順子・高橋純子・梅田泉・三宅和子(1995)『わくわく文法リスニング99　指導の手引』凡人社

小林典子・フォード丹羽順子・高橋純子・梅田泉(2010)『わくわく文法リスニング99　ワークシート　新装版(CD付)』凡人社

小柳昇(2002)『ニューアプローチ中級日本語［基礎編］』改訂版　語文研究社

斎藤仁志・吉本恵子・深澤道子・小野田知子・酒井理恵子(2006)『シャドーイング　日本語を話そう・初～中級編』くろしお出版

斎藤仁志・深澤道子・酒井理恵子・中村雅子・吉本恵子(2010)『シャドーイング　日本語を話そう・中～上級編』くろしお出版

産能短期大学編(2004)『講義を聴く技術』産能大学出版部

財団法人　海外技術者研修協会『日本語の基礎Ⅰ』(1974)　海外技術者研修調査会

財団法人　海外技術者研修協会『日本語の基礎Ⅱ』(1981)　海外技術者研修調査会

嶋田和子監修　浅野陽子(2009)『Live from Tokyo 生の日本語を聴き取ろう！』ジャパン・タイムズ

椙本総子・宮谷敦美(2004)『聞いて覚える話し方　日本語生中継・中～上級編』くろしお出版

スリーエーネットワーク(1998)『みんなの日本語初級Ⅰ・Ⅱ　本冊』スリーエーネットワーク

瀬川由美・北村貞幸・紙谷幸子(2010)『ニュースの日本語聴解50』スリーエーネットワーク

対外日本語教育振興会日本語テープ編集委員会『Intensive Course in Japanese Intermediate Course vol.1』ランゲージ・サービス

棚橋明美・渡邊亜子・大場理恵子・清水知子(2009)『カタカナ語スピードマスター』ジェイ・リサーチ出版

東海大学留学生教育センター編(2002)『日本語初級Ⅰ・Ⅱ　新装版』東海大学出版会

名古屋大学総合言語センター日本語学科編(1983)『A Course in Modern Japanese Vol.1・2』名古屋大学出版会

日本語教育研究所(2002)『聴解が弱いあなたへ』凡人社

深尾百合子・水田澄子(1994)『講義講演を聴く―朝永振一郎　物理よもやま話より(本冊)』くろしお出版

文化外国語専門学校（1992）『楽しく聞こうⅠ』文化外国語専門学校

文化外国語専門学校（1992）『楽しく聞こうⅡ』文化外国語専門学校

文化外国語専門学校（1992）『楽しく聞こう　教師用』文化外国語専門学校

ボイクマン総子・小室リー郁子・宮谷敦美（2006）『聞いて覚える話し方　日本語生中継　初中級編（1）』くろしお出版

ボイクマン総子・宮谷敦美・小室リー郁子（2007）『聞いて覚える話し方　日本語生中継・初中級編（2）』くろしお出版

牧野昭子・田中よね・北川逸子（2003）『みんなの日本語初級Ⅰ　聴解タスク25』スリーエーネットワーク

牧野昭子・田中よね・北川逸子（2005）『みんなの日本語初級Ⅱ　聴解タスク25』スリーエーネットワーク

水谷修・水谷信子（1977）『An Introduction to Modern Japanese』ジャパンタイムズ

三井豊子・堀歌子・森松映子（1998）『ニュースで学ぶ日本語―聞き取り教材（中級用）　パートⅡ』凡人社

宮城幸枝・三井昭子・牧野恵子・柴田正子・太田淑子（1998）『初級日本語聴解練習　毎日の聞きとり50日　上・下』凡人社

宮城幸枝・三井昭子・牧野恵子・柴田正子・太田淑子（2003）『中上級日本語音声教材　毎日の聞きとりplus40　上・下』凡人社

宮城幸枝・太田淑子・柴田正子・牧野恵子・三井昭子（2007）『中級日本語音声教材　新・毎日の聞きとり50日　上』凡人社

宮城幸枝・太田淑子・柴田正子・牧野恵子・三井昭子（2008）『中級日本語音声教材　新・毎日の聞きとり50日　下』凡人社

宮城幸枝・三井昭子・牧野恵子・柴田正子・太田淑子（2010）『初級日本語聴解練習　毎日の聞きとり　上・下　新装版（CD付）』凡人社

Butler, K. D.・大坪一夫・佐久間勝彦（1975）『BASIC JAPANESE – A REVIEW TEXT』アメリカ・カナダ十一大学連合日本研究センター

Yoshida, Yasuo・Kuratani, Naomi・Okunishi, Shunsuke（1976）"Japanese for Beginners" Gakken

Yoshida, Yasuo・Teramura, Hideo・Kuratani, Naomi・Yamaguchi, Koji・Okura, Miwako・Saji, Keizo（1973）『Japanese for today（あたらしい日本語）』Gakken

参考資料1　『中級日本語聴解練習　毎日の聞きとり50日上・下』

課	タイトル	内容	会話
1	キヨスク	ものの説明・紹介	
2	読書器	ものの説明・紹介	
3	お金を拾ったら	事情説明	
4	きゅうきゅうしゃ	事情説明	
5	S席って何？	事情説明	
6	命の恩人	出来事の説明　順番	
7	住宅の洋風化	事情説明	
8	学生のおしゃべり	意見を言う・語り	
9	食事はどこで	事情説明	
10	体のリズム	解説	
11	帰ってきたネコ	エピソード紹介　順番	
12	発車メロディ	事情説明	
13	掃除のビデオ	エピソード紹介	
14	紙の腕時計	ものの説明	
15	チカイエカ	事情説明	
16	数学の天才、集まれ！	事情説明	
17	東京ドーム	ものの説明	
18	いまどきの大学生	事情説明	
19	天気ビジネス	事情説明	
20	おいしい料理	手順説明	
21	ペットのヘビ	エピソード紹介	
22	酸素を買う	事情説明	
23	日本人とお米	事情解説　話言葉	
24	フレックス・タイム制度	事情説明	
25	嫁来いデモ行進	事情説明	
26	いちばん大切なもの	解説　グラフを読む	
27	日本語―トルコ語辞典	エピソード紹介	
28	ハンバーガー店の32秒	事情説明	
29	電話の種類	事情説明	
30	バイク特急便	事情説明	
31	勉強好きな日本人	事情説明	
32	ガソリンスタンドの新商法	事情説明	
33	笑いの効用	エピソード紹介	
34	博士号の学位	事情説明	
35	買い物は家で	事情説明	
36	電子レンジのしくみ	仕組みの説明	
37	交通戦争	事情説明	
38	日本人は金持ち？	事情説明	
39	宣伝と時代	事情説明	
40	高いビルの風対策	事情説明	
41	ゴミとリサイクル	事情解説	
42	単身赴任	解説　グラフを読む	
43	コーラの秘密	事情説明	
44	イヌ人間とネコ人間	事情説明	
45	原子力発電のしくみ	仕組みの説明	
46	経済のソフト化	事情説明	
47	地球の環境問題	事情説明	
48	青いバラの花	事情説明	
49	より速く、より広く	事情説明	
50	太陽エネルギー	事情説明	

参考資料2 『中上級日本語音声教材　毎日の聞きとり plus40 上・下』

課	タイトル	内容	会話
1	風呂敷	ものの説明・紹介	
2	目の錯覚	解説	
3	出前はどんなときに何を？	事情説明	
4	小さなお金の大きな働き	事情説明	
5	ライオンですか、犬ですか	ものの説明・紹介	
6	世界でいちばん早く朝が来る国	事情説明	
7	子どもの耳	会話	○
8	日本人の名字	事情説明	
9	100円ショップ	インタビュー	○
10	便利？不便？電子メール	会話、語り	
11	じゃんけん	やり方説明・解説	
12	あいさつの思わぬ効果	エピソード紹介	
13	空からの贈り物	エピソード紹介	
14	チンパンジーのアイちゃん	解説・語り	
15	だるまさんがころんだ	やり方説明	
16	暖かい色、冷たい色	事情説明	
17	どんなストレスに弱い？	解説	
18	こちら110番。事件ですか、事故ですか	事情説明	
19	「少子化」ということば	事情説明	
20	動物占い	会話　やり方説明	○
21	回転寿司	ものの説明・紹介	
22	郵便局からのお知らせ	やり方説明	
23	名前のない手紙	エピソード紹介順番	
24	あなたの成績は朝ごはん次第	事情説明　グラフを読む	
25	地震に強いビル	仕組み説明・紹介	
26	いちばん上の子は神経質？	事情説明	
27	結婚するなら年上？年下？	会話　グラフを読む	○
28	太鼓のひびき	人物紹介・語り	
29	睡眠不足じゃありませんか	解説	
30	お菓子のおまけ	ものの説明・紹介	
31	進化するロボット	ものの説明・紹介	
32	人類はメン類	エピソード紹介	
33	日本を知らない日本人	エピソード・語り	
34	よみがえった日本の技術	事情説明	
35	若い登山家	人物紹介	
36	変化する就職事情	会話	○
37	三年寝太郎	昔語・語り	
38	屋上の緑化	事情説明	
39	英語力や資格は必要ですか	会話	○
40	燃料電池自動車	仕組みの説明・語り	

参考資料3　『中級日本語音声教材　新・毎日の聞きとり50日上・下』

課	タイトル	内容	会話
1	もしもし	事情説明	
2	旗のデザイン	ものの説明・紹介	
3	海からの便り	ものの説明・紹介	
4	カラスのカー子ちゃん	エピソード	
5	たためるピアノ	ものの紹介	
6	日本人と果物	グラフを見ながら聞く	
7	待つ時間・待たせる時間	解説	
8	震度3	事情説明	
9	世界の人口	事情説明・会話	○
10	牛丼の作り方	料理の作り方	
11	ドライアイ	解説	
12	日本の地方都市	事情説明・会話	○
13	横断歩道	事情説明	
14	弁当の日	事情説明	
15	コンビニ図書館	事情説明	
16	右回りの時計	事情説明	
17	目にやさしい色	解説	
18	上手に泣いて、ストレス解消	解説	
19	阿波踊り	やり方説明	
20	富士山が見えるところ	事情説明	
21	アニメ文化の輸出	事情説明	
22	十二支の話	事情説明	
23	東京を回る山手線	ものの説明・紹介	
24	どんな結婚披露宴がいい？	事情説明・会話	○
25	通話をやめた若者	語り	
26	いただきます	事情説明	
27	川を渡る	クイズ、やり方説明	
28	車は左、人は右？	事情説明	
29	千羽鶴	事情説明	
30	合格は誰のおかげ？	エピソード・語り	
31	時差ぼけ	事情説明	
32	小判がこわい	昔話・語り	
33	道路からメロディー	仕組みの説明	
34	カラオケ発明者にノーベル賞？	人物紹介	
35	砂糖の消費量	事情説明・グラフを読む	
36	盆栽	ものの説明・紹介	
37	駅伝	ことがらの説明	
38	波力発電	仕組みの説明	
39	河童	ものの説明	
40	「もったいない」を国際語に！	エピソード・人物紹介	
41	思いがけない援助	エピソード	
42	新幹線の顔	ものの説明・紹介	
43	ビルの地下の野菜畑	事情説明	
44	イルカは頭がいい？	事情説明	
45	留学生文学賞	事情説明	
46	菜の花プロジェクト	仕組み、システムの説明	
47	今日は何色のスーツですか	解説	
48	缶コーヒーの値段	仕組みの説明	
49	あがらないためには	解説	
50	国際宇宙ステーション	事情説明	

◆索引

【あ】

アウトプット　2, 10-13, 192, 193, 209, 226, 227
アクセント　30, 31, **34**-36, 56, 65, 67, 89, 91, 147, 187, 203
アクセント核　35
アクセント型　186

【い】

維持リハーサル　191, 192
意味交渉　217
意味表象　17
イメージ　101, 170, 171, 192, 197
イメージング　19, 70, **101**
イラスト　57, 60, 63, 78, 85, 86, **96**, 98-100, 143, 144, 146, **168**, 171, 179, 216, 225
インタラクション　21, 44, 192, 193, 226
インテイク　192, 193, 208
イントネーション　6, 19, 20, 24, **31**-35, 60, 65, 67, 69, 127, 128, 147, 186-188, 204, 205, 207, 217
インフォメーション・ギャップ　172, 218
インプット　2, 9-13, 192, 193, 198, 208, 226, 227
インプット処理　208, 209
韻律　19, 205
韻律表現　37, 65

【う】

運用能力　10-12

【え】

エピソードバッファ　**15**

【お】

オーディオ機器　198
オーディオリンガル・メソード　74
音韻処理　**22**
音韻性短期ストア　15-17
音韻体系　11, 66, 70, 72
音韻表象　17, 22, 36, 86, 198, 205, 220, 222, 225
音韻符号化　**16**, 17, 22, 222
音韻ループ　**15**-17, 49, 50, 198
音声インプット　74, 124, 196, 206
音声器官　4, 21
音声言語　2, **4**, 5, 9, 12, 227
音声言語教育　13
音声知覚の自動化　50, 219, 222
音声テキスト　vi, 62, 64, 70, 73, 74, 80, 124-**126**, 128-130, 132, 135, 152
音声の空欄補充問題　94
音声表象　195, 198, 205
音声変化　31, 185, 205
音声編集ソフト　68
音素　28, 29
音素カテゴリー　29
音読　**222**
音読み　41, 42

【か】

外来語　222
会話　71, 128
書きことば　126
学習スタイル　190
学習ストラテジー　45
カクテル・パーティー現象　7
化石化　89
カタカナ語　42
活性化　171
カテゴリー知覚　29
感覚登録器　**14**

漢語　41, 42, 222
漢字圏学習者　13, **195**, 197

【き】
キーワード　50, 216, 225-227
記憶　171, 191
記憶再生ディクテーション　73
記憶方略　191
記憶力　**47**-50, 86
「聴き物」教材　**126**, 152
気づき　86, 96, 172, 192, 193, 208
既有知識　7, 22, 132, 191, 209
教材リポジトリ　234
協働学習　226

【け】
形態イメージ　42
形態表象　**17**, 25
言語使用　8-10
言語情報処理　13, 14, 47
言語能力　11, **12**
言語用法　8, 10

【こ】
語彙知識　37, 38, 41
語彙リスト　68
構音　21
構音抑制　16, 17
構音リハーサル　16
口頭要約　184
語音　27, 30, 91
語形　25, 41-43, 214, 215, 217
コミュニケーション能力　7-9
コミュニケーションのための言語能力　9, 10
語用論的知識　132
コンセプト・マップ　216, 227
コンテンツ・シャドーイング　218, 219

コンテント・スキーマ　24

【さ】
作動記憶　47, 218
サブボーカル・リハーサル　15, 16, 50

【し】
視空間スケッチパッド　**15**
自動化　40, **48**, 129, 194, 200-202, 222
社会文化的知識　**43**, 132, 215
シャドーイング　50, 200, **218**-220, 222, 229
縮約形　44, 205, 206
情意フィルター　200, 220
状況モデル　132, 133
使用語彙　170
情報処理プロセス　73
処理指導　209
処理水準　170
シラバス　61
シンクロ・リーディング　219
心的表象　21, 193

【す】
推論　129, **132**, 133, 153
スキーマ　**43**, 45, 80, 88, 125, 132, 168, 201, 215, 220
スクリプト　20, 64, 125, 180
スタイル　120, 148, 152, 201
ストーリー・リテリング　**225**
ストラテジー　25, 42, 43, **45**-47, 58, 102, 103, 106, 125, 142, 176, 201, 214-217
スラッシュ・リスニング　204, 221

【せ】
正書法　11
精緻化　170, 191

精緻化方略　170
精緻化リハーサル　191, 192
正の転移　195
先行オーガナイザー　171, 191
全体的処理　201, 202
選択肢　85, 86, 232
選択的注意　217

【そ】
促音　36, 42, 69, 89, 91
促音化　42
速度　68

【た】
体制化　191, 192
代入練習　74
対面会話　217
対面聴解　218
タスク　47, 62, 63, 71, 73, 79, **88**
タスク形式　62, 63
タスクシート　64, 125, 145
短期記憶　**14**, 191, 198
短期貯蔵庫　**14**
談話　44, 80, 88
談話スタイル　**43**
談話のジャンル　**44**

【ち】
知識の構造化　191
中央実行系　**15**
中間言語　36, 86, 89, 206, 207, 219, 220, 222, 226
中間言語システム　190, 192, 193
中間言語データベース　36
中間言語の構造　223
長音　36, 42, 69, 89
調音器官　4
調音時　28

調音速度　130
聴解不安　200
長期記憶　36, 38, 47, 98, 191
長期貯蔵庫　**14**
直後逐語ディクテーション　73
著作権　232, 233

【て】
ティーチャー・トーク　2
ディクテーション　38, 40, **72**, 73, 194, **225**, 230
ディクトグロス　**225**-227

【と】
同音語　41, 42
動機づけ　96, 168, 190
特殊拍　36, 89
トップダウン　30, 56, 61, 72, 201
トップダウン処理　44, 45
トピック　80, 136, **147**, **148**, 151, 152, 172, 173
トレードオフ　**48**, 129

【な】
内語反復　16, 17, 50, 191
内在化　166, 208, 209
内容のある音声テキスト　197

【に】
認知資源　**15**, **48**, 49, 129, 193, 221
認知処理プロセス　62, 124
認知ストラテジー　45
認知負荷　130, 131, 200, 219, 220, 223, 225
認知容量　198

【の】
ノート・テイキング　144, 217

【は】
背景知識　43, 168, 173, 215
背景知識の活性化　166
拍感覚　**36**
撥音　36, 42, 89
バックワード・ビルドアップ　119, 204, 221, **224**
話しことば　126
パラ言語情報　31, 45

【ひ】
非漢字圏学習者　**196**
非言語情報　45, 128
ピッチ曲線　32, 33, 204
表意文字　17, 222
表音文字　5, 17, 70, 72, 222
表記形態　63
表現意図　6, 25, 31, 33, 67, 128
ビリーフ　52, 55

【ふ】
フィラー　44, 127
フォーマル・スキーマ　24, 44, 70
復号化　22
符号化　16
負の転移　195
部分ディクテーション　38
ふりがな　5, 63
フレージング　**20**, 32, 65
フレーズ　19, 20, 24, 31, 38, 69, 204, 220-223
プロソディー　19, 25, **27**, 31, 70, 125, 206, 218
プロソディー・シャドーイング　218, 219
プロソディー表現　44, 128, 130, 206
プロトタイプ　66
プロミネンス　**34**

【へ】
文法知識　38
文法・文型シラバス　61, 71, 75
文脈　197, 198
文脈情報　41, 42

【へ】
平板型動詞　35
「へ」の字型のピッチ曲線　204
弁別機能　34
弁別特徴　**28**-30, 36

【ほ】
ポーズ　6, 24, **31**, 32, 38, 67, 68, 69, 73, 86, 127, 128, 130, 186, 204, 220, 221
保持と処理のトレードオフ　**48**
ボディーランゲージ　25, 37, 217
ボトムアップ　30, 56, 60, 72, 201, 202
ボトムアップ処理　44, 45, **48**, 61, 88, 201, 202

【ま】
マジカル・ナンバー　131
マルチメディア教材　229, 232

【み】
ミニマルペア　90

【む】
無気音　29
無声音　28
無声化　31
無声破裂音　28

【め】
明確化要求　217
メタ認知ストラテジー　45, 200
メタ認知能力　217, 226
メモ　70, 226, 227

メンタルレキシコン　**21**, 24, 30, 35, 36, 38, 47

【も】
文字言語　2, **4**, 5, 9, 12, 227
モノローグ　59, 71, 73, 126-128, 142, 152, 206

【ゆ】
有意味受容学習　191
有気音　29
有声音　28, 29
有声破裂音　28

【よ】
余剰情報　25, 37, 44, 70, 201, 217
余剰性　37, 44
予測　25, 171
4技能　**9**, **10**, 12, 141, 228

【り】
リーディングスパンテスト　**48**, 49
リード・アンド・ルックアップ　184, **223**, 225
リスニングスパン　221
リスニングスパンテスト　**48**
リズム　31, 34, **36**, 37, 91, 147, 203, 205, 219
リソース　3, 12, 43
リハーサル　**14**-16, 191, 198, 220
リピーティング　50, 197, 200, 204, **220**-223, 225, 229

【わ】
ワーキングメモリ　**14**, **47**-50, 129, 130
ワーキングメモリのモデル　14
ワーキングメモリの容量　15, 49

【C】
CALL 教材　229, 233
CALL 教室　229, 233, 234

【E】
e-Japan 構想　229
e-learning　229, 232

【F】
Focus on Form　193, 226

【L】
LL 教室　v, 229

【M】
Moodle　234

【T】
think-aloud 法　46
TPR　123

著者

宮城　幸枝（みやぎ　さちえ）
東海大学国際教育センター教授。国際基督教大学教養学部語学科卒。共著に『日本語教育法概論』（東海大学出版会）、『中級日本語聴解練習　毎日の聞きとり50日　上・下』、『初級日本語聴解練習　毎日の聞きとり50日　上・下』、『中上級日本語音声教材　毎日の聞きとりplus40　上・下』、『中級日本語音声教材　新・毎日の聞きとり50日　上・下』、（いずれも、凡人社）など。

編者

関　正昭（せき　まさあき）
元東海大学教授。東京都立大学人文学部卒業。海外技術者研修協会日本語専任講師、愛知教育大学教育学部助教授、鹿児島女子大学文学部教授、東海大学国際教育センター教授等を務める。著書に『日本語教育史研究序説』（スリーエーネットワーク）、共著に『日本語教育法概論』（東海大学出版会）、共編著に『日本語中級J301』『日本語中級J501』『みんなの日本語中級I』『日本語・日本語教育の研究—その今、その歴史』（いずれも、スリーエーネットワーク）など。

平高　史也（ひらたか　ふみや）
慶應義塾大学総合政策学部教授。東京外国語大学大学院外国語学研究科ゲルマン系言語専攻修了。ベルリン自由大学文学博士。共編著に『日本語教育史』（アルク）、『多言語社会と外国人の学習支援』『外国語教育のリ・デザイン』（共に、慶應義塾大学出版会）、『日本語中級J301』『日本語・日本語教育の研究—その今、その歴史』（共に、スリーエーネットワーク）など。

装幀・本文デザイン
畑中　猛

日本語教育叢書「つくる」
聴解教材を作る

2014年9月3日　初版第1刷発行

編　者	関正昭　平高史也
著　者	宮城幸枝
発行者	藤嵜政子
発　行	株式会社　スリーエーネットワーク 〒102-0083　東京都千代田区麹町3丁目4番 トラスティ麹町ビル2F
電話	営業　03（5275）2722 編集　03（5275）2725
	http://www.3anet.co.jp/
印　刷	倉敷印刷株式会社

ISBN978-4-88319-682-1 C0081

落丁・乱丁本はお取替えいたします。
本書の全部または一部を無断で複写複製（コピー）することは著作権法上での例外を除き、禁じられています。

スリーエーネットワークの日本語関連教材

◎日本語教育叢書「つくる」シリーズ

会話教材を作る
関正昭・土岐哲・平高史也 ● 編
尾崎明人・椿由紀子・中井陽子 ● 著
A5判　231ページ　本体 1,800 円＋税
[ISBN978-4-88319-528-2]

漢字教材を作る
関正昭・土岐哲・平高史也 ● 編
加納千恵子・大神智春・清水百合・郭俊海・
石井奈保美・谷部弘子・石井恵理子 ● 著
A5判　203ページ　本体 1,800 円＋税
[ISBN978-4-88319-563-3]

読解教材を作る
関正昭 ● 編　平高史也 ● 編著
舘岡洋子 ● 著
A5判　174ページ　本体 2,000 円＋税
[ISBN978-4-88319-569-1]

作文教材を作る
関正昭・土岐哲・平高史也 ● 編
村上治美 ● 著
A5判　204ページ　本体 1,800 円＋税
[ISBN978-4-88319-613-5]

テストを作る
関正昭・平高史也 ● 編
村上京子・加納千恵子・衣川隆生・小林
典子・酒井たか子 ● 著
A5判　255ページ　本体 1,800 円＋税
[ISBN978-4-88319-643-2]

ホームページで新刊や日本語セミナーをご案内しています
http://www.3anet.co.jp/
スリーエーネットワーク